U0835663

# THE YOUTH LEADERSHIP PRACTICES

# 青少年领导力

苏进　苏航　著

中国法制出版社
CHINA LEGAL PUBLISHING HOUSE

自序一

# 用领导力温暖自己，温暖身边的人

苏　进

很高兴我和苏航的这本《青少年领导力》与大家见面了。熟悉我的朋友和学员可能会问我：您这做中高管领导力发展和教练的，怎么开始研究起青少年领导力了呢？

其实，在很多工具和方法上，成人领导力和青少年领导力都有相同之处，无论是青少年朋友，还是家长朋友，在领导力的学习和发展上，都可以互相借鉴。至于研究青少年领导力的缘由，还要从我的经历讲起。

大学毕业之后的近20年里，我一直在国内外各种类型的企业里做职业经理人，之后又和朋友一起创业做电子商务。2013年下半年，我走上了领导力培训及顾问的专职道路。得益于之前做企业中高管的经历和兼职做培训的经验，我接触到了非常好的领导力课程，这也使我对领导力的研究更加深入、更加广泛。

2015年的时候，我应苏航的班主任吴老师的邀请，给他们学校初一的学生上了半天的领导力课，并为当时的培训起了个很时尚的名字，叫“Show出你的领导力”。当我在课堂上给这些初一的同学讲授什么是领导力、如何以身作则、为什么要有梦想的时候，我发现他们听得非常专注，他们提出的问题令人深思，他们的观点也很独特、很新颖。这让我进一步意识到，其实孩子们对领导力是有自己的见解和观点的，但他们也有成长的烦恼，也缺乏做事和解决问题的工具。在和学校老师的沟通中，我进一步感觉到，孩子们需要的可能不仅是知识教育，他们也需要领导力的“加持”。

苏航在初三下学期考入一所国际学校，这所学校具有很强的包容性，非常尊重学生的个体差异，鼓励学生在把学习搞好的同时组建各种社团、参加校内以及国内外的各种活动和项目，全面提升自己的综合素质。在这方面，苏航也是个积极分子，这几年参加了不少国内外的活动和项目，有时是参与者、成员，有时是项目或活动的召集人、负责人，而他面临着的问题还真不少：如何给大家分派任务？如何让大家协作？用什么方法解决具体问题？有的同学劲头不足怎么办？……当苏航把这些问题甚或苦恼和我们分享、寻求我和他母亲帮助的时候，我们一方面庆幸青春期的孩子还能主动和我们沟通，另一方面也感到一种责任：做父母的，不仅要督促孩子提升成绩，更重要的是能够让孩子学会做事、为人，学会生存。

因此我萌生了一个和苏航分享领导力的念头，这个想法也得到了苏航母亲的极力赞同。我和苏航约定，只要我们爷俩周末或者节假日都在家，我就会给他分享领导力的内容，时间不会太长，10—20分钟，我还专门定了一个分享主题，叫“苏航专享——每周10分钟，轻松领导力”。自此以后，我多了一个学习和研究的内容，那就是青少年领导力，只要时间允许，我和苏航几乎每个周末都会聊上10分钟关于领导力的话题。

从开始时苏航被动地听我讲授，到之后的和我讨论、争辩、侃侃而谈，我觉得他渐渐有了领导力的意识，也开始在学校的活动和项目中更多地用上了领导力的技能。有一次他和我们家庭资助的两个初中生反思自己应该学会“低调”，且“我应该倾听我那些队员的心声，同时也应该阐明我的价值观”，那时，我觉得领导力的学习已经对苏航同学产生潜移默化的影响了，那一刻我很有成就感。

其实，每次在和苏航分享领导力话题之前，我都会精心准备PPT，其间不乏查阅资料，也曾在一些学校做调研，我也会在分享之后把苏航的观点和感悟再记录在PPT上。2018年元旦，我们全家做总结和规划的时候，我突然想到了这样一个计划：既然有这么多的现成资料，就应该把给儿子讲授的领导力知识整理成书，让更多的青少年受益。这个计划得到了苏航母亲和苏航的赞同和支持，于是我想好将书名暂定为《与儿子的10堂领导力对话课》。

元旦过后，因为我的培训和顾问工作安排得很紧，所以没能完全按照计划做内容整理，但每写完一部分，我都会让苏航看看，他也会给予意见并把感悟写出来，后来，书的呈现形式就由对话的形式演变成目前你所看到的样子。2018年11月，苏航母亲再次病危住院，我和苏航写书的工作也就中断了。

2019年3月底，我和苏航收拾起悲痛的心情，决心把这本书在最短的时间内完成，以表达我们父子俩对亲人的致敬，也想让更多的青少年朋友感受到领导力之爱。现在呈现在你面前的，就是这样一本凝聚着爱的、关于领导力的书。

那么，这本书能给青少年朋友带来什么呢？

**首先，这本书能给各位青少年朋友带来认知上的转变**，那就是领导力不是什么“高大上”的东西，领导力也不是现阶段用不着的，领导力的提升对大家的成长、未来的发展以及社会的进步都是非常必要和重要的。

阅读本书的第一部分“青少年为什么要学习领导力”和第二部分“青少年如何学习领导力”的内容，会让各位青少年朋友感到领导力就在身边：无论你是班干部还是各种社团的成员或者负责人，无论是在你参与各种项目或活动还是在平时的生活、学习中，无论是在你与人交往做事还是与团队协作完成目标时，也无论是在你自我调节和管控情绪还是遇到问题需要分析与解决时，你都在展示着你的领导力的技能和行为。

**其次，这本书能让各位青少年朋友认知到：每一位青少年朋友都具有领导力**，只不过是大和小的问题。领导力不是天赋，也不是只有少数人才具备的，领导力是每个人都具有的，因为“领导力是一组可以观察到的行为模式，是一套可以定义的技能”——领导力是可以通过后天的学习习得的。所以，各位青少年朋友，只要你肯学、肯实践、肯试错，你身上的领导力就能得到锻炼！

那么，怎样提升和发展领导力呢？

前两部分的学习，让青少年朋友从掌握基本概念和基础知识入手，循序渐进，有一种豁然开朗的感觉，认识到领导力不像想象中那么“玄乎”，作为学生，每天都在用管理和领导技巧，每天都在发挥领导力。在了解基本概念之后，再通过对第三部分“发展领导力从认知自我开始”的学习，大家通过测评了解自己、知道自己的优缺点并学会控制情绪，明白学习领导力之后，最终要成为“4D全能的青少年领导者”。

4D全能，指的就是在四个象限、四个颜色的场域中，要修炼四种品质、八大领导技能和行为（如图0–1所示），而这四种品质、八大技能和行为，也是青少年领导者必须具备的。这部分为开启下面四个部分的内容奠定了基础，后面的内容就是围绕这四种品质、八大技能和行为进行阐述的。

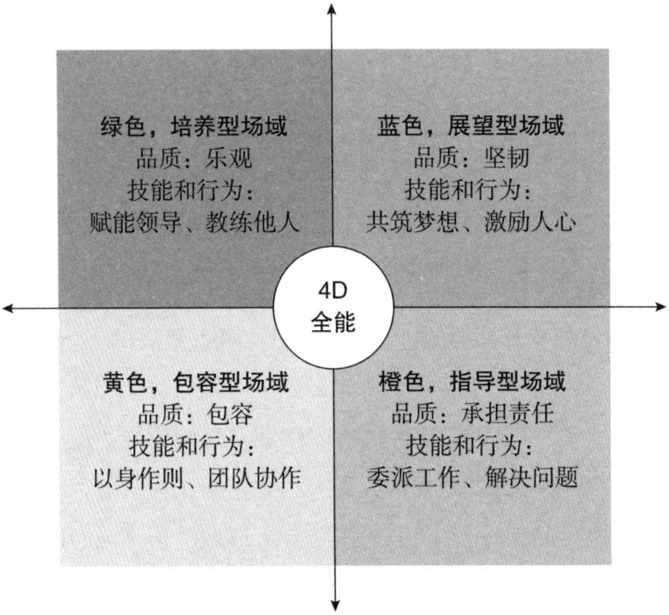


图0–1　4D全能的青少年领导者

在第四部分“你必须具有哪些好品质”中，笔者认为青少年领导者要养成乐观、包容、坚韧和承担责任四种品质，并讲解了培养这四种品质的工具和方法。

在第五部分“你准备好做青少年领导了吗”中，笔者讲解了做青少年领导者要明确的两个问题，其实也就是两个重要的技能和行为——以身作则和共筑梦想，并用三章的篇幅对以下三点进行了阐述。

第一，青少年领导者要有自己的领导理念。其中最主要的是要找到自己的价值观，你得知道自己最看重什么，这样才能明确地将这种价值观传达给所带领的团队的成员。

第二，青少年领导者要说到做到，言行一致。这里主要讲的是以身作则的重要性，以及如何以身作则。

第三，青少年领导者要知道把团队往哪里带。这里主要讲的是青少年领导者要带领大家“共筑梦想”，阐述个人理想、团队理想的重要性以及如何明确团队愿景。

在第六部分“做青少年领导得会哪些基本功”中，笔者阐述了青少年领导者需要具备的三个基本功，也是三项技能和行为：学会委派工作；学会根据团队成员的不同发展阶段，使用不同的领导方式来为他们“赋能”；学会帮助同学们解决问题。

在第七部分“如何在你的青少年领导生涯留下印记”中，笔者认为，青少年领导者要想在青少年领导生涯中留下印记，就需要辅导和教练自己团队中的同学、学会用不同的方式来激励同学，并讲解了协作共赢、建设高效团队等重要的技能和行为。

在书的最后，笔者还附上了六位同学关于领导力实践与感悟的原创文章，通过这些文章，笔者想让各位青少年朋友进一步感受到：领导力每个人都有，在关于每个同学的一件件小事中，在他们的一言一行中，从他们接受挑战、克服困难的那一刻起，每个人都在践行着领导力。

希望这本书能够对各位青少年朋友有所启迪、有所帮助，希望大家在学习和生活中，用本书中所分享的卓越的行为、技能以及工具彰显自己的领导力，温暖自己，也温暖你身边的人，让身边的每一个人更加具有领导力。

自序二

# 不负青春，不负韶华

苏　航

当我站在学校枫萦剧场的舞台上，主持成人礼仪式的那一刻，看着台下激动的、踌躇满志的同学，以及抱着殷切希望的家长们，我的内心其实也在翻腾。

从呱呱坠地、牙牙学语，到十八岁长大成人，我们也经历了不少。父母的悉心培养、老师的殷殷教导，成长的快乐和烦恼，我们都历历在目。过去的少年岁月已成追忆，而未来的精彩，我们已迫不及待地想去追逐。

我们的未来在哪里？我们终究想要成为一个什么样的人呢？

站在十八岁的门槛前，可能很多同学已经开始思考这样的问题了。这样的思考离谱吗？我倒觉得这些都是实实在在的问题。

我们到底要报考什么类型的大学、选择什么专业、未来要从事什么样的工作、希望过什么样的生活，我们又能给我们周边的人带来哪些改变呢？

这几年，我跟着父亲以及书本学习领导力，也在学习和生活中实践领导力，这让我对一些问题有着比较多的思考。

其实在我的父亲刚开始和我讲授领导力的知识和工具时，我是有点抗拒的，因为我觉得这都是工作以后的事，我们在学习中根本用不到。但随着学习我发现，领导力其实就在我们身边，我们可以在我们所处的任何位置上施展我们的领导力：

领导力是一门科学，但同时也是一门艺术。领导力不是不着边际的东西，它是我们每天所展现出的卓越行为，是我们能让别人追随的魅力、影响力，是解决难题的能力，也是一组组可见的技能。

领导力就是当我情绪失控的时候，我有做好自我觉察、自我反思的能力；领导力就是当我的队友累了、烦了的时候，我可以一边不断为他们鼓劲，一边挽起袖子带头做事；领导力就是当我申请到商业宣讲活动在我们学校的举办权时，我深知我得有一个团队、得发挥大家各自的优势，我在这中间还得做计划、分工、协调、激励、检查和复盘，以确保宣讲的圆满举行；领导力就是当我们的CTB（China Thinks Big，全球创新研究大挑战）小组赛失利的时候，我们的团队决定再次奋力拼搏一回，争取一线希望；领导力就是当我亲爱的母亲去世，我在痛哭悲恸之后发现自己再也没有母亲的时候，在怀念和她在一起的点点滴滴中，感悟到她的坚韧和伟大，感到这世界依然温暖，知道我得昂起头和我的父亲继续生活，追逐美好的未来……

领导力不是天赋，也不是岗位权利，不是只有领导者才有的，更不是只有等到大学毕业之后才要开始学习的技能，它要从青少年开始学习。

其实，我们已经在学习和实践领导力的路上了，我们每个人都是领导力的践行者。希望这本书能再给你一把助力，让你掌握更多的技能和工具，做一名快乐、幸福、不负韶华的青少年领导者！

推荐序一

# 让家长回归初心，让青少年阳光快乐

一早起来，微信上就传来了喜讯——苏航被美国的纽约大学录取了，而前几天我刚收到苏进和苏航父子合著的《青少年领导力》书稿。在为他们感到高兴的同时，我由衷地赞叹这个家庭奋力拼搏、乐观向上的精神，这是中国千千万万个普通家庭勤勉向上、幸福欢喜的生动代表，也是同时期独生子女教育的一个研究样本。

苏进是我近二十年的挚友，还记得苏航刚出生的时候，我们去苏家贺喜，而他现在已经是玉树临风的高三学生了。看着“二苏”的这本书，也让我这个做父亲的开始从更多的角度思考子女教育这个人们讨论了几千年、现在仍然争得不亦乐乎并将继续探讨下去的重大问题。

可能大多数家长和苏进一样，都会让孩子上各种课外班。坚持不让孩子上课外班的也有，不过当下的风气是千军万马一个目标、一个方向，甚至一个节奏。面对周围同频共振的磁场，要坚持自己的节奏和步伐、克服内心的浮躁，需要强大的定力。

为此我和苏进探讨过。他是这样告诉我的：学奥数不仅是为了提高孩子的数学考试成绩，更重要的是对孩子进行思维训练；而学习英语也是为了拓宽孩子的视野，让他有更多机会了解外面精彩的世界。苏进崇尚快乐教育和素质教育，因此在上课外班之前，他会先和孩子讲清道理，他会征求孩子的意见，并且从不逼着孩子参加各种竞赛或者要求他过多少级，他想让孩子带着兴趣学习。

其实，这就是我们做家长的可能都会思考的问题：到底应该给孩子什么样的教育？除了不停地参加考试、学科竞赛、课外班、兴趣班之外，我们还能做些什么呢？教育的初衷到底是什么？什么是我们做父母的初心呢？有的时候，家长们会把成年人对生活、命运的不安全感过早地转嫁给孩子们。无数事例证明，这种转嫁有时是对的，但有时是不对的。谁似乎也无法给出一个令人信服的说法。于是，大家看哪条路上人多，就往哪条路上走，因为这样心里会踏实些。

苏进认为，孩子的身心健康最重要，在孩子的教育上，家长至少要做到四个方面：一是给孩子更多的鼓励，在家庭中要营造爱的氛围；二是要多陪伴孩子，同时给孩子理解和包容；三是要给孩子树立远大的理想，培养孩子的思考能力；四是要培养孩子的好习惯，给孩子立规矩，同时培养孩子解决问题的能力。对这些，我都非常赞同，大多数家长也越来越重视孩子的身心健康，毕竟没有这个基础，何谈教育呢？

苏进一家在孩子的教育上值得夸赞的是，他们能够按照理性的指引，有条不紊、循序渐进地坚持下来。他们的教育理念在苏航身上得到成功的转化——现在的苏航可谓品学兼优，在学校中担任学生会干部，组织了大大小小的学生活动，既显示出了他的组织能力、协调能力和影响力，又表现出了很强的独立思考和思辨的能力。

我们都知道表扬孩子的重要性，但是鼓励孩子比表扬孩子更加重要，而表扬、鼓励也是为了在家庭中营造爱的氛围。但现在依然有不少信奉“棍棒之下出孝子”的家长，虽然现在棍棒少了，但当孩子犯错误时，仍有不少父母只知一味指责、抱怨、批评或谩骂，缺了点同理心，也少了点换位思考，不知道“语言暴力”对孩子的伤害有多大。为此，要想让孩子有高的情商，家长也必须提高情商。

表扬孩子是有范式的，与孩子沟通是有步骤的，做家长的也需要学习这些能力。我相信，绝大多数父母都有对孩子无私的爱，但这不应该是溺爱，而应该是欣赏、鼓励和赞美之爱。为此，做家长的应该以身作则，做孩子的榜样，有爱就要说出口，有爱就要有行动，对我们身边的亲朋好友，表现出这种关爱。我相信孩子是可以被爱感染和影响，并在爱的氛围中健康成长的。

家长们都望子成龙、望女成凤，而孩子的课业压力有时也会让他们喘不过气来。为此，我们做家长的一方面要给孩子更多的包容和理解，和孩子做朋友，抽出尽可能多的时间来陪伴他们，用心地和他们沟通；另一方面也要用正向的力量来影响孩子，让孩子更加积极、乐观，引导孩子在与同学相处的时候少些自我，多些真诚、大度和宽容，做好情绪管理。

给孩子树立远大的理想，我认为也是至关重要的。理想是通向未来的灯塔，是行动的指南，一个人缺少理想，就缺少了人生的目标。所以，要及早地和孩子一起确立未来的理想和一个个阶段性的目标，让孩子找到学习、玩耍、发展兴趣的重要性、意义和价值。这其实是真正在做“因材施教”，培养孩子的独立思考能力，让他们找到自己擅长的学科和领域并做强做精，他们照样可以成为专才，成为栋梁之材。在这个过程中，孩子的思辨能力得到了培养，我认为只有这样，才能让孩子们在未来的人生中对自己的事业永葆激情并坚持不懈。

至于给孩子从小培养好习惯，我相信这是每个家长的共识。当然，这些习惯不仅是文明礼貌方面的一些好习惯，最重要的是做人、做事的好习惯。比如，负责任的意识、坚韧的精神、分析问题和解决问题的能力等等。而家庭在培养孩子的这些意识和能力上至关重要。父母要给孩子立规矩，但立规矩不是让孩子言听计从，而是要让孩子知道，要想有成功的能力，有时必须得接受管控，但在接受管控的时候，他依然可以对家长、对别人的观点进行质疑，依然可以进行辩论。

上面的感悟，其实也是我和苏进的共识，而这些共识在这本书中都有体现。苏进提到的教育的四个方面，就是他在书中提到的四种场域，如果能把这四种场域营造好，孩子的教育就会事半功倍。

我们做家长的，都是没有经过培训就“上岗”了，因此缺少足够的培养孩子的知识和技能，只能边学、边实践、边试错。在当今这个时代，把孩子培养得有素质、有能力、会学习、会生存，尤为重要。所以，对于什么叫青少年领导力、怎样培养和提升这种素质，家长们不妨从本书中了解一下，以便更好地引导孩子、帮助孩子。

新生代的青少年朋友树立了远大志向，想要创造未来、成就梦想。为此，更要培养优秀的品质、学习各种技能、掌握各种工具，以更好地学习，更好地与同学、老师、家长以及朋友相处，做一个有魅力、有影响力、青春、阳光的青少年。

读读这本《青少年领导力》，你将会有新的感悟和收获。

北京邮电大学MBA教授　王立新

推荐序二

# 成为“真正的人”

很高兴为苏进和苏航合著的这本《青少年领导力》写序。

认识苏进还是多年以前，当时他在中关村人才论坛上做主持人。通过中关村人才协会发起人之一王钧先生的介绍，我了解到苏进所在的企业是我们“村里”的著名企业，他先后做过人力资源总监、人力资源副总裁等，后来在某世界500强企业负责亚太地区的人力资源、领导力发展工作，之后走向电子商务创业和领导力培训、顾问之路。

我很欣赏苏进的一句话：“做培训师是要有激情的、要有成就导向的，一定要有成己为人、成人达己的理念。”我想，这也是他从2002年开始就在北京中关村IT专业人士协会（中关村人才协会的前身）做培训志愿者的动力之所在吧。要有领导力，就意味着要有爱心，没有爱心，空有一番技能，做事也无法持久，无法利人利己。

作为多年来一直从事企业经营管理的“老兵”，我们都深知领导力发展对于企业管理者的重要性和对企业发展的深远意义。但领导力的培养不是一蹴而就的，需要花费大量的时间和金钱，也需要企业的各级管理者和导师们付出精力，需要他们发自内心地为人才“赋能”。既然领导力的提升是一个长期的过程，那么领导力的培养就应该是越早越好。

所以，当苏进把研究深入青少年领导力中来的时候，我就觉得非常好，也觉得非常有必要。身为父母，我们深知教育的重要性，但也倍感压力；如果能够及早培养孩子在领导力方面的能力，如情绪的自我管控、人际关系的处理、压力的化解，并培养他们合作和坚韧的精神等，相信对他们将来走向职场、走向社会，都会大有帮助。

因此，我抱着极大的兴趣通读了苏进发给我的电子书稿。在这本书中，我没有看到连篇累牍的理论说教，更多的是工具和方法，让青少年学会乐观、包容、坚韧、负责，教他们真诚、以身作则，教他们给身边的人赋能、激励和鼓舞，教他们解决问题，学会团队协作，等等。

我想，如果青少年都能学会并掌握这些技能和工具并能持之以恒地去实践，这对他们未来成长为一个“真正的人”将是大有裨益的。

为什么要强调成为“真正的人”呢？因为教育的真正目的是育人，而孩子们在学习上真的是不堪重负、压力巨大。要回归以人为本，只有让孩子们成为“真实的人、善良的人、健康的人、快乐的人”，他们才能成为“真正的人”。

目前，很多学校依然偏重应试教育，缺乏素质教育，学生们整天就是上课、做作业、考试；回家之后每天做作业到深夜，还有上不完的课外班、比不完的赛。这种教育急功近利，于是大家不得不比拼成绩。

短期内，我们很难完全改变这种情况。但是我们必须意识到，有问题不可怕，关键是家长们要正确地看待教育，青少年也要未雨绸缪，为未来做好准备。

这个社会需要的不是只会死读书、只会考试、只会与人争个你高我低的人，而是需要有情商、有智慧，健康、善良，有真知灼见、会协作的人。

所以，青少年要学会做真实的人。这一方面要求青少年学会说真话、不说假话，敢于质疑、敢于思辨；另一方面要求青少年学会以身作则，也就是说到做到、言行一致。本书提到，“以身作则是领导力提升的起点”，而要做到以身作则，就必须找到自己的价值观和内心的声音。我相信，年轻的新生代和我们的价值观之间一定存在着差异，但是追求真、善、美，追求说真话以及做一个“真正的人”，一定也是他们想要的，而这种力量可以让中国变得更加强大！

青少年要学会做快乐的人。所谓“知之者不如好之者，好之者不如乐之者”，以学习为乐事，在快乐中学习，才是最高境界。何止是学习啊，在我们的工作和生活中，快乐都应该成为最高境界，让快乐洋溢在我们的周围，让每一位青少年都能够自尊、自信、阳光。在本书中，青少年可以了解到乐观是一种能力，在面对困难和挫折时，乐观的人不会悲观、泄气、自责，不会觉得暗无天日、没有出路，他们能客观、理性地对待它，抛弃不理智的念头，用正确的行为和方法解决问题、达成目标；青少年还可以学习到保持乐观的心态、保持务实的乐观、变压力为动力的方法和工具。

青少年要学会做善于分析问题和会问问题的人。应试教育的弊端之一，就是死记硬背的模式使学生们欠缺主动问问题、分析问题和解决问题的能力。而分析问题和解决问题属于思维范畴，思维的优势是唯一能长久保持的竞争优势。对此，青少年可以从本书中了解到思维的三种方式和解决问题的五步法，其中就包含了识别和界定问题的方法、原因分析的方法和工具、制订解决方案应遵循的原则、制订行动计划的工具和方法等。掌握它们并尝试在学习和生活中应用，一定会让青少年有更多的突破和创新。

青少年还要学会做善于合作的人。现在，很多家庭都是独生子女家庭，全家围着孩子转、以孩子为中心，这让很多孩子的自我意识过强，而应试教育又不断强化分数的竞争，于是孩子们合作的平台和机会普遍较少，而团队合作的重要性对于所有人来说都是不言而喻的，因为唯有合作，才能真正让一个人变得更加有格局；也唯有合作，才能让社会组织更加健康地发展。合作的前提是尊重差异，青少年可以在本书中学到尊重差异的3A模式、在彼此之间建立信任的方式，了解良性冲突的必要性和方法以及关注共同结果的重要性。良好、有效的合作，会让青少年既能取长补短，又能扬长避短，既有助于学业的提升、身心的健康，又可以为成长为一名“4D全能”的人打下良好的基础。

当然，青少年朋友不仅要做真实的人、快乐的人、善于分析问题和会问问题的人、善于合作的人，还要做自己的领导者、做成就他人的领导者，引领自己去探索、去成就属于自己的灿烂的人生！

希望这本《青少年领导力》能为青少年打开一扇窗、展现一个充满魅力和影响力的世界，让青少年成为一个“真正的人”！

是为序。

中关村人才协会第五、六届理事长，中国电科杰赛科技董事长　刘淮松

# 目录

## 第四部分 你必须具有哪些好品质



## 第五部分 你准备好做青少年领导了吗



## 第六部分 做青少年领导得会哪些基本功



## 第七部分 如何在你的青少年领导生涯留下印记

## 附录 六位同学的领导力实践和感悟

# 第一部分　青少年为什么要学习领导力

# 第一章　了解什么是领导力

当说到“领导力”这三个字的时候，各位青少年朋友，你们的脑海中会冒出什么样的想法？你们可能会想：领导力是不是只有当领导才有的能力呀？领导力应该是走向工作岗位之后才需要学习和用到的吧？我现在也不是学生干部，我要领导力干什么？我搞好我的学习就可以了……做学生干部的同学又会说：领导力没有什么“高大上”啊，我们做学生干部的，每天都在带着大家做一些事情，这就是在发挥领导力啊；我是学生干部，但我感觉手上没有权力，没有权力如何发挥领导力呢？各种想法，不一而足。

是啊，领导力听起来好像特别高深，也好像和青少年根本不沾边，但我们有没有注意到这样的现象：你作为一名学生，要做好自我管理，管理好自己的时间、学习、衣食住行，管理好自己的情绪和精力，也要自我领导，让自己的学习有方向、有目标，不断地做好自我激励。作为学生干部，既要做好管理工作，即管理好自己职责范围内的各种工作、事项，如学习小组作业的完成，学生会、社团的活动安排，同时也要做好各项领导工作，如制订社团的发展规划，当团队遇到困难的时候还要鼓舞大家、激励大家、动员大家群策群力等。

从这里可以看出，不管你对领导力有什么样的想法或看法，管理和领导的这些行为其实就在青少年朋友们的日常学习和生活中，它就在你身边。大家在自我管理的同时，也在被别人管理着；在自我领导的同时，也在领导着别人。大家的学习、生活和工作，已经离不开管理和领导。

所以说，青少年要学习领导力、发展领导力，就要先看看到底什么是管理、什么是领导？管理和领导有什么区别？领导力又是怎么回事？大家的日常行为哪些属于管理的范畴？哪些又属于领导的范畴？要先把这些基本的定义和内涵弄明白。

## 一、管理和领导的定义

各位同学，请先思考两个问题：第一个问题是，假如你是学生干部，那你是管理者还是领导者？你可能会想：这有差别吗？这两个概念我们平时不都在混着用吗？我们经常说校长把学校管理得很好，也说校长领导得好。我们说某老师是我们这个活动的管理者，也说他是这个活动的领导者，好像没有什么区别啊？第二个问题是，如果你不是学生干部，那你是不是领导者呢？你可能会想：学生干部是被任命的，他们是有一定权力的，所以他们是领导者，我没有权力，我不是领导者。

现在先来简单地回答一下第一个问题：管理和领导有时是被混着用的，但也有不能混用的时候，比如，你会说管理学校实验室里的设备，但没有人会说领导设备；你还听说过，某领导领导某项斗争，但没有人说管理某项斗争。对于第二个问题：一般来说，管理者和领导者都是上级任命的，但是没有被任命、手上也没有权力的，就不能是领导者吗？换句话说，领导者一定要有权力吗？

下面就来看看管理学家和领导力研究者们是如何定义管理和领导的，了解了管理和领导的内涵以及区别，上面两个问题也就迎刃而解了。

亨利·法约尔，一位来自法国的经理人，他后来不但成了公司的总经理，还成了一位杰出的管理学家。他在《工业管理与一般管理》这部划时代的光辉著作中提到了**管理的五个要素，即计划、组织、指挥、协调和控制**。法约尔认为，人的管理能力可以通过教育获得，也可以像技术能力一样，先在学校里，然后在车间里获得。为此，他指出，管理理论具有普遍性，可以用于各个组织之中，应当把管理视为一门科学，并提出在学校设置这门课程，并在社会各个领域宣传、普及和传授管理知识。

詹姆斯·M.库泽斯和巴里·Z.波斯纳两位领导力专家共同研究了领导力三十余年。他们认为，**领导关注的是“to go（到哪里去）”“to travel（旅行）”“to guide（引领）”**，而**管理强调的则是“manus（用手做）”“hands（操作）”“control（控制）”**。

被誉为“领导学大师们的院长”的领导力大师沃伦·本尼斯是这样说的：**管理者正确地做事，领导者做正确的事**。这是什么意思呢？我们可以简单地理解为：做正确的事就是做决策正确、方向正确的事；正确地做事，则可以理解为正确地执行。

哈佛大学教授、领导力专家约翰·科特把管理过程分为三个部分，**首先是计划和预算，其次是建立组织和配备人员，最后是监督和控制**。他把领导过程也分为三个部分，**首先是确定经营方向，其次是凝聚团队，最后是激励和鼓舞**。

从以上论述中能看出，对于管理和领导，每个人的定义都是不一样的。但是，我们能看出它们在本质上的一些区别。

## 二、管理和领导的区别

从法约尔的管理五要素中可以看出，**管理更强调管人、理事，更强调要求、命令、指挥别人做事，感觉有点“强硬”**。而从库泽斯和波斯纳的研究中我们学到的是，**领导更关注方向的把握，更强调激发和引领，而管理更关注操作和控制，领导更“温暖”**。

关于沃伦·本尼斯说的“管理者正确地做事，领导者做正确的事”，大家可以从下面的例子中看出他说的二者之间的区别。

第一个例子。一群同学在教室里做一个小活动，按照老师的要求，他们需要在教室里找到一个小机器人。同学们东翻西找了半天也没找到，最后老师给了个提示，他告诉大家，小机器人就在教室正中间上方的天花板里。按照本尼斯的说法，这位老师做的就是“领导者”的工作，即给大家指明方向。于是班长告诉大家赶快找个梯子，放到教室正中间的位置，一位同学沿着梯子一步步往上爬，打开天花板，找到了小机器人。班长和同学们所做的工作就是“管理者”的工作，他们在“正确地做事”。

第二个例子。美国著名学者史蒂芬·R.柯维曾形象地做过这样一个比喻：一群工人在丛林里清除低矮灌木，他们是生产者，解决的是实际问题；管理者在他们的后面拟定政策、引进技术、确定工作进程和补贴计划；领导者则爬上了最高的那棵树，巡视全貌，然后向大家嚷道：“不是这片丛林。”GE公司原董事长杰克·韦尔奇也以其丰富的领导实践和人生感悟，形象地指出："把梯子正确地靠在墙上是管理者的职责，领导者的作用在于保证梯子靠在正确的墙上。"这种描述十分形象地揭示了领导者与管理者之间的差异。

约翰·科特讲述的管理和领导的三个部分，意思是说，**管理更多的是在维持秩序，而领导更多的是在指明方向、引领变革**，这句话也解释了为什么我们经常说"管理好课堂纪律""领导好学校的教学改革工作"。但为什么会说管理设备而不是领导设备呢？因为对一个设备，我们要做的就是维持秩序、维持它的正常运转。

你可能又会问，为什么既可以说领导企业、领导团队，又可以说管理企业、管理团队呢？根据约翰·科特的观点，领导企业、领导团队强调的是变革，管理企业、管理团队强调的是维持。一个企业或团队，既需要领导，又需要管理，两者缺一不可。

如果你是某个企业或者团队的负责人，那么你就既是管理者，又是领导者，你既要维持它的正常运转，又要带领它实现变革。**同理，学校的社团负责人、学生干部，也是既要做管理者，又要做领导者**。在本书中，为了统一称呼，笔者把班级中的学生干部、学生会和团委及团支部里的学生干部、各类社团的负责人或部门负责人、各种项目活动中的组织者或负责人等统称为"学生干部"、"青少年领导"或"青少年领导者"。

说完了五位管理学者和领导力专家阐述的管理和领导的区别，再来系统地总结一下。

✓ 管理者注重把事情做正确，领导者注重做正确的事。

✓ 管理的对象更多的是事，领导的对象更多的是人。

✓ 管理更具体些，领导更抽象些；也可以说管理更微观，领导更宏观。

✓ 管理更多的是在执行，领导更多的是在决策。

✓ 管理者的行为更关注计划和预算、组织和分配人员、控制过程并解决问题；而领导者的行为更关注确定方向、带领大家去做、激励和鼓舞大家。

✓ 管理者更关注当下和短期的发展，而领导者更关注未来和长期的发展。

✓ 管理者的认知更多地集中在强化职责、制度执行上；而领导者的认知更多地集中在激励追随者的意愿、培养追随者的能力上。

✓ 管理者更多地借助职位权力开展工作，而领导者更多地运用个人的影响力开展工作。

✓ 管理者给人的感觉有点“强硬”，在实践中容易产生对立关系；而领导者给人的感受比较“温暖”，在实践中容易产生追随关系。

看了以上五位管理学者和领导力专家的观点和总结，你是不是掌握了管理和领导的区别呢？也就是说，在学校担任学生干部时，如果你在考虑怎么解决问题、怎么管控，你就是在做管理；如果你在带领大家确定方向，那就是在做领导工作。如果你在做季度计划、月度计划、周计划，考虑人员配置，你就是在做管理；如果你在鼓励、激发大家，让大家心情舒畅、精神饱满地参与到学校各种活动中来，你就是在做领导工作。

所以，管理和领导都是有助于目标实现的有效手段，它们无时无处不在。**学生干部既不能只使用管理手段，也不能老想着领导，要学会“左手管理，右手领导”，要做到“两手都要抓，两手都要硬”**，只有这样，才能在学校这片培养人才的沃土中学到知识、培养素质、提升学业，同时在学生会、学生社团等各种学生组织中带领大家不断实践，提升自己的管理技能和领导力、为他人“赋能”，带领大家高效地达成目标。

说完了管理和领导的定义及区别，下面再说说什么是领导力。领导力是同学们具备的各种能力吗？组织能力、协调能力、沟通能力等是领导力吗？你是被任命的学生干部或老师委派负责某项学习或事务的临时负责人，你拥有了一定的权力，这些权力是不是领导力呢？

为了让大家明确领导力的概念，下面就从两个方面和大家讲解。

## 三、权力的分类

我们先来了解一下权力的种类。经典管理学认为，**权力分为五种，即法定权力、奖赏权力、强制权力、专家权力与魅力**。学生干部作为学生中的管理者，是否也拥有这五种权力呢？下面我们就来分析一下。

假设你现在被选举并任命为学生会主席了，你成了名义上的正式的管理者。说你是管理者，是因为和企业等各种组织一样，你具备了法定权力，即按照学生会的章程，你可以指派其他人，如学生会副主席、各个部门和协会的部长等做事，你有了指派、指挥、协调、监督等各种权力；同时，你可以对他们进行表扬、奖励，如果你对他们的工作不满意，或者他们的工作出现失误等，你也可以惩罚他们，如批评他们，让他们写检查，甚至解职等，这就是上面所说的奖赏权力和强制权力。但你有没有觉得，这些权力都是岗位赋予你的？假如你离开这个岗位，你的这些权力就没有了。我们把这种权力叫作岗位权力。

再以学校的老师举例。他们相当于班级的管理者，目标非常明确，那就是按照教学大纲和学校的安排，顺利完成教学任务。老师们也拥有上面说的法定权力、奖赏权力和强制权力。在课堂上，老师就是得到学校授权的课堂管理者，在他们的管理下，学生不能迟到、不能早退，要认真听讲，积极回答老师的问题，老师还可以对学生进行合理的奖惩。

但是，拥有了这些权力，就可以说老师是个好的管理者了吗？假如老师的课讲得不好，学生在打瞌睡、玩手机，不专心听讲，最终老师没有达成教学目标，就不能说这位老师是个好的管理者。试想，如果没有校规、班规的约束，如果老师讲得不好，学生就可以离开教室，老师就要“唱独角戏”了，正是因为有了这些规定的约束，学生必须待在教室里。但他们的心思可能完全不在学习上，这时老师就可以适时使用权力，对他们进行责备、惩罚，但这样不一定有助于教学目标的达成。对老师的这种管制、惩罚，学生虽然不喜欢，但是不得不接受。作为学生的你，是否有这种体验？

不论是学生干部还是任课老师，当人们在某个岗位上使用岗位所赋予的法定权力、奖赏权力和强制权力的时候，并不一定会产生影响力，也就是说当老师的不一定能让学生不迟到、不早退，并且安心上课，学生干部也不一定能让别人心悦诚服地做事。但如果你拥有专家权力和魅力，情况可能就会改观。

什么是专家权力？老师的课如果讲得精彩、有趣、互动感强并且很有实用性，学生就会听得入神，即使老师拖堂了、换教室了，学生也不会抱怨；当学生干部的如果能以身作则、分析问题一针见血，并且还能熟练使用各种工具，你的同学也会很乐意接受你分配给他们的工作。这就是所谓的专家权力。

魅力是一个人具备的某种个性和特质，比如说你特别外向、宽容，具有勇敢的精神或者不计较个人得失，让人感到舒服、尊重和崇拜，愿意跟着你学习，愿意听从你的召唤。

讲到这里，各位同学，你觉得哪种权力能容易让别人走进你的内心并愿意追随你呢?

可以看出，使用法定权力、奖赏权力、强制权力对别人严格要求、严加管制，这样的影响力是脆弱的。当你使用这类权力影响别人的时候，实际上是在借助你身后更强大的组织的力量，如学校、教研组、学生会等开展工作，这样，其实大家的内心是不会服气的。有的学生干部在分配任务或解决问题受挫时经常会说，“你再不听，我就找班主任去”，这就是典型的借助组织的权力对别人进行“管制”。

举一个例子。

2018年9月底，某职业技术学院的一位低年级学生在社团的QQ群内询问学长开会时间，却被两位高年级学生社团干部“教育”并辱骂，理由竟是要叫主席而不能直接叫学长。

其实，这并不是个别现象，现在，在很多学校的社团中都出现了一种官僚习气，错把“鸡毛当令箭”，把“岗位当权威”。这中间既有学校管理疏忽的问题，也有学生干部自我认知错误的问题。

所以，学生干部越迷恋于用这种岗位权力开展工作，就会越令人讨厌，也会越脱离“群众”。因此，不妨走出岗位权力的中心，多施展你的专家权力和魅力，用专家权力和魅力来影响其他人。

## 四、领导力的定义

讲到这里，领导力的定义也就呼之欲出了。我们要清楚，岗位赋予你的权力不是领导力。那到底什么是领导力？著名学者理查德·L.达夫特的研究表明：早在2005年，学者们就已经赋予“领导”这个术语多达350多种定义，莫衷一是。在这里仅列举几种比较典型的说法，供各位读者参考。

先说说罗纳德·海菲兹给出的领导力定义。海菲兹是哈佛大学肯尼迪政府学院公共领导力研究中心的创始人，他认为**领导力就是“动员人们处理难题”，而管理是“解决技术性问题”。**如何理解呢？

比如现在有同学找到你了，说有一道数学难题请你帮忙解答。如果你对该问题比较清楚，对解决的思路和公式也比较清楚，解决难题的责任在你一个人身上，那么按照海菲兹的说法，你就是在做管理工作，解决的是技术性问题。但是还有些问题，问题不一定很清楚，解决方案也不一定很清楚，而且解决问题的责任是由你和同学共担的。比如学校经常组织的一些比赛项目，除了一些基础资料，还需要小组成员查阅网站获取更多信息，并根据自己不多的经验共同完成一个方案并展示出来。这时项目负责人就要带领大家明确各种问题，动员大家找到各种思路，想出不同的解决方案，再加以优化，并确定最终的方案，然后还要组织分工协作，把演示完成好，在这个过程中，项目负责同学就在展示自己的领导力，动员大家来解决难题，当然，每一位同学也都在或多或少地展示自己的领导力。

库泽斯和波斯纳在30多年的领导力研究中，认为“**领导力是动员大家为了共同的愿景而奋斗的艺术**”，“**领导力是一组可以观察到的行为模式，是一套可以定义的技能。任何技能都是可以学习的，在一定的激励条件下，人们可以通过训练、反馈、向榜样学习和教练辅导等方式，加强和提升他们的技能**”。

库泽斯和波斯纳认为，在学习领导力时要认清以下五个原则。

- ✓ 领导力是每个人的事。
- ✓ 领导力是一种人际关系。
- ✓ 领导力是可以通过学习获得的。
- ✓ 领导力的工具就是你自己。
- ✓ 提升领导力是一个持续发展的过程。

对以上五个原则，我们可以进行如下解读。

既然领导力是每个人的事，那么不论是学生干部还是普通学生，大家身上应该都有领导力，只不过是多和少的问题。

领导力是在追随和被追随中产生的关系，没有追随就没有领导。因此，对于前文提到的“领导者一定要有权力吗？”答案就很明确了，领导力应该是权力之外的影响力。青少年谁都可以用自己的专业能力、个人魅力赢得他人的追随，所以，即使你不是学生干部，手上没有权力，也照样可以成为领导者。

领导力并不是什么只有某些学生干部才具有的神秘品质，也不是由基因决定的，并不是某种天生特质。因此，领导力是可以通过后天学习获得的。青少年越早学习领导力，对自己学业、人生的发展就越有帮助。

领导力最大的工具就是自己。既然领导力是一组可以观察到的行为模式，那么大家都可以让自己的行为更加优秀、卓越，产生影响力，让别人从心里愿意支持和追随。

当然，领导力也有很多其他定义。如果你询问100个管理者，可能会得到100个说法，即便向毕生从事领导力研究的人请教，你可能还是得不到想要的答案。正如管理学专家汤姆·彼得斯说的那样：“如果我们想在‘领导力新规则’的研究方面取得进展，不妨先记住这一点：领导力的答案绝非一成不变的。”

但有一种共识是，在关注传统的领导力概念，如领导特质和风格的同时，研究者们已经将关注的重点从指令型领导风格、运用权威和权力的领导风格转向互动式领导和欣赏型领导。这也给青少年指明了方向，大家要运用个人魅力、优秀品质、学业成就、才能，去欣赏、动员、感召、影响大家为了共同的目标和理想解决难题、努力奋斗！

## 重点内容

- 作为学生个体，既要做好自我管理，又要做好自我领导。
- 学生干部既是管理者，也是领导者，要学会“左手管理，右手领导”。
- 了解五位领导力专家关于管理和领导的观点，掌握管理和领导的区别。
- 权力分为五种：法定权力、奖赏权力、强制权力、专家权力与魅力。
- 岗位权力不是领导力。
- 罗纳德·海菲兹认为领导力就是“动员人们处理难题”，而管理是“解决技术性问题”。
- 库泽斯和波斯纳认为“领导力是动员大家为了共同的愿景而奋斗的艺术”。
- 库泽斯和波斯纳认为在学习领导力时要认清五个原则：领导力是每个人的

事、领导力是一种人际关系、领导力是可以通过学习获得的、领导力的工具就是你自己、提升领导力是一个持续发展的过程。

• 领导力产生于追随和被追随的关系中，没有追随就没有领导。

• 对领导力的研究重点已从指令型领导风格、运用权威和权力的领导风格转向互动式领导和欣赏型领导，是领导力发展的趋势。

## 建议行动

• 阅读本章内容，并参考其他资料，总结出管理和领导的区别，并将它们讲述出来。

• 如果你不是学生干部，那么观察你身边的学生干部，总结在他们的工作中，哪些是管理行为，哪些是领导行为。

• 如果你是学生干部，那么总结一下，在你每周的工作中，你做了哪些管理工作和领导工作。

• 总结一下，你成为学生干部以来，有哪些收获和不足，你觉得下一步还需要在哪些方面获得提升。

• 在平时的领导工作中，你通常是怎样发挥专家权力和魅力的？请写出来。

• 请撰写一个“最佳领导实践”案例，包括：时间、地点、做的是什么工作/项目？你的职责是什么？你们要达成的目标是什么？在这中间遇到了哪些难题？你是如何带领大家解决难题的？为了鼓励大家为共同的目标而奋斗，你都做了哪些事情？你是如何通过以身作则影响大家的？你对完成这项工作的总体感悟和总结是什么？

## 苏航感悟：领导力就是解决问题

在我高中的第一节商业管理课上，老师给我们讲了两个词，一个是“entrepreneur”，另一个是“intrapreneur”。简单地说，“entrepreneur”是真正白手起家的创业者，“intrapreneur”则是在企业工作，借助各方面资源，在企业内部开创全新业务的员工。当时老师提了一个问题：“你们将来愿意成为哪一种人？”毫不意外，绝大多数同学选择当一名“entrepreneur”，我也不例外。但实际上，一名创业家和一名雇员是同样重要的，而一个成功的企业正是因为有了一个个优秀员工，才得以顺利地运转。

正是因为位置没有高低贵贱之分，所以我们每个人都可以以一个领导者或管理者的品格要求自己，都可以践行卓越的行为。换句话说，我们每个人都可以是领导者。

我九年级刚转学到现在的学校时，正值学生会招新，于是对设计一直感兴趣的我就报名参加了宣传部的竞选，最终也成为一名部员。巧的是，当时的部长正忙于申请大学，就把很多任务交给我完成，包括给新生的宣传手册和一些大型活动海报的制作。在这个过程中，我既要做好策划、做好计划，还要组织分工协作，克服各种困难，虽然我只是一名部员，但我觉得我做的也是管理工作。随着我带领其他几名同学逐渐做出成绩，我如愿在高一时被提升为部长，成了一名管理者和领导者。我认为，只要你用心做事，和大家一起完成目标，你就是在做管理工作，在做事的过程中，能力会得到自然而然的提升。从身边的小事做起并做好，总有一天，我们会成为能带领团队的管理者和领导者。我想，我就是这样的一个例子。

惠普前CEO卡莉·菲奥莉娜说：“领导力就是解决问题。这是释放你潜力的唯一方法。”我十分认同这句话，因为如何圆满地解决问题是一门艺术，而领导力更是一门艺术。

我最近在学校里组织了一个放映室活动，准备在学校的剧场放映电影，再把卖票挣来的钱捐出去。就像这一章中讲的，领导者要认清自己的位置，不能“拿着鸡毛当令箭”，不能强迫同学们做事。我认为，一个真正的领导者，应该是一个因为自己肩负的责任而自我约束，但可以鼓励团队成员放心大胆去干的人。我们小组中一共有13名成员，我根据他们的性格、长处，把他们放在了合适的岗位上，并给每个人分配合适的任务，让他们发挥优势。我自己负责管理所有的资金，我得认真记好每一笔收入和支出，绝不能出差错。我觉得，领导者不是高高在上的，他得和大家一起干活，并且要给整个计划“兜底”，在A计划出现偏差时给出B计划，在这个过程中，领导者往往就是那个压力和责任最大的人。

在这次活动中，给我感触最深的是关于信任的问题。由于这个放映室活动只能播放已经上映的电影，所以我们的首要任务就是考虑如何吸引到顾客、创造独特的卖点（USP，Unique Selling Point）。然而其他问题又接踵而至：我们需要协调场地、提前测试放映效果、制作宣传海报、购买3D眼镜和零食、统计收支……完全不亚于一个真正的商业计划，而作为组织者的我也有些焦头烂额。这时就需要把任务分配下去，让其他同学分担你的工作，进行“赋权”，这个时候，信任就显得特别重要。作为一个领导者，你要信任自己的组员可以完美地完成任务，同时给大家设定各项任务的截止日期，并在过程中给予监督和反馈。

在这次活动中，我和我的同学们一起解决了很多难题，我们有计划、有分工、有协作、有监督、有反馈，还有互相的鼓舞，最后我们还有庆祝，我认为我们这个团队中的每个人都在彰显自己的领导力。

# 第二章　学习领导力的理由

在第一章的学习中，青少年朋友们了解了管理和领导的定义以及区别，理解了权力不是领导力，明白了领导力是非职位权力的影响力、是每一个人的事，也知道了领导力就是解决问题。但是，领导力离青少年到底有多远？有必要在青少年时期就开始学习领导力吗？在这一章，我们将和各位同学一起谈谈学习领导力的必要性。

领导力其实就在每位同学的身边。

✓ 你每天的课业都很重。你如何处理自己的兴趣爱好、社团活动、班级活动和学业之间的关系？

✓ 考试接二连三地失利，你如何保持自信和积极的态度？

✓ 一位同学被老师批评了，回到宿舍，因看到你在他的书桌上吃东西而大发雷霆，你是和他争吵，还是能够换位思考，理解和包容这位同学？

✓ 作为社团新上任的负责人，你最近正在组织一个活动，你把任务分配了下去，但有的同学能力不行，有的同学积极性不高，你不知道该用什么样的方式辅导和激励他们。

✓ 作为社团干事，你的部长交代给了你一件工作，需要你来完成一项计划，但你不知道计划应该包含哪些内容。

✓ 作为大三的学生，你面临着找工作的压力。你听说面试官在面试的时候都会问这样一个问题：“你在学校里参加过哪些社会活动？通过这些社会活动你都锻炼了哪些能力？请具体说明。”

我们不可能把各位同学的日常生活、学习和社会活动的情境都描述出来，但以上的这些情境中都包含着管理和领导力的问题，也足以说明各位同学学习领导力的必要性。

## 一、学习、生活和工作中都需要领导力

在学习中，同学们需要设定目标、做好计划，需要做好时间管理，管理好自己的时间和精力，要学会优先做不紧急但重要的事情。在班级里，作为学生，你需要配合和支持班主任及各科的老师、班长和团支书等，做好他们分配的任务及工作；作为班级的学生干部，你需要按照老师的要求，在同学们的支持和配合下，做好班级的管理工作。

随着年龄的增长，青少年与社会的交往越来越广泛。他们渴望独立，与家庭的联系逐渐疏远，对父母的权威产生怀疑，甚至产生反抗行为；在和朋友、同学的交往过程中朝气蓬勃、充满信心、无所顾忌、勇往直前，但有时情绪反应过强，容易失控。因此，做好情绪管理就成了青少年必须学习的一门技能。

随着年龄的增长，青少年的经历也会更加丰富，但随之而来的是不间断的烦恼和挫折。如何以积极的态度面对各种压力和挫折，如何以坚韧的精神去解决各种难题、完成设定的目标，正是考验青少年品质的关键。

青少年学生的认知逐渐发生改变，他们开始学会自我批评，在各个方面都开始以成年人的标准来要求自己，并开始有能力听取他人的意见。在这个阶段，如果能及早地对自己的个性进行深入的了解，就可以知道自己的优缺点，便于进一步发挥自己的优点、改正自己的缺点，让自己在人际交往、问题解决和学习生活中的能力更加全面。

青少年学生的人际交往范围进一步扩大。在和老师、同学、朋友、家人以及社会上的人员进行交流和沟通时，经常会面临一些障碍和困难。可能存在自己语言风格上的问题，也可能存在交流方式上的问题，还可能是由于“代沟”的问题，有时交流不是很愉快，也会让问题的解决进入死胡同。因此，如何和别人有效地交流和沟通就成了青少年朋友们亟待解决的一个问题。有同学认为，

学习领导力对他的帮助很大，他说："学习领导力可以让我们更好地团结同学，在短时间内在新集体中形成自己的朋友圈，得到更多人的帮助，从而提升自己的学习效率。"

如果你是社团的学生干部，就会有若干同学向你汇报工作，如何管理和领导这个团队，就更是一门技术了。你得学会自我管理，学会以身作则、做同学的榜样，这样才会有人配合你、支持你和追随你；你得学会让合适的人做合适的事，你得根据这些同学的能力和意愿，采用不同的方式领导他们；你得学会分配工作，你得学会授权，因为工作不能由你一个人干；你得为工作定目标、做计划；当团队中的成员能力不足时，你得会辅导和教练他们；当他们的意愿和积极性不高时，采用什么样的方式来激励他们，是领导艺术；在社团的活动组织过程中，带领大家解决难题更是常有的事。对此，另一位同学深有感触，他说："学习领导力可以增强我的自信心，提升我的管理能力。有了领导力，我就可以更好地团结同学，带领他们开展各项活动、完成任务；如果一个团队的负责人没有领导力，团队就会无序，就会失去向心力，变得散乱，也就不能带领大家尽快和更好地达成目标。"

也许你就是学校社团的普通干事，但你不能像菜鸟一般无所事事或者找不到做事的重点：开会的时候下意识地选择坐在后面，一言不发；碰到难题时，第一反应是"我没做过，我不会啊"；面对机会时，脱口而出"我哪行啊"；遇到不如意时，嘴里嚷嚷的是"都怪谁谁谁"，心中说不定还有诅咒和谩骂……其实，这些都是因为你缺少了一项可以让你在任何处境下都能从容面对现实的技能——领导力。

## 二、国外大学看重申请者的领导力

当你在国内完成高中和大学学业，申请国外大学时，很多高校看重的不仅是你的学业成绩，还有你的领导力，它们是这样要求的：

✓"我们这里没有一个'典型的哈佛学生'。在我们的录取过程中，我们对每位申请人给予谨慎的、个别的关注。我们寻求那些在大学或毕业之后能够彼此有正面的影响，并能激励他们周围人群的人。"——哈佛大学

✓“布朗大学的教育将使您成为独立的思想家、创新的合作者和积极的全球公民。那是因为没有单一的经历可以定义布朗教育。布朗学生想要创造和驾驭他们自己的智慧之旅。他们具有强烈的好奇心并渴望对社会产生影响。”——布朗大学

✓“我们希望看到您的承诺、奉献精神和扩展您知识视野的兴趣，无论是关于您自己的作文还是其他人为您撰写的推荐信。我们希望看到那种好奇心和热情，可以让您在新生研讨会上引发热烈的讨论，并在餐桌上继续对话。我们希望看到您为自己的承诺努力地付出，无论是在研究实验室、作为社区组织的一部分、在表演期间还是在运动场上。我们希望看到您寻找机会和扩展视野的主动性。”——斯坦福大学

可以看出，这些国外的名校看重的是你在繁忙的学业之外，如何合理安排时间和精力，充满激情地长期坚持自己的兴趣和爱好，开展各种社会活动，参加各种项目，培养自己的各方面能力，以及如何影响更多的人。不论你是活动的负责人还是参与者，在你所专注的领域里，你都在解决难题和影响别人，展示创造力、组织策划能力、问题解决能力、激励能力和学习力等，这些都会让你成为领导者和领跑者，这也就是国外名校格外看重的申请者的领导力。

## 三、职场工作及未来发展都需要领导力

其实，领导力的学习也是在为青少年将来走向职场进行准备。各位同学从学校人变成职场人，要么成为管理者，要么成为被管理者。一般来说，职场中的职业发展路径有两种，一种是管理路径，另一种是专业路径。想走管理路径的同学，如果能在在校期间早点接触管理学、学习领导力、掌握各种技能、提升自己的领导魅力，那么进入职场之后，就可能会少走一些弯路，会更快地被上级赏识，被更早地提拔到管理岗位上实现自己的理想。青少年的好奇心强烈、求知欲旺盛，在概括能力、抽象思维能力、学习能力、有意识的记忆能力等方面相比儿童而言都有了空前的发展和提高，而且思想非常单纯、可塑性极强，因此对于领导力的一些概念、知识点以及工具和方法，都能以较快的速度理解，形成深刻的记忆，还愿意实践。

对于想走专业路径的同学而言，你们为自己做的规划是将来成为所在专业领域的专家或科学家，但当你成为专家或科学家的时候，也同样需要带领研究小组或者项目团队，这同样需要你来做管理，来发挥领导力。即使不带团队，你也需要和其他团队或者同事配合，如果对领导力的知识和技能有更好的了解，就能让你的合作更加顺畅和高效。

其实，不管是走管理路径还是专业路径，每个人都是别人的下级，作为一个被管理者，如果你学习了领导力，就能更好地理解上级布置的任务、做好工作计划、用好各种资源，发挥团队协作的力量解决各种难题，达成目标。

学习领导力也是为了适应未来的需要。现在已经是“互联网+”的时代、5G的时代，未来还将进入AI时代、万物互联时代，所有的工作场所，包括家庭，都将更多地由数字驱动，但可以断言的是，人与人之间的链接和互动将会更加重要，因为技术代替不了人际关系。随着虚拟工作的增加，对团队合作的需求也在增加。所以，只有你拥有更多的领导力技能，只有你拥有更远大的理想，才能让人与人之间的关系更加温暖，才能让团队的合作更加高效，才能让技术更好地为人类服务。只有拥有卓越领导力的人，才会挑战现状，憧憬更加美好的未来，激发大家为了共同的愿景奋斗！

## 四、企业培训实践要求领导力的培养越早越好

在多年的中高管领导力培训工作中，我有一种强烈的感受，总体上说，越是年轻的管理者，学习欲望越强烈，在工作中也越愿意实践导师讲授的一些方法和工具；而不少年长一些的管理者思维固化、故步自封，培训很难去改变他们的认知，对于一些方法和工具，他们也不愿意练习，让他们在工作中尝试和实践新的工具和方法，真有点要“革了他们的命”的意思。

时代发展得很快，我们已逐步进入了5G时代和AI时代，年轻的新生代员工将逐步成为这个时代的主宰力量。但最新的世界经济论坛调查数据表明，今天的世界存在严重的领导力危机，大多数公司担心他们的后备领导人才不足。

在中国的企业中，领导力培训一直被看作“高大上”的培训，有的企业每年都会做几期领导力培训，但不成体系，效果也参差不齐。其实，能给中高层经理人做领导力培训的企业还算不错的企业，更多的中小微企业，在业绩不好

的情况下，说不定几年都不会给经理人做领导力培训，而这些经理人都是要带团队的。大部分经理人都是“无证上岗”，没有系统地学习过管理和领导力，又如何带好团队呢？又如何做出更好的业绩呢？

我国的学校教育仍以应试教育为主，素质教育还在探索中，这就导致很多大学生在走上工作岗位之后，连最基本的沟通、人际交往、问题解决、团队协作都不会，或者水平很低，在很大程度上影响了工作效率，也迟滞了自己的成长和发展。我相信，这些学生在刚开始工作时表现出的这些“低能”现象，在他们之前的校园生活中也同样存在。相反，那些在毕业之后能被一些著名企业录取的学生，除了他们可能是名校毕业之外，更重要的是他们身上所表现出的潜能以及在学校及社会活动、项目中的卓越表现打动了面试官。

所以说，如果青少年能早一点学习领导力，并利用一切机会实践和提升自己各方面的能力，在未来走向职场之后，即使单位的领导力培训不多，你在中学、大学期间的积淀和历练，也会让你的能力在职场上得到施展，使你领导力的才华得到绽放，这难道不是一件事半功倍的大好事吗？

因此，学习领导力可以让同学们学会更好地与人沟通、倾听，善用同理心，更快地关注到别人的反应；让同学们控制自己的情绪，做一个积极、包容、坚韧、有责任感的人；让同学们有自己的想法，敢于批判和质疑；还能让同学们学会用团队的力量解决问题、达成目标。通过学习领导力，同学们可以培养自己的领导气质，给自己增添魅力，因为给人的感觉比同龄、同资历的人更可信、更成熟，因此能获得更多的关注和机会。他们进入职场，无论成为带团队的领导者，还是成为合作者、追随者，都会在自己的本职岗位上显得有活力、有激情，能在激烈的职场和社会竞争中更快地实现自己的人生价值。

所以，如果从青少年时期就开始踏上学习领导力的征程，未来你的前途将不可限量。

## 重点内容

- 本章重点讲解了青少年学习领导力的四大理由：一是学习、生活和工作中都需要领导力；二是国外大学看重申请者的领导力；三是职场工作及未来发展都需要领导力；四是企业培训实践要求对领导力的培养越早越好。

• 我国的学校教育仍以应试教育为主，素质教育还在探索中，而素质教育实质上是包括部分领导力内容的。为了与同学、老师、家人和朋友更加从容地相处、解决各种问题，也为了适应将来的职场工作和生活，建议青少年朋友有意识地学习领导力，提升自己的各项能力，手中多掌握些工具，就能更好地实现自己的价值。

## 建议行动

• 你可以“采访”一下你周围社会活动能力比较强的同学，了解他们对提升管理能力和领导力有哪些观点，和本章内容对照一下，看有无一致的地方。

• 咨询一下你的老师、父母以及在工作单位担任一定职务的亲朋好友，了解他们对青少年学习领导力的看法。

## 苏航感悟：手中有剑，心中有花

当看到这一章内容的时候，我的脑海中突然冒出这样的标题：手中有剑，心中有花。我想表达的意思是：打铁还需自身硬，手上得有两把刷子；做任何事情心中都得充满热情。

这一章对学习领导力的理由说得够详细了，一方面，我非常认同这些理由，另一方面，我觉得在认同之后有必要扎扎实实学些“招式”。的确，作为青少年，我们的特点很明显：独立、有个性，有时甚至很张扬、很自我，有时不管不顾、情绪控制能力差。在与老师、同学以及亲朋的交往中，我们有时会遇到很多问题，但是由于我们稚嫩，由于我们缺乏经验及相应的知识和技能，可能会手足无措，或者在解决问题的过程中进入死胡同。在这个时候，如果能有人从旁点拨并给出相应的方法和工具，问题就会迎刃而解。但是我们身边不可能时时有这样的指点，于是就需要我们自己充实自己，有意识地学习和掌握些技能和工具，让自己“手中有剑”。撇开我们各门专业课中的解题技能和工具，我说的这些技能和工具，指的是管理和领导中的工具和方法。

除了“手中有剑”之外，我觉得还得“心中有花”：我们在学习领导力的过程中得有热情，得努力培养自己的兴趣。这就如同我们看专业书籍、天天上课一样，我们可以定期读一本管理或者领导力的书、上网看看文章、听听音频，或者观察一下身边的领导者……抱着热情和兴趣去尝试、实践各种学习方式，我相信，这肯定会对我们的学习有帮助，也能提升我们各方面的能力。

我要感谢我的父亲，从我上初中三年级开始，他就会在我们俩都在家的时候（他经常出差，而我周日至周四住校），每两周和我分享10—20分钟关于领导力的内容，他用通俗易懂的方式，结合学生的一些案例或者我自己的一些事情，让我掌握一些领导力的知识和工具，明白一些做人做事的道理。

初中三年级的第二学期，我刚刚转学到现在的学校，按照当时的课业要求，学生需要组成团队，每个团队完成一个自选项目。当时我们团队选择的项目是设立一个关于分享美剧的微信公众号，完成从申请公众号到运营的全部工作，由我牵头组织。这对于当时的我来说有一定的难度，其间牵涉团队成员的分工、协作、执行、监督等工作，我虽然做过班干部，但那最多是组织班级内的活动，对于这样一个类似于企业运营的项目，我有点一头雾水。还好，我主动向我父亲请教，他便给我分享了一个分析问题和解决问题的GROW模型。我后来知道，这其实也是一个教练工具，大家在本书的第十八章中会学习到这个模型。我利用这个GROW模型，把我们的微信公众号“聚美剧”运营中的关键事项，如目标、现状、困难和问题、方案、行动计划等都做了分析（如图2-1所示），这样我就“手中有剑”了，之后，我和我的项目团队成员成功地运营了这个微信公众号，达成了项目目标。

原先我所在的学校对应试教育抓得很紧，而现在的学校对素质教育尤其关注，我们的项目和活动非常多，我有时是项目负责人，有时也只是团队中的普通成员。活动和项目的开展需要我们展现各种能力、解决各种问题，但是当时我在很多能力方面是欠缺的，所以我越来越感觉到了学习管理和领导力的重要性和必要性。通过学习，我现在在项目和活动中显得更加自信，一方面，我本身喜欢团队活动和项目，另一方面，我对于在执行过程中的分工、授权、协调、计划、监督、总结等管理和领导活动也越来越熟悉了。所以，我强烈建议青少年及早地学习领导力，因为这对我们的发展大有裨益。

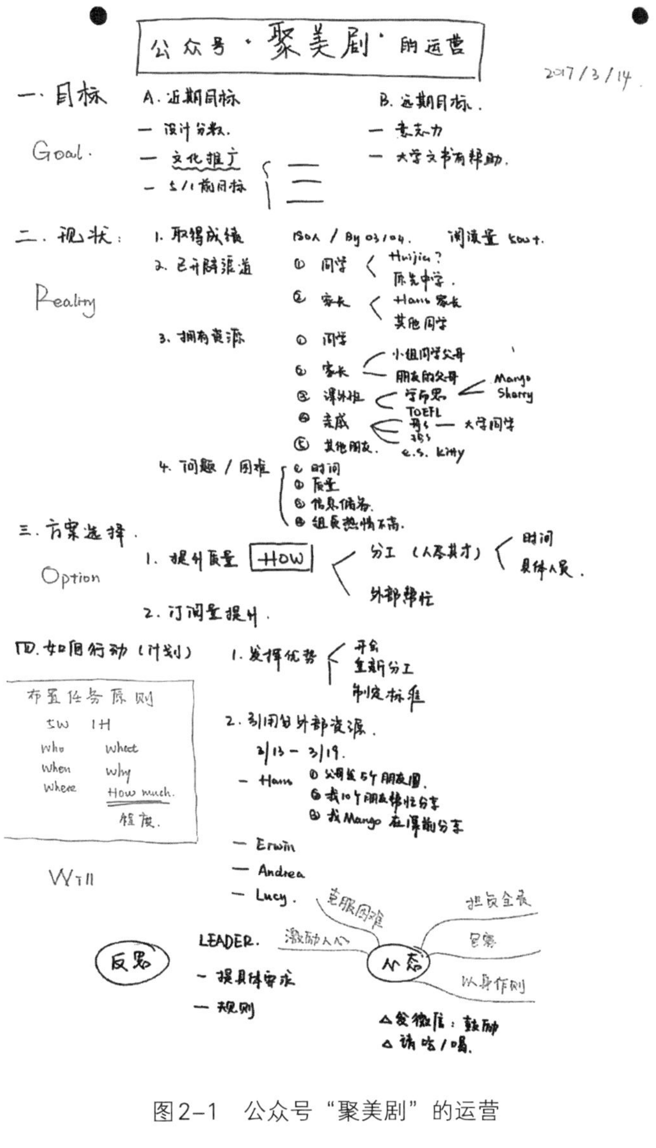


图2–1　公众号“聚美剧”的运营

# 第二部分　青少年如何学习领导力

# 第三章　克服认知误区，相信自己

有句话叫作：我们是我们思想的产物。我们想什么，就会成为什么。

领导力的学习也是同样的道理，一切都源于你自己的想法，还有你的假设。

相信自己能学好领导力，就要做好以下几点。

## 一、克服对领导力的认知误区

### （一）误区一：领导力是天生的

我经常在领导力课上问我的学员："你们觉得领导力是天生的，还是可以后天培养的？"大部分学员会说领导力是可以后天培养的，但也有学员认为领导力是与生俱来的。他们可以举出一些领导者的例子，说他们没有上过与领导力相关的课，也没有看过与领导力相关的书，但是他们好像天生就有领导力一样，激情四射，很能感召人。

如果说领导力是天生的，只有少部分人拥有，那么就没有必要出版那么多关于管理和领导力的书籍，也没有必要组织那么多培训，何必浪费时间和精力呢？

但就像有的学员说的，有的人好像就是天生的领导者，他们天生就有魅力、有影响力。那么，他们天生的东西是什么呢？是他们的性格。有的人性格外向，天生就能说，"忽悠"是他们的基本功，还能说到你的心坎里去，这的确给他们的影响力加分不少。但是，虽然性格是天生的，风格却是可以调整的，每个人都是有“能说”的潜质的，只要你愿意学习、愿意练习，你也可以变成一个“特能说”的人。“能说”的人是有一定的魅力，但如果仅仅停留在“能说”的水平上，而不能为大家解决难题、不能激发大家努力奋斗，那么他身上也不一定有很好的领导力；你也许“不能说”，但具有发展的眼光，能踏踏实实带着大家向目标进发，大家都愿意追随你，你的身上照样有领导力。所以说，任何性格的人都可以成为很好的领导者，领导者不是天生的，都需要经过后天的练习和培养。

“领导力是一组可以观察到的行为模式，是一套可以定义的技能。”既然是行为，既然是技能，那么，聪明而又智慧的青少年朋友，难道你不能像学习数理化、像背英文单词那样学习并记住这些技能的操作要点和流程吗？难道实践这些行为、“照猫画虎”是非常困难的事吗？

### （二）误区二：只做自己擅长的事情

最近若干年，企业界对由著名民意咨询调查公司盖洛普（Gallup）提出的“优势理论”很是着迷，人们简单地把这个理论理解为“扬长避短”，即每个人都不要刻意弥补自己的不足，要重点发挥自己的优势，做自己最擅长的事情，不要浪费时间做自己不擅长的事情，因为你没有优势、没有天赋。这话听起来好像没问题。的确，“优势理论”强调的是：一个人的优势部分——知识和技能是很容易被教会的，而才干（天赋）则不能，人是很难改变的，因此在用人时要重点发挥员工的优势，把他们放在合适的位置上。

但有人在理解这个理论和操作时有点“跑偏”了，他们偏执地认为人不能挑战自己的不足，比如，有的同学计划性不强，就有人说“那就不要管它了，去发挥你的优势——创造性嘛”；有的同学逻辑性不强，就有人说“逻辑性对你不重要，好好把你的优势——人际关系能力发挥到极致就行了”。但是大家想一想，每个人在学习、工作的过程中都是一帆风顺的吗？你能永远只发挥你的优势吗？你还得克服困难和解决问题吧？难道这中间不需要用到你不擅长的技能吗？有时你就得把计划方案写周密，有时就需要你考虑问题、探讨问题时具有逻辑性。这些虽然不是你的优势，但你还得“硬着头皮上”。再说“把人放到合适的位置上”这个事，它只讲到了要做你擅长做的事情，比如，你擅长组织活动就把你放在组织部门，他擅长用电脑做海报和创意，就把他放在宣传部门，她擅长唱歌跳舞，就把她放在文娱部门，但却没有说要如何在每个岗位上做好。难道这中间不会遇到你不擅长的事情吗？如果没有人帮你，你还不是得自己去挑战、去克服吗？

在本书第八章中，我将提到青少年领导者应该做到两方面，一是要“扬长补短”，二是要“扬长避短”。这个观点强调的是：每个人都是有潜能的，对于不足的地方，是有能力补足的，缺什么就补什么。当然，做自己不擅长的事情会别扭、不舒服，但是逆境和不确定性总是伴随每个人的领导过程，所以不得不做。面对自己不擅长的事情还有一种办法，那就是搭班子，即让自己团队中与你能互补的人去做你不擅长的事情，这就是成功的“避短”。但“扬长补短”和“扬长避短”并不是孤立存在的，而是相辅相成的，是互相“补位”的，只有这两点都做到了，你才能成为卓越的领导者。

## 二、坚信两个观点和研究结果

### （一）每个人都是有领导潜质的

大家在前面的两章中已经了解到，权力不是领导力，领导力是一种追随的关系，“领导”更强调“去何方”“到哪里去”，而领导力表现出来的是行为模式，是技能。那么我们就有理由相信，学生虽然才十几岁、二十岁出头，但是关于“领导”要做的事情也或多或少地做过，只不过是好坏的问题；也都掌握了一定的技能，只不过是大小的问题。虽然有人会说，学生不具备一些关键的能力或者修养，不是“当领导的材料”，但是学生热爱学习，如果愿意学习领导力，对于自己不具备的一些品质也愿意去修炼，表现出学习的欲望和做事的意愿，也同样是有领导潜质的表现。

当你相信自己身上有领导潜质的时候，你就给自己增加了自信，就会更勇敢地探索自己内心。学习领导力的过程就是一个不断探索自己内心的过程：你需要了解自己的价值观；你到底赞同什么、反对什么；你喜欢什么、不喜欢什么；你的梦想是什么；你如何感召大家去追逐团队的梦想；你要挑战的是什么；激励你的又是什么。当你对这些问题都有了答案的时候，你就会知道在你的领导过程中如何更好地激发别人。当你更好地激发了别人、当大家的潜能进一步发挥出来时，你的领导“潜能”也就表现为“显能”了，你的领导力也就得到彰显了。

### （二）你的行为频度和深度影响下属的敬业度

我在本书第十九章中，把盖洛普公司“Q12”的12个问题拿了出来，说明激励的重要性，各位同学不妨先翻到这一章，找到这12个问题。盖洛普公司在全球访问了100万名以上的员工和经理，想知道“优秀的经理”和“敬业的员工”到底有什么关系。最终，其研究结果表明，如果经理人在这12个问题上做好了，那么员工的敬业度、忠诚度和业绩的表现都会非常好。那么，谁会对一线员工产生最直接的影响呢？结果表明，直接上级对一线员工的影响高达70%。这12个问题，其实就是12个行为，这说明领导者的行为对下属的影响巨大。

这个结论与库泽斯和波斯纳两位领导力专家在全球对近300万人的调研结果也是一致的。他们的调研结论是：当领导者非常频繁或者几乎总是践行卓越行为的时候，近96%的直接下属反馈自己是高度敬业的。相比之下，当领导者很少践行卓越行为的时候，只有不到5%的直接下属反馈自己是工作敬业的，这个差距是巨大的。

库泽斯和波斯纳在研究一个国家青年运动组织的志愿者的时候，发现了同样的结果，领导者的敬业度越高，队员的归属感和自豪感就越高。

不知道以上的调研结果对各位同学有什么样的触动呢？你有没有感觉到，其实学校里老师的领导行为对教学和学生的成绩也是有很大影响的？研究发现，当老师在课堂上展现出良好的领导力的时候，学生会有非常积极的反应，老师的领导行为对于学生的反应、行为和学习发挥着关键的作用。因此，当你相信自己有领导潜质，并了解到青少年领导者的行为会对其团队成员（本书把学生会各部门的成员称为“部员”，把各个社团组织的成员称为“社员”，有时也会把“部员”、“社员”、项目团队中的成员、活动中各个小组的组员、班级里的同学等统称为“团队成员”）的投入度、敬业度和能力提升有关键性的影响时，你是不是要更加注意，要尽可能多地表现出卓越的行为呢？本书的第十二章至第二十章讲述了8种技能，其实也是8种行为的践行方法，各位同学可以在掌握后有重点地提升。

## 三、最好的领导者也是最好的学习者

**向父母学习**。“父母是孩子最好的一面镜子”，父母对和家人、亲戚、朋友、同事的关系处理，会让孩子们学会如何沟通、如何增进关系、如何承担责任；孩子们也会看到父母是如何面对困难的，可以向父母学习遇事时的沉着心态、解决问题的方法以及坚韧的精神；父母也会有生气、情绪不佳的时候，那么，他们是如何控制情绪的，这同样是值得大家学习的地方；有的同学家庭经济条件可能不太好，那么父母面对生活的压力保持乐观、积极的态度，就是同学们需要学习的；为了家人的幸福生活，父母一方面需要辛勤工作，另一方面还要操持家务、照顾子女，同学们可以从中学到的是一种责任的担当意识。

在家里，父母的一言一行既是在管理，也是在领导，都会对孩子们产生影响。好的言行，同学们要学习和效仿；不好的言行，同学们也要用适当的方式向父母提出来，帮助父母改进。

**向老师和同学学习**。除了父母之外，老师和同学是大家接触最多的人群。无论是在课上，还是在课后，都可以观察老师是如何表扬和批评同学的、是如何调动班级氛围的、是如何进行一对一谈话的、是如何处理同学之间的矛盾的、是如何组织班级活动的、是如何给班干部授权的、遇到困难的时候是如何激励大家并带领大家达成目标的。这些都是管理和领导的内容，同学们要用心观察、用心感受。

而在和同学的交往中，也有很多可以学习的地方：有的同学虽然学习成绩不是很好，但是他的周围聚集了一批喜欢他的同学，这样的同学很有号召力；有的同学虽然学习成绩很好，是名副其实的“学霸”，但除了学习好之外，好像没有什么值得称赞的地方；有的班干部老是“狐假虎威”，借着老师的名义，天天命令大家干这干那，还经常到老师那里打小报告，说起这样的班干部，大家都直摇头；有的同学在班里很低调，甚至有点默默无闻，但有一天突然领回一个国际大奖，原来这位同学潜心做着这方面的研究已经有很多年，在别的同学“三天打鱼，两天晒网”的时候，这位同学坚定地发展着自己的兴趣，付出时间和精力进行着研究……

身边这些同学的表现，其实都是大家在学习领导力时需要思考和注意的地方：领导力不是权力；领导力是一种追随的关系；学习成绩好不代表一定有领导力；领导力需要激情；等等。

当然，除了向父母、老师和同学学习领导力之外，你还可以向任何你认识或者不认识的人学习领导力。在坐地铁和公交车时听旁边的人聊天，你也许就能学到什么是好的沟通交流，也能认识到什么是差劲的聊天；在游乐场所，看着小朋友们玩耍时的那份兴奋和好奇，你也能学到领导力需要你的激情和专注，需要你充满好奇地去探索、去挑战；在商场门口，你可能会看到前面的人推门进去之后转身扶着门让后面的人进来；在马路边，你也可能会看到有人随手捡起地上的垃圾扔到旁边的垃圾桶中。看到了吧，每个人身上都有让人点赞的行为，领导力就在你的身边，身边的人都有领导力，只不过是多和少、强和弱的问题，只要你有心，只要你肯学，身边的人都是你领导力的老师。

**向书本和互联网学习**。现在，学习领导力的媒介和渠道足够多，同学们可以很容易地了解到相关的知识和信息。比如，你可以阅读专业的领导力杂志和书籍来系统地学习领导力，你也可以从相关网站的文章或者视频中获取知识，另外，你也可以通过看电影学习领导力。电影艺术源于生活，不仅具有记忆性、趣味性，还能给人带来无限启发，让大家冷静思考、理性分析。此外，你还可以关注众多的管理、领导力相关的微信公众号和服务号，在听书APP上听管理、学管理、用管理。只要同学们有兴趣、有时间，就一定可以通过上面提到的这些媒介学习到丰富的领导力知识和技能。

**走入专门的课堂学习**。盖洛普公司通过调研得出结论：在学习领导力时，人们需要拿出20%的时间向他人学习，拿出20%的时间走入专门的课堂学习，还要拿出60%的时间去实践。所以，同学们可以有意识地走入专门的领导力课堂。目前，市场上有众多针对职业人开设的培训，涉及自我管理、他人管理、团队管理等，这些课程虽然是针对职业人的，但由于管理和领导力在很多知识技能方面是共通的，所以在一定程度上同样适合青少年的学习。当然，也有专门针对青少年的领导力培训课程，但相对来讲还是比较少，大家可以根据自己的兴趣以及需要提升的领域选择专门的课程学习。之所以要走入专门的培训课堂学习，是因为培训讲师对这些管理和领导力相关的主题有深入的研究，且绝大多数讲师都有实战经验，讲师会采用多种教学方式，如案例研讨、角色扮演、视频观摩、测评、游戏活动、小组讨论和演示等，深入浅出地进行知识的讲授和技能的指导，讲师还会要求大家制订具体的行动计划，在课后进行实践，以掌握所学习的技能和工具。

青少年时期是求知欲最旺盛和学习能力最强的时期，同时也是敢于挑战、勇于质疑的年龄阶段。为此，只要克服传统的对领导力的认识上的误区，相信自己能够学好领导力，并通过各种平台实践，各位青少年朋友就一定能够掌握领导技能，用卓越的行为去影响和带动他人。

## 重点内容

• 要学习好领导力，要克服的第一个误区是：领导力是天生的。如果领导力是天生的，只有少部分人拥有，那我们就没有必要学习了。领导力不是天生的，而是一组可以观察到的行为模式，是一套可以定义的技能，人人都可以学习领导力，人人都可以拥有领导力。要克服的第二个误区是：只做自己最擅长的事情。有人错误地把“优势理论”理解为人应当只做自己最擅长的事情，不能去挑战自己的不足。而现实是，要想取得一个又一个的成功，既要花大力气做自己最擅长的事情，“扬长避短”，又要努力学习自己不擅长的事情，“扬长补短”，只有这样，才能成为合格的青少年领导者。

• 学习领导力，还要坚信两个观点和研究成果，一是每个人都有领导潜质，二是你的行为频度和深度影响团队成员的敬业度。所以，每位学生干部都可以通过频繁地展现卓越的行为来提升自己的影响力和领导力。

• 向谁学习领导力？所有身边人都可以是青少年学习的对象，可以向父母、老师、同学学习，可以向书本和互联网学习，也可以走入专门的课堂学习。

## 建议行动

• 如同本章所讲的那样，每天用心观察一下你周围的人，记录下他们值得你学习的言行，按照你自己的认知，总结他们这些言行反映了他们哪方面的能力。

• 可以下载一些听书APP，在其中找到管理或领导力频道，尝试去听一些讲座；或者关注一些管理或领导力相关的微信公众号，每天或每周阅读几篇文章，丰富自己的管理学和领导力知识，学到一定的技能。

• 如果你的父母或者其他家人在单位就职，可以和他们商议，能否在合适的时间，请他们和你讲解些他们掌握的一些管理和领导力方面的知识以及技能，向他们学习一些具体的、可操作的工具。

## 苏航感悟：克服7个误区，做最好的学习者

看完了本章的内容，我感觉对于开篇的两个误区有点意犹未尽，于是继续在父亲的书架上寻找答案。我找了约翰·C.麦克斯维尔的著作《中层领导力》，在这本书中他讲到了中层领导者的7个误区。

- 误区一，职位误区：不居高位，无法领导。
- 误区二，目的地误区：身居高位之后再学习怎样领导。
- 误区三，影响力误区：身居高位，人们自然服从。
- 误区四，经验不足误区：只要身居高位，就能掌控一切。
- 误区五，自由误区：成为领导后，我就无拘无束了。
- 误区六，潜力误区：不在高层就无法发挥潜力。
- 误区七，破罐子破摔误区：做不成领导者就不必领导。

本章中讲的两个误区主要是针对青少年的，而上面的7个误区和本书前几章中着力强调的内容其实是一致的，也就是说：对于青少年来讲，即使不是学生干部，也照样可以拥有领导力、发挥领导力；我们不应该在等到成为学生干部、走入职场、担任领导之后再学习领导力，那样就太晚了；无论是学生干部，还是普通学生，我们都可以发挥潜力，因为我们每个人身上都有领导力的潜能。

在克服误区之后，我们就要做最好的领导力学习者。我们可以在学业上取得好成绩，可以把专业书籍研读得透彻，那么在领导力的学习上也照样应该保持信心，因为我们年轻、我们专注、我们有毅力、我们记忆力好。我们可以按图索骥，按照本章中介绍的学习渠道，向他人学习、向书本和互联网学习、走入专门的课堂学习，当然，也要在具体的实践中学习和提高。我们可能欠缺经验，但是我相信，只要我们好学，当我们有了足够的知识和技能沉淀的时候，我们的实操水平比起不爱学习的人会高很多，假以时日，当我们的经验积累得足够多时，我们的领导力也会逐步提高。

# 第四章　寻找机会和平台，着意实践

无论在中学还是大学，总有些学生喜欢专注地学习、读书，而不愿意去担任学生干部；也有的学生既能把学习成绩搞好、把书读好，又能把学生干部工作做得有声有色；还有的同学，虽然不担任学生干部，但在社会上参加了很多活动，各方面的能力也得到了很大的提高。那么，到底哪一种对掌握管理技能和领导力更有帮助呢？对于这个问题，我不好下绝对的结论，但是我想说：如果你不去学习管理技能和领导力，不去实践，你就无法掌握它，也就无法得到它可能给你带来的益处。

领导力是一门实践科学，不能仅仅停留在理论中。著名领导力专家拉姆·查兰（Ram Charan）认为："领导力是通过不断实践和自我修炼培养出来的。"当然，为了把它实践好、运用好，你先得学习它。有的同学会想当然：在学校中，我还是要把学习成绩搞好，将来上班之后，我自然有机会学习、有机会实践。这个想法没错，但是抱有这种想法的同学有没有想过：管理和领导技能就体现在我们的学习中、学校生活中、与人相处中。正如我们前面提到的，作为学生，你得做学习计划吧？你需要做时间规划吧？你每天都得和老师、同学沟通吧？你每天都得解决各种问题吧？情绪不好你得控制吧？凡此种种，都需要用到管理技能。在你的好同学、好朋友心情低落时，你如何鼓舞他们？当班级外出郊游做活动时，你作为组长该如何分工、协作，激励大家，挑战困难？这中间就既有管理又有领导。所以，即使你不做学生干部，不去学习管理和领导，你每天要做的事情也都和管理、领导分不开。套用一句流行歌的歌词就是，"你见，或者不见我，我就在那里"。如果你没有有意识地学习管理和领导，也不着意实践，那么当你从学校人转变成职业人时，就可能会感到措手不及，如面对各种需要加班加点的工作、诸多的困难和问题、无数的会议和沟通、各种复杂的人际关系、职业发展的困惑等。如果这时你缺少能力的积累和积淀，缺少工具和方法的指导，就会在一段时间或相当长的一段时间内，无法适应职场生活，感觉困顿、无助、力不从心。

## 一、担任学生干部是学习和实践领导力很好的渠道

担任学生干部为同学们提供了更多的渠道、资源和平台去学习、实践管理和领导，虽然同学们在管理事务、领导成员、协调资源、解决问题中也会产生困惑、经历失败，但也能经过学习、实践、盘点和反思，更多地了解组织的运转、学会与不同的人打交道，知道什么是正确做事的方法。学习和实践还能增加自己的从容、自信和成熟，让自己解决问题时也更加游刃有余，对未来会更加充满信心，做事时会更加坚韧和执着，与此同时，你的管理技能、领导力水平也在不断地取得进步。

担任学生干部对管理能力的锻炼到底有什么好处呢？我在网上见过这样一个标题，“大学当班长的你几年下来有什么收获”，有一位同学在标题下提出了这样一个问题：

本人刚上大一，通过竞选当上了班长。但是几乎每天都会有很多鸡毛蒜皮的小事影响我学习，目前我感到很困惑，正在纠结当这个班长到底值不值得。

另一位同学回答了这个问题：

做班长的经历让我有机会将我的很多想法付诸实践，且不必付出财务成本。

举个例子，开学第4天，我帮全班同学买书，我需要做的是跟班上的同学收钱、确认他们要买的书、把书买回来发给同学们。流程看似非常简单，但对不起，你班上的同学会这么说：“我这几本书不买了，班长你可以帮我借吗？”“班长，我现在手头没钱，你先帮我垫着吧。”“班长，我明后天出去玩，你帮我送到宿舍去吧。”“班长，我听说网上买书更便宜，你帮我上网买吧，买回来了给

你钱。”等等。这还只是两个女生宿舍发短信告诉我的消息。

我的解决方法是：团支书统计女生要买的东西，我统计男生要买的东西，然后我就开始了我的大学Office办公生涯，做采购表格、学用公式统计现金，团支书做出纳，室友做库管，买书时找好链接统一购买，杀价和物流一气呵成。我不能保证我将Excel用得出神入化，也不能保证我的供应商稳定，但起码有一件事是可以肯定的，那就是它锻炼了我使用工具的能力，让我有方向、有分工地组队完成了一项工作。

作为一个大学生，其实很少有人来到学校就已经技能满点了：长袖善舞、八面玲珑、耳听八方、行动力和决断力满分、判断力上乘。做班长却可以让你总有事情忙，让你的大学不会在上课、玩游戏、复习考试、追剧中度过。

你想成为一个什么样的人，就要付出什么样的代价。有很多同学上大学后，报培训班，希望能学好英语；加入社团，希望能学会更好地与人沟通；去图书馆，希望增加自己的知识；参加很多的联谊和聚会，希望能结交更多的朋友。但是仅仅参加是远远不够的。除了参加英语培训班，你还需要每天认真练习才能学好英语；除了加入社团，你还需要努力地完成文案、组织活动、跟其他部门合作，找团委借用道具，在活动中帮助同学，才能学会更好地与人沟通；除了去图书馆，你还需要认真看书，而不是在图书馆吹空调、玩手机，才能增加学识；除了去参加联谊和聚会，你还要不断跟人交流，才能结交更多的朋友。

你在一个平台上，朝着一个目标努力，方向的正确与否的确会影响你的效率，但是如果没有付出代价，你就连收获的资格都没有。如果你没有更好的选择或者方向，那么做一个班长，并朝着做好班长这个方向好好努力，至少你还是在大学中找到了一个舞台，总算不会落下遗憾！

## 二、不担任学生干部也照样有机会和平台

从以上回答中我们看到，担任学生干部的确能够锻炼同学们各方面的能力。当然，如果你没有意愿或者机会，也可以不担任学生干部，但你照样有机会提升自己的领导力。班级和学生会、各种社团会经常组织各种各样的活动，你可以积极地参加一下。在这样的活动中，你照样可以实践，照样可以锻炼你的计划能力、沟通交流能力、执行能力、协作能力、时间管理能力、问题分析与解

决能力等。即使不参加这些活动，在你参加的兴趣小组、学科竞赛、勤工俭学、班级或学校组织的春游和秋游活动、运动会中，以及在你自己参加的社会上的公益活动中等，都可以展现你的才华，发挥你的能力。这些都是大家提升领导力的好机会、好平台。总之，无论是否担任学生干部，你都要有一个意识：管理和领导就在大家身边，不参与、不实践，你的管理能力永远不会得到提高，你也不会拥有很强的领导力。

## 三、为自己找到学习的榜样

前文提到，你可以向父母、同学、老师等身边人学习领导力，但如果他们的领导力一般，你学到的技能也只能是一般；如果他们的领导力非凡，你学到的技能也将很“炫酷”。为此，要为自己找到学习领导力的榜样，从模仿他们的言行开始，一招一式地学习领导力——模仿是能力发展的第一步。

如果你想学习演讲，那你可以找你身边的演讲高手，看看他们是如何开场、如何结尾、如何与大家互动的；当然，你也可以在网上找各位企业家的视频，从他们身上学习演讲；你还可以看看TED演讲，看看嘉宾们是如何在18分钟内就一个话题进行深入的探讨并吸引观众的。

如果你想学习会议主持技巧，那就找经常开会的企业经理人做你学习的榜样，之所以主张找企业中的经理人，是因为我个人感觉企业中的会议比较活跃，能学习到的主持技巧也更多。从经理人榜样身上可以学习如何引导大家深入讨论、如何控制好每一个问题讨论的时间、如何巧妙地打断长篇大论者说话、如何在有限的时间内决策等。

如果你想学习沟通技巧，那你就要找身边特别会说话的同学或老师做你的学习榜样，看看人家在沟通中是如何倾听的、如何做眼神交流的、如何换位思考的，看看人家在要求对方做事时是如何用商量而不是命令的方式说话的。

总之，你要学习某种技能，就既不能闭门造车，也不能凭空想象，而要以身边擅长这方面技能的人为榜样，观察他们的言行和做事的步骤，把这些都记在脑海中。

但是，你终究需要自己做事，而不可能在每次做事时都拿出笔记本查找具体的招式。如果你之前有学习的榜样并从他们身上学到了具体的行为和技能，那么你在做事之前就可以先在脑海中想象自己做某件事的第一步应该是什么、每一步的动作是什么样的，把整个过程模拟一遍，而当你真正做的时候就会发现，实际操作的步骤和你想象的步骤差不多。在做事之前，先在脑海中想象具体的操作步骤，将对你的做事效果有极大的提升。

除了寻找身边的学习榜样之外，**主动征求反馈也是学习领导力的重要方式**。青少年朋友对自己平时的表现和能力可能有一定的认识，但不一定客观，如果能有来自老师、同学或者其他人的评价和反馈，可能就会更加全面。有了来自外部的评价和反馈，你就能明确地知道在其他人眼中，你的优势和短板是什么，也就知道了下一步要改善和提升的能力是哪些。

你不能指望着其他同学或朋友主动走到你的面前告诉你哪里不好，所以对每一位青少年朋友来说，主动征求反馈的态度和行动非常不易，也弥足珍贵。这一方面需要你有提升和发展的愿望和意识，另一方面你也要信任他人，要相信他人是希望你更棒、更优秀的，只有这样，你才敢于向他人征求意见、寻求反馈。对任何人来讲，这都不是件容易的事，但是大家必须意识到：如果没有反馈，你就只能活在自己的认知里；没有反馈，你也不可能有成长和更好的发展。本书在第十三章中也专门提到，青少年领导如果不能寻求反馈，也就无法知道自己是否做到了“以身作则”，大家可以翻阅参考。

学习和践行领导力的方式有很多。研究证明，学习方式对领导的有效性没有直接影响，因此各位同学可以选择你喜欢的学习方式，抓住机会，利用各种平台专注地学习并着意实践。但请记住，领导力的学习和实践是一个长期的事，不能“三天打鱼，两天晒网”，不要指望读两本领导力的书、上几天青少年夏令营或者观察榜样一个月就能成为领导高手，要想成为卓越的青少年领导者，就要持续地学习和实践，积跬步以至千里，积小流以成江海。

## 重点内容

• 实践领导力的平台和机会还是很多的，本章给大家提出的一个很重要的建议是担任学生干部。学生干部能接触到更多的老师、同学以及校内外资源，也能从老师那里了解到更多的信息，可以通过大量的、具体的学生工作锻炼自己各方面的领导能力。但这并不是说，不担任学生干部就没有机会和平台，只要你有兴趣、有精力，可以参加校内外的各种活动，照样可以向不同的人员学习，也照样有锻炼各项能力的机会。

• 从身边人中找到学习领导力的榜样会让大家有更强的参照性和真实感。只要你愿意，你就可以成为你所看到的卓越的领导者的那个样子！因此，当你选定了领导力的学习榜样，就可以开始从这些榜样的身上学习具体的行为和技能，然后尝试着在真实的工作和生活场景中“照猫画虎”，把学到的、看到的知识、技能和工具用到实际问题的处理和解决当中。在使用之前，可以在脑海中先想象一下操作的具体步骤。

• 主动向别人寻求反馈并让别人指出自己不好的地方对任何人来讲都不容易，但如果你想有更进一步的发展和提高，就得心胸宽大地、对他人充满信任地征求反馈意见。

## 建议行动

• 读完本章内容，如果你觉得有必要提升你的领导能力，就请先列明自己需要提升的能力，然后思考一下：我准备用什么样的方式提升这些能力？列出你的具体行动计划。

• 从你的身边人中找出你提升某项能力的学习榜样。通过和榜样的接触，自己每周做一个总结：我学到了什么？具体的感悟是什么？以后可以在哪些场景中使用？然后在脑海中想象一下具体的操作步骤。

• 每隔一个季度，主动地向你的同学、老师或者社团的各位成员诚恳地寻求反馈，在这个季度中，他们眼中你做得好的地方、需要改善的地方有哪些，并请他们给出意见和建议。

## 苏航感悟：从我们所处的位置开始领导，开始实践

现在，一些学校也会请老师来讲授领导力相关的课程，或者鼓励大家在各种社团、活动中锻炼能力、发挥领导力。有的同学可能会说：“我手下没有人，我如何发挥领导力呢？”我们可以从每个人所处的位置去领导、去实践。按照我自己作为学生以及学生干部的经验和体会，我觉得本章提到的两个方法还是很

管用的。

第一，通过担任学生干部实践领导力。我说的学生干部包括班级的学生干部和各种社团组织的学生干部。作为学生干部，你会被老师指派带领大家完成一定的工作和活动，这样你就有了实践的平台以及可以调动的成员，可以让你充分地进行沟通、协调、组织、指挥、授权、协作、激励等领导活动，这种锻炼是巨大的。

第二，作为团队成员，也可以发挥领导力。当我们发现班级或团队的问题时，可以积极地把问题反馈给老师、班长或者团队的负责人，当然，不能仅仅停留在反馈上，我们还要提出有建设性的意见或一至两个有价值的方案，即使我们的意见或者方案最终没有被采用，也至少说明了我们在用心地为团队着想，在努力地解决问题。除了提意见和方案之外，我们还要认真地完成老师或团队负责人交代的事情；如有需要团队协作的地方，我们要积极地配合；当团队成员心情不好的时候，我们要给予关心；当大家士气低落的时候，我们还要互相鼓劲、激励。我们所做的这一切，其实都是在实践领导的工作。

另外，在日常的学习和生活中建立良好的人际关系、不断提升情商是发挥领导力的重要前提。当然，学生平时接触最多的还是老师和同学，所以要和老师以及同学搞好关系；帮老师排忧解难并帮助有困难的同学，在和同学相处的时候，要学会站在对方的立场上思考，有冲突时要保持理智，学会控制情绪；学会挖掘别人的长处，赞美和激励对方。当我写这一点的时候，其实在我的脑海中浮现出了两次和同学争执的画面，姑且不论谁对谁错，当时我们都有不理智的地方，现在想来，其实谁能保持理智、谁能冷静地沟通，谁就已经赢了。今天我在这里反思，其实这也是领导力的一种表现。所以，经常反思也是领导者的重要行为之一。

当然，除了和老师、同学建立良好的人际关系，我们还要主动认识其他人，并与他们建立良好的关系。比如，当我们参加训练营、项目活动的时候，除了本小组的同学之外，我们还可以主动认识其他组的同学，了解他们是做哪方面活动或者工作的，并在合适的时候给他们提供帮助。当我们在学习或项目上需要支持和帮助时，还可以利用互联网上丰富的资源以及我们在各科APP上的联系人，主动寻找我们需要的人。比如，我作为组织者组织的一项活动，就是先在朋友圈发布招聘广告，召集合适的同学，再组建活动筹备组；之后通过微博、

Linked-in（领英）、百度搜索以及同学和家长的推荐和介绍，联系到了合适的演讲者。在这个过程中，我和他们建立了良好的关系，也和我的筹备组的同学们一起，通过活动实践提升了领导力。

总之，我觉得到处都是我们实践的平台，只要我们有心，在任何位置上都可以开始领导，关键是不要纠结过多，要想锻炼能力、提升领导力，就要马上落实在行动上。

# 第三部分　发展领导力从认知自我开始

# 第五章　了解个性的四种类型，知己知彼

当看到第三部分的标题的时候，你可能会有一个大大的疑问，难道我还不了解自己吗？我的家庭、学业、朋友关系、成绩好坏，我都知道啊。其实，“认知自我”不仅仅是指掌握以上这些情况，更重要的是要了解和认知自己的个性类型、个性的优缺点以及价值观。为什么一定要了解这些呢？我们会在下文中陆续介绍到，这一章先给大家介绍一下个性类型和优缺点。

先和大家讲一个故事。

在一条湍急的河流旁，一只蝎子想要过河，但又不会游泳，只能望着对岸、盯着河水干着急。这时一只青蛙游了过来，蝎子就像看到了救星，大声地喊：“青蛙大哥，帮帮我，背我过河吧。”青蛙看了蝎子一眼，说：“我才不呢，你要是蜇我一下，我就淹死了。”蝎子说：“怎么会呢？如果这样，我们两个都会死啊。”青蛙非常善良，想了想有道理，又耐不住蝎子的苦苦哀求，就同意了。青蛙背着蝎子刚游到一半，突然感到背后针刺一般的疼痛，回头一看，蝎子蜇了他一下。临死之前，青蛙哀怨地看着蝎子说：“蝎子啊蝎子，你明明知道蜇了我，我们两个都会死，为什么还要蜇我呢？”蝎子无奈地说了一句：“青蛙大哥，对不起啊，我实在忍不住啊。”

你可能会纳闷，蝎子为什么忍不住非要蜇青蛙呢？其实，这和蝎子的本性是分不开的，这种本性与生俱来。在日常的生活和工作中，我们的本性或个性也会自然地流露出来，特别是在有压力的情况下，每个人的个性中的弱点都可

能像“毒素”一样释放出来。所以，为了避免“毒素”的随意释放，我们有必要先了解一下我们的个性类型以及个性的优缺点，了解了这些之后，至少给大家带来以下四个方面的好处。

一是可以对自己有进一步的认知，认清自己的优缺点，并用理论验证自己在学习和工作中的强项和短板，明确自己需要加强和提升的领域。

二是通过了解不同类型个性的特征，能比较准确地判别他人的个性类型，以便进一步做好与对方的沟通和协作。

三是对于面临专业选择和求职压力的青少年朋友，这些都具有很好的参考价值，同学们可以知道自己更擅长哪一类的专业或者工作。

四是可以帮助你组建团队、搭好班子。作为各种社团组织的学生干部或活动的组织者，为了保证社团的有效管理和运营，你得参考成员个性组建团队、搭好班子，从而“把合适的人放到合适的位置上”，做到因才适用、优势互补。

## 一、了解个性类型

了解自己不是件容易的事。所以我们需要借助科学的工具进行评测，以了解我们的个性类型及特点。现在我要给大家介绍的是我的国际认证版权课程“4D领导力”中的4D个性类型测试（如图5–1所示），这里的“D”是Dimension（维度）的首写字母，4D也就是四个维度，但在这里其实指的是四个象限。

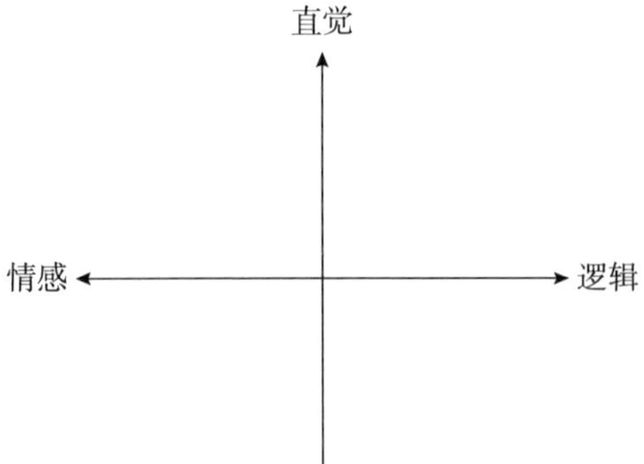


图5–1　决定个性的四种倾向

此处选取了两个维度构成了这样一个坐标系：一是信息的接收，二是决策，信息接收和决策是构成个性的两大主要行为。上图中的纵坐标指人在接收信息时有两种倾向性，直觉和实感；横坐标指人决策的两种倾向性，情感和逻辑。直觉、实感、情感和逻辑，到底是怎么一回事？下面一一解说。

先举一个例子：今天早晨你去上课，看到教室的场景，你会如何描述呢？有的人会说，教室有50平方米左右，摆了五张桌子，每张桌子旁边围着六把椅子，有三个同学在大声说话，一位戴帽子的男同学站在教室的后面，拿着一本书，在轻声地朗读。请问，这是在用直觉还是实感获取信息呢？先别急着回答我，我再给你说一下另外一些同学的描述。他们可能会这样说，一进房间，就感觉很拥挤，给人一种压抑的感觉，在这样的地方学习，效果不会太好，还有人在大声说话，嘈杂得很。请问，这是在用什么方式获取信息？

第一种说法是在用实感获取信息，第二种说法是在用直觉获取信息。实感，就是用实际的五种感官来获取信息，如视觉、听觉、嗅觉、触觉和味觉；第二种说法超越了那些具体的事物，而倾向于表达意义、价值、联系之类的东西，属于直觉。

我们来总结一下。

倾向用直觉方法的人，能够看到模式和可能性，但经常忽略细节，有想象力和创意，可以随时开始、介入，通常不按步骤做事，富有见解，有大画面的观点。大家想一下，你或者你的同学是这样的人吗：在老师提问的时候，他们很快就有了答案，平时想法很多，富有创造性。在我的青少年领导力训练营课上，就经常能见到这种类型的同学——想法天马行空，他们的奇思妙想有时真会让你脑洞大开、捧腹大笑，又或许会让你深思良久。

实感型的人则倾向使用五种感官来获取信息，能够看到和收集事实和细节，从开头入手，按步骤做事，注重规章制度，敏锐、有组织性、讲究系统。你身边肯定有这样的同学：课堂笔记记得特别整齐，学习非常有计划性，课桌上的书籍和物品也摆放得整整齐齐。

说到这里，大家可以判断一下，世界上是直觉型的人多，还是实感型的人多？我们在课堂中发现，30%左右的学员偏向于用直觉来获取信息，70%左右的学员习惯于用实感来获取信息。各位同学不妨也来调研一下，你身边的同学们更习惯于用哪一种方式来获取信息呢？

讲完了获取信息的两种方式，再一起来看一下决策的两种方式——情感和逻辑，这里给大家举一个情境例子。比如你家新装修了房子，你和父母到家具店去买沙发，一进家具店的沙发区，你看到一个精美、壮实的美式沙发，眼睛都亮了，感到很“过瘾”，于是你马上就对父母说：“这个沙发我喜欢，爸爸妈妈，就买它吧。”这种做决定的方式是什么？情感还是逻辑，很容易判断，这是情感决策。

而逻辑决策则不是这样的，在看到眼前沙发的时候，你想到了你家客厅的面积，想到了沙发应该放在你家客厅的哪个位置，面积够不够，并在心里和其他家具做了个比较，并斟酌了一下颜色是不是和客厅装修的风格搭调、和客厅的其他配套家具的风格以及颜色是不是相协调。对比完了，还要考虑价格和买沙发的预算，再最终决定。这种决策就是逻辑决策。

总结一下，情感决策是以人为中心、以价值观为准的。还举刚才买家具的例子，“喜欢就买”，这是情感决策；而逻辑决策是以非个人的客观逻辑为准的，各种对比、权衡就属于逻辑判断。情感决策关注人们的感受而不是思想，而逻辑决策善于分析，关注的是人们的思想而不是感受；情感决策关注的是人性价值，是主观地看世界，而逻辑决策是客观地看世界，关注理性价值和逻辑取向。那么，倾向情感决策的人多，还是逻辑决策的人多呢？答案是各占一半。给你身边的同学和朋友分一分类，看看是这样的比例吗？

直觉、实感、情感和逻辑，都搞明白之后，有人肯定会想，那我到底属于哪种呢？左上角的直觉情感类？左下角的情感实感类？右上角的直觉逻辑类？还是右下角的逻辑实感类？

想象在平时的学习和生活中，你在获取信息时依靠直觉偏多还是实感偏多？做决定时，喜欢依靠情感还是逻辑？找到由你的偏向性组成的那个象限，就是你的个性类型。

当然，这种方法还不够科学，现在我们用一份科学的4D个性测试问卷（共计14道题目）确定你的主导个性类型。

做测评之前要说明的是：第一，不要考虑太多，凭直觉选择，不要分析对错，也不要揣测题目背后的意义，因为选择本身就没有对错；第二，选择以后不要检查，不要更改，考试检查是好习惯，但这个测评不需要；第三，在没有任何压力的情况下，按照你的本心去选择最符合你实际情况的选项。总之，尊重本能，选择令你最舒服的选项。

这个测评一共有两组测试题，共计14道题目（如表5-1、5-2所示），大家可以针对每一道题目左右两边的陈述进行自测并打钩。

**表5-1　4D个性测试问卷——第一组**

| | 打钩 | | |
|---|---|---|---|
| 一般来说，我觉得关系和谐很重要 | | | 关系和谐只是达到目的的手段和工具 |
| 根据“感觉好不好”做事 | | | 根据“合理不合理”做事 |
| 首先考虑人和人的感觉 | | | 首先考虑事情以及事情的正确性 |
| 以保持和谐关系为重 | | | 以做正确的事情为重 |
| 倾向在和大家达成共识后再决定 | | | 根据自己内心的想法决定 |
| 更相信自己的感觉 | | | 更相信自己的理智 |
| 不喜欢冲突对立 | | | 有冲突对立也可以忍受 |
| **打钩个数** | | | **打钩个数** |

*第一组：快速在你偏好的方式上打钩。

**表5-2　4D个性测试问卷——第二组**

| | 打钩 | | |
|---|---|---|---|
| 依靠我的内在直觉 | | | 依靠我的观察和发现 |
| 做事的时候，更多地考虑“可能是什么” | | | 做事的时候，更多地考虑“是什么” |
| 倾向天马行空的创意 | | | 倾向显而易见的常识 |
| 依靠灵感采取行动 | | | 依靠谨慎分析采取行动 |
| 喜欢研究抽象的概念 | | | 喜欢在事实、资料和数据上花时间 |
| 看重全局 | | | 看重细节 |
| 喜欢远大构想、变化 | | | 喜欢确定下来的东西 |
| **打钩个数** | | | **打钩个数** |

*第二组：快速在你偏好的方式上打钩。

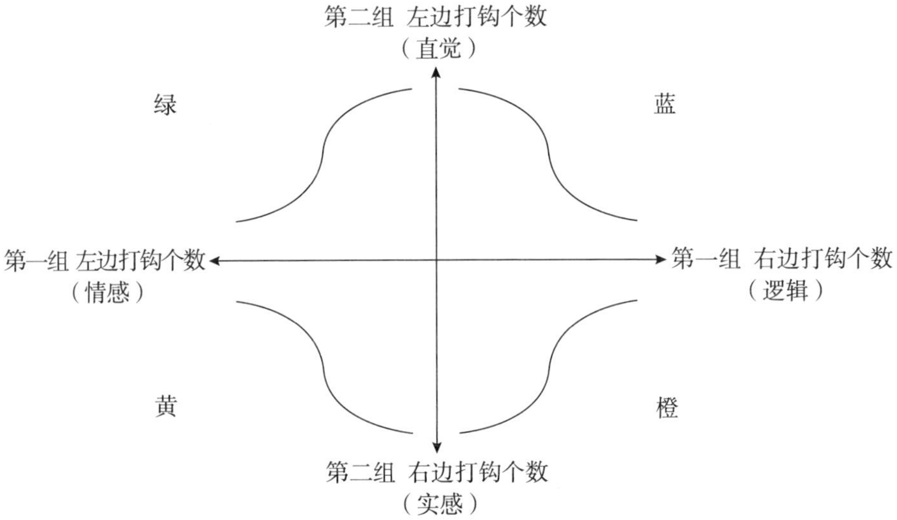


图5–2 个性类型确定

现在把你在表5–1、5–2中的四个打勾个数写在图5–2中。写好之后，进行下面四个步骤的动作。

第一步：看左上象限，把横轴左边的情感个数（也就是第一组左边打钩个数），和纵轴上端的直觉个数（也就是第二组左边打钩个数）相加，就得到了左上象限的分数，这个分数就是你直觉情感型的分数，直觉情感型个性也叫绿色培养型个性。说到绿色，你会想到什么呢?

第二步：看左下象限，把相邻的两个坐标上的分数相加，就得到了左下象限的分数，左下象限属于情感实感型，也叫黄色包容型个性。下面我们会具体说到这种个性的特点。

第三步：看右上象限，把相邻的两个坐标上的分数相加，就得到了右上象限的分数，右上象限属于直觉逻辑型，也叫蓝色展望型个性。

第四步：看右下象限，把相邻两个坐标上的分数相加，就得到了右下象限的分数，右下象限属于逻辑实感型，也叫橙色指导型个性。

现在四个象限的分数都摆在你面前了，你的个性类型也就有结论了。哪个象限的分数高，你的主导型个性就是哪个颜色类型，假如你在左下象限的分数最高，那你就是黄色包容型个性的人。

## 二、四种个性的特点

先给大家讲一个案例。

小刘是新当选的校学生会主席，她非常喜欢走动式管理，每周都要抽出两个晚上的时间到各个院系去转转，找各个学生组织的负责人聊聊具体情况，还会和这些负责人所在寝室的室友们聊天。小刘和大家说话时特别温和，面带微笑，显得很快乐，她喜欢倾听，善于问问题，大家有什么好的建议也都愿意和她讲。可以说，各院系的很多同学，即使不是学生会的，她也都了解，不仅了解他们的学习情况，还了解他们的家庭情况。小刘特别热情，对大家取得的成绩从来不吝惜自己的赞美之词。

有时学生会干部家里有困难了，她就会第一时间组织大家帮助，自己更是身先士卒，跑前跑后，既花时间又花钱，在大家的眼中，小刘是一个特别善良、温暖的学生会主席。

请问小刘同学是一个什么个性的人呢？小刘是个典型的绿色培养型个性的人。

### （一）绿色培养型个性

绿色培养型个性的特点就是天生喜欢帮助别人，付出爱，就像春天里的树苗一样，迎来满眼春天的色——绿，所以这种个性被称为绿色培养型个性。

绿色培养型个性的人善于看到别人的优点并帮助其发挥优点，有很强的同情心，能够以同理心感受他人的感受，喜欢赞许他人，有崇高的价值观和崇高的目标。

绿色培养型个性的人在关爱他人方面做得最好，他们会经常为他人提供学习帮助和辅导。但是，绿色培养型个性的人，其在对角线橙色区的分数会很低，也就是说对角线橙色区是其不太擅长的。所以绿色培养型个性的人，在严谨、计划性和管控方面的能力上通常有所欠缺。

每种个性，都有积极的方面，也都有消极的方面。

想一想，如果你是这种个性的同学，你在自我管理和对他人要求这方面是否很严格？这种人往往对自己不够严格，对别人也不够“狠”。

因此，我给绿色培养型个性的人的建议就是，“该狠就狠，该严格就严格”。这是什么意思呢？有句古话是这样说的：“慈不掌兵，义不掌财。”意思是说带兵打仗太仁慈的话，就无法带领“虎狼之师”；太仁义的话也做不了钱财管理方面的工作。同样，作为学生干部，在你开展活动或者项目时，如果团队成员一而再、再而三地出问题，你对他们该批评的要批评、该惩罚的时候也绝不能“心慈手软”。当然，不仅是带团队时该严格就严格，对自己也要“够狠”，要在自我管理、自我要求、时间管控方面进行提升。

除了不够“狠”之外，这种个性的同学有时还存在爱抱怨、过度敏感、不理性、易冲动、头脑发热、过度理想主义、情绪化等问题。比如有的同学在上课时一直没被老师提问，下课后就会坐在那里胡思乱想：“老师课上不仅没提问我，在看到我的时候，还把头转到其他同学身上了。我这是怎么了，我什么时候得罪老师了？”

绿色培养型个性的同学的优点是他们的自然反应，也可以说是天赋所在。

如何更好地掌握每种个性的特点呢？这里我们介绍一种方法，简称**AMBR，也叫“焦点管理方法”，也就是说，每种个性的同学都有自己的关注点（Attention）、心智模式（Mindset）、行为模式（Behavior）以及达成结果（Result）的方式。**

我们用AMBR来总结一下绿色培养型个性的同学就是：这些同学关注他人的需求和共同价值观，心态是以服务他人为乐，在同学和朋友中人缘很好，平时的行为模式是特别热心，愿意帮助和支持他人，他们追求的结果就是在不损害别人利益的情况下取得成功，简单地说就是“不害人”。

一般来说，这些同学在学生组织中适合做那些支持、服务类的工作，如学生会秘书处秘书长、秘书、志愿者等。在将来求职时也许可以考虑人力资源、客户服务、商务专员等方面的工作，在这样的工作岗位上，他们天生的个性优势就和工作岗位的胜任需求匹配上了。

### （二）黄色包容型个性

黄色包容型个性的同学是很棒的团队建设者，是团队的凝合剂。他们包容他人、善待他人、为人友好，擅长搭班子、一起做事，较为忠诚，善于与人合作和配合他人。

他们的缺点是爱大包大揽，但不一定真能帮上忙；内心深处不够自信；不喜欢冲突和对立，喜欢逃避，遇到强势的人，就顺从或屈从了。因此，这些同学往往过于顺从迁就，原则性不强，拿不了主意，喜欢征求他人意见，又会经常隐瞒意见。比如，当同学们为了一件事争吵不休的时候，黄色包容型个性的同学往往会出来打圆场："别吵了，别吵了，大家都冷静下来，慢慢说行吗？都是同学，咱别伤了和气啊。"

从AMBR的角度看，黄色包容型个性的同学关注团队关系及和谐，心态是一定要合作，以促进团队合作为乐，所以经常去做些促进协作、协调配合的事情，喜欢做团队建设，他们追求的结果是通过配合、协作一起成功，追求的是共赢和多赢。

黄色包容型性格的人所面临的挑战落于对角线象限内，建议这类同学不要纠结于各种关系之中，要能够往远处看，要敢于"亮剑"，说出自己的意见和观点，不要害怕得罪人。

黄色包容型个性的同学适合在学生组织中做些外联、协调、业务拓展类的工作。进入职场后，可以考虑销售、市场、培训、公关等类型的工作。

### （三）蓝色展望型个性

这是一群富有创意、有想法、有点子，有远大梦想和愿景的人。他们洞察力强，有创新能力，有好奇心，善于分析，聪慧而独立。

但在压力状态下，他们也会暴露自己的不足，那就是：爱找借口、好争辩、抗拒权威、变化多端、朝令夕改、指责挑剔。这给蓝色展望型个性的同学造成的困难和挑战就是，因为过于坚持自己的观点、过于较真，有时不太善于搞好人际关系。

从AMBR的角度看，蓝色展望型个性的同学关注愿景、创意，以不断变化的新想法、新亮点为乐，心态是要"搞就搞个大的"，这是他们经常抱持的想法，所以他们的行为表现就是经常产生很多新点子和好主意，善于给别人"画大饼"，描绘灿烂的未来，他们追求的结果就是通过把事情做到极致、做到卓越、做到新颖有亮点而获得成功！

这类同学在求学时可以考虑艺术类、策划类、研发类的专业。将来在职业的选择上，也同样可以考虑研发、参谋、创意、艺术类的很多工作。

绿色个性关注人的需求，黄色个性看重关系，蓝色个性关注创造力，那么橙色个性呢？

（四）橙色指导型个性

这些同学关注过程和管控。他们计划性强，做事彻底、可靠，思考周密、有条理、注重逻辑，对数字敏感，讲原则、负责任，是一群特别适合做技术、财务、法务、审计、质量管理等工作的人。在学生组织中，橙色指导型个性的同学可以承担财务、项目活动执行、纪律监督等类型的工作。

但橙色个性的同学存在爱指责、爱管控、掌控欲强，死板、教条，缺乏弹性、情感迟钝等缺点，有时给人感觉枯燥无味、缺少“人情味”。他们在同学中的表现就是学习特别刻苦、有毅力、做事很有计划性，喜欢独立做事，但给同学的感觉有些冷漠，只知道学习，而不愿意参加集体活动。

从AMBR的角度看，橙色指导型个性的同学关注确定性和流程，他们的心态就是要做严密的计划、严谨的流程，所以会以规则和纪律要求严格执行，他们追求的结果是通过流程和坚持取得成功。

对于橙色指导型个性的同学来说，他们的挑战落于对角线象限内，也就是说绿色个性擅长的，是橙色个性的不足，橙色指导型个性的同学要向绿色培养型个性的同学学习，要更加有“人情味”，别总是只关注学习、工作，也要学会多了解别人的需求，更多地关注和别人的情感交流，更多地关心同学们的个人情况、内心感受等。

了解了四种个性类型、每种个性的优缺点以及AMBR，你对自己的认知以及对身边同学、朋友个性的了解是否更进一步了呢？

从以上的分析中可以看到，每种个性都既有优点，也有不足，没有哪一种个性是完美的，重要的是，你既要发挥自己的优势，又要向对角线象限的个性学习，弥补自己的明显不足，只有这样，才能更好地应对各种个性的人，做好沟通与协作。具体的做法，将在第八章中和大家分享。

## 三、四种个性营造的场域

场域这个词，大家其实并不陌生，因为你经常能听到“场”这个字。好的

“场”会让你精神振奋、行动有力；而不好的“场”却会让你有种无力感，不仅感受不好，而且还会出现一些耗能的行为。在不同“场”的影响下，事物及人的行为会产生不一样的变化，从而造成不一样的结果。

简单地说，可以把场域理解为气氛、氛围、环境，它可以是人与人之间的关系、人们表现出的状态，也可以引申为团队的文化氛围。场域重要吗？非常重要。绩效改进专家托马斯·吉尔伯特说，决定绩效最重要的因素是环境，而非技能。这里的“环境”就是场域。

而四种个性的同学在自己的个性特点下可以营造出四种场域，分别是：绿色的培养型场域、黄色的包容型场域、蓝色的展望型场域和橙色的指导型场域（如图5–3所示）。

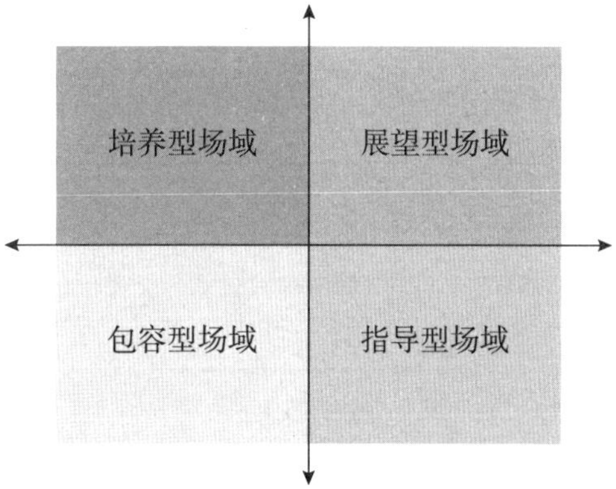


图5–3　四种场域

绿色个性的同学温和、善良、积极、乐观，他们擅长营造欣赏、赞美、鼓励、支持的场域，能够紧贴人们的需求，并且注意培养人才、赋能他人，我们把这种场域称为绿色培养型场域。

黄色个性的同学喜欢交际、注重关系、善待他人、为人忠诚，能够维护好各方面的关系、善于团队协作，并能持之以恒地推进，擅长营造团结、协作、融合、信任的场域，我们把这种场域称为黄色包容型场域。

蓝色个性的同学积极进取、有韧性、目标远大，想法多、点子新，他们擅长创新，能够主动开拓，善于激发别人、共筑梦想，擅长营造变革、创新、全情投入的场域，我们把这种场域称为蓝色展望型场域。

橙色个性的同学善于分析、做事勇于承担责任、讲究效率、关注流程和细节，他们擅长执行、流程管控和解决问题，擅长营造指导和管控的场域，我们把这种场域称为橙色指导型场域。

有的同学会问，为什么只有这四种场域呢？其实这四种场域和人性的四种主要需要是对应的。美国国家航空航天局（NASA）原天文物理学部门主任查理·佩勒林提到，人类的需要主要有四种，第一种是被感激的需要，第二种是被接纳和归属的需要，第三种是希望未来更美好的需要，第四种是希望有成功的能力的需要，而这四种需要正是我们的四种场域能够满足的。

说到这里，有的同学可能会继续发问："我们学过的马斯洛需求理论不是说人有五种需求吗？这和苏老师你说的这四种需求又有什么关系呢？"这是个很好的问题。我们接下来就看看它们之间是否存在某种对应关系。先来看马斯洛的需求层次图（如图5-4所示）。

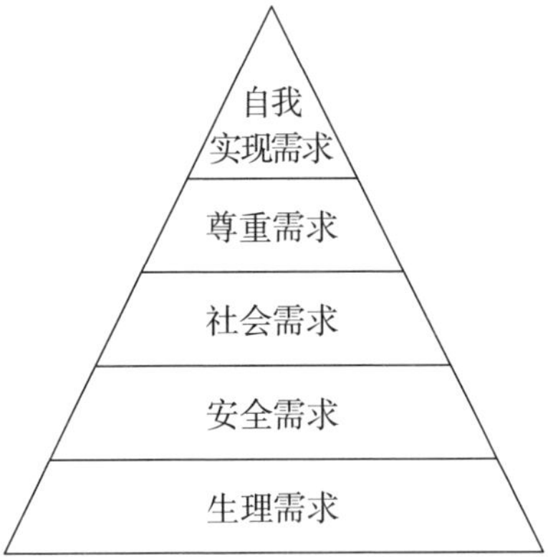


图5-4　马斯洛的需求层次图

最下面的是生理需求，对应的是4D橙色象限的务实、落地的需要；往上是安全需求，对应的是4D绿色象限的感激、和谐稳定的需要；社会需求，对应的是4D黄色象限的接纳和关系的需要；尊重需求，对应的是4D绿色象限的感激的需要；最上面是自我实现需求，对应的是4D蓝色象限的未来更美好的需要。因此可以说，4D系统的四种场域，很好地与人的五种需求层次相吻合，要满足人的需求、打造卓越的团队、营造幸福家庭，就要把这四种场域营造好、建设好。各位同学，无论是在班级里、各种社团组织中，还是在各个活动、项目团队里，都要学会营造这四种场域，以满足同学们的四种不同需要，只有这样，同学们才更愿意追随你，也只有这样，团队目标达成的可能性才更大。

当然，需要说明的是，并不是只有有对应个性的同学才能营造出对应颜色的场域，只是他们更擅长塑造各自性格所属的场域。既然说这四种场域是为了满足四种个性的人的需要的，那么每种个性的同学就都要学会营造四种场域。原因是，班级也罢，各个社团组织也罢，都是由有着不同个性的同学组成的，所以个性不同的同学们要学会营造四种场域，以便更好地交流、协作。

了解了四种个性类型，也通过测评了解了自己的个性类型，并且还清晰地了解了四种个性的优缺点，也明白了每个同学在团队场域中都有四种需要，那么，就让我们一起踏上改变和管理团队场域之旅，让自己变得更加优秀，也让自己的团队变得充满正能量，变得更加卓越吧！

## 重点内容

• 个性是由两种重要的行为方式——接收信息和决策所决定的。

• 接收信息有两种偏好：直觉和实感；决策有两种方式：情感和逻辑。

• 通过测评了解自己的天生个性类型：绿色培养型个性、黄色包容型个性、蓝色展望型个性、橙色指导型个性。

• 了解四种个性的优缺点，但不要给别人“贴标签”，了解人的个性便于你更好地与他人相处和合作。

• 掌握四种个性的AMBR，每种个性的同学都有自己典型的关注点、心态、行为和追求结果的方式。

• 知晓四种个性营造的四种场域类型及特点。不同个性的同学擅长营造不同类型的场域，但记住，只有在团队中需要营造出所有四种场域，才能满足不同个性人员的需要；只有具备四种场域的团队，才是一个卓越的团队。

## 建议行动

• 让你的团队成员做4D个性测评，之后大家就以下内容进行分享：自己的优势、不足、挑战和困难。

• 主动找一位你接触非常多的老师、一位好同学或好朋友，还有你的父母，请他们描述一下，你在他们眼中的个性特点。

• 让你团队的每位成员写下他们在4D四象限中最重要的1个至2个需要，并写明自己的上级和所在的团队如何做才能满足这种需要。

## 苏航感悟：了解自己，更好地出发

本章中介绍的4D个性测评，我这几年做过好几遍，每次的结果都是：首先蓝色是我的主导个性，分数最高，其次是橙色，再次是绿色，我在黄色象限的分数最低。

根据我的自我认知和我的父母、老师给我的反馈，我现在越来越清晰地了解了自己个性的优点和不足。

我的优点在坐标轴的右边表现得非常明显：关注事情本身、偏重逻辑性思考。当别人和我说一件事情的时候，我往往会根据我所学到的知识给他们引经据典，说出具体的原理和出处。我的想法还是比较多的，当别人问出一个问题的时候，我会很快给出我的想法和观点。我乐观、积极、主动，学校的很多活动和项目我都愿意参与，并且很自信，也能激发别的同学一起做事。我的目标感也很强，我会给自己设定一些具体的目标，比如GPA、托福以及SAT、考大学的目标等。我的执行力不错，确定的事情，我会坚定不移地做下去，我在担任校学生会宣传部长的时候对大家的要求也比较高，做事追求完美。

但我的缺点在坐标轴左边表现得也很明显，比如，有时我太过坚持我的想法，显得比较执拗，可能会得罪人。在和别人沟通的时候，往往更关注逻辑层面，过于坚持自己认定的原则，有时非要争个对错不可，缺少灵活和变通。我有自己的原则和价值观，认同“不能同道，岂能同谋”，所以我无法和我认定的不属于自己圈子的人打成一片，我不愿意违心地装出和所有人都很熟、都是好朋友的样子，当我觉得和他们在一起不舒服的时候，我会主动“撤退”。

就像本章所讲的一样，没有哪种个性是完美的。我这种蓝色个性的人有很多优点，但我也进一步了解到我这种个性的不足，也知道了下一步该如何做。

我觉得我要进一步发挥我蓝色和橙色的优势：树立远大的目标，做事情时要有一定的前瞻性，带领团队时要能激情澎湃地给大家描绘愿景，激发大家一起快乐、投入地做事。对于自己认定的目标，要有计划地、按步骤、坚定不移地完成。

而绿色和黄色个性方面则是我需要加强的地方。当然，我还年轻，个性上的进步需要我通过长期实践实现。在做活动、项目的时候，我不能一味强推我的想法，我应该多问问大家的意见、多听听他们的考虑，进一步关注他们的利益所在；要更多地换位思考，关心他们。另外，我也要更多地向下授权，不能总是亲力亲为，这样大家才能一起成长。还有，我应该注意尽量和所有同学搞好关系，虽然不可能和所有人成为好朋友，但对于我不喜欢的同学，我也要克制和包容，要求同存异。

做一个优秀的青少年领导者不容易，这需要你了解人性、关注团队中不同同学的需求、营造四种场域、不断践行卓越的行为、以身作则、影响大家。领导力的学习是一辈子的事，但我觉得我已经在路上了。

# 第六章　做好情绪自觉，控制好情绪

在叙述正文之前，先和大家分享一个故事。

1965年9月7日，一场紧张激烈的世界台球冠军争夺赛在美国的纽约拉开帷幕。美国选手路易斯·福克斯发挥稳定、技艺超群，得分遥遥领先，冠军可谓近在咫尺。这场比赛，路易斯的对手是美国另一名台球高手约翰·迪瑞。就在路易斯全神贯注地准备击球时，一个戏剧性的画面出现了：不知从哪里飞来了一只苍蝇，稳稳地落在了路易斯准备击打的那个主球上。路易斯生气地挥动球杆，把这只讨厌的苍蝇赶走了。如此正规的比赛，居然有苍蝇来“搅局”，这令路易斯很不高兴。但正当他再次俯身准备击球时，被赶走的那只苍蝇居然又飞了回来，而且不偏不倚又落在那个主球上，周围的观众顿时哄笑起来。这次，路易斯可真的恼火了，在观众的哄笑声中，他涨红着脸，气急败坏地挥舞球杆，狠狠地将那只不知趣的苍蝇轰走了！观众的情绪稍稍稳定了些，可路易斯的情绪却再难稳定下来了，那只苍蝇的两次“搅局”，让他觉得自己受到了很大的奚落，面子上有些过不去。比赛还在继续进行。路易斯整整衣服，拿起球杆再次走近球台，准备击打主球。然而观众的哄笑声突然又爆发了出来——天哪！刚刚飞走的那只苍蝇竟然鬼使神差地再一次飞了回来，而且又让人啼笑皆非地落在了那个主球上。观众看到这戏剧性的一幕，再也忍不住了，哄堂大笑起来。面对观众的哄笑和苍蝇的“戏弄”，路易斯怒火中烧，再也控制不住自己的情绪，在后面的比赛中连续发挥失常，致使他的对手约翰后来居上，最终夺走了奖杯。路易斯不停地咒骂着，折断球杆，气呼呼地走出了赛场。

次日凌晨，人们在河中发现了路易斯的尸体。路易斯是谁杀死的？不是他杀，恼怒万分的路易斯选择结束自己的生命来摆脱这次比赛给他带来的心灵伤害，是愤怒的情绪杀死了他。

人和动物的区别之一就是理性，人如果失去理性就是动物，人的欲望无限，而资源有限，因此必须学会管理欲望。情绪无限，而自由的空间有限，因此必须学会控制情绪，不能让情绪泛滥。

各位同学，你们有没有情绪泛滥和情绪失控的时候呢？下面给大家看一个案例。

某高三学生王小小（化名），在家备战高考时偷偷用手机上网，父母看见后便督促其复习备考，感到厌烦的小小因此与父母发生了争执，随后小小冲出家门，随手损坏了楼道内消防设备的玻璃窗，接着又奔向附近的建设路主干道，站在路中央不断拦停疾驰的车辆，司机紧急避让时险些酿成车祸。为避免发生意外，随后赶来的小小父母只得死死将其按住，却无法将其带离现场，只得报警求助。

民警在现场对小小进行了说服教育，不料小小情绪激动，几次欲挣脱民警的控制撞向过往车辆，并对民警恶语相向、出言侮辱，还做出对民警吐唾沫、踹脚的举动，民警遂与前来配合的特警一起将其带离现场。在派出所内，经过民警的再三劝解，小小的情绪逐渐平复，并对自己的过激行为后悔不已。民警遂对小小作出了口头警告、责令其对损坏的物品照价赔偿的处理，免于行政处罚。

看到这样的案例，各位同学不知有何感想？这个案例虽然有点极端，但是想想你身边的各位同学和你自己，是否曾和同学因为一点鸡毛蒜皮的小事而恶语相向甚至大打出手？是否曾针对老师的误解表现出异常的激动甚至暴怒和老师争吵？是否曾因为考试没考好，回到家之后父母说了两句就摔门而出？

每个人都有七情六欲，也都有情绪不好甚至失控的时候。但是认识和了解自己的情绪，觉察到这些不良情绪的缘由以及它们对自己和别人情绪和行为的影响并加以控制，就是一种高情商的表现了。

## 一、智商与情商

对于智商（IQ）这个词，各位同学想必很熟悉了，可能还有同学做过智商方面的测试，你身边可能也不乏高智商的“学霸”。但对于情商（EQ）这个词，大家是如何理解的呢？情商这个词自1990年被提出后，地位越来越高，被称为现代社会的一种“软实力”。

情商通常指情绪商数，主要是指人在情绪、意志、耐受挫折等方面的品质。哈佛大学心理学博士丹尼尔·戈尔曼在其畅销书《情商》一书中讲道：“一个人如果没有自我意识、不能处理悲伤情绪、没有同理心，不知道怎样和人很好地相处，这个人即使再聪明，也不会有很大的发展。”

他在另外一篇文章中这样写道：“心理学家请高级管理人员识别出组织结构中最出色的领导者，他们使用了客观标准作为判断依据，比如盈利能力等。在不同层次的工作岗位上，情商的重要性是智商以及技能的两倍。此外……在最高层，情商起着日益重要的作用。”

为了证明戈尔曼的理论，我们可以做这样一个练习，题目是这样的：把你仰慕和尊敬的伟大或卓越的领导者的名字写在一张纸上，不要超过5人。这些人可以是历史人物、政界人物、企业家、父母公司的领导、同事或家人、朋友、同学。你想到了哪些领导者的名字呢？

接下来，请你列出帮助他们成为伟大领导者的关键品质。你会写哪些呢？在培训课堂上，我的学员们经常会写下这样一些品质，比如，诚实、大度、勇敢、公平、有责任心、果断、值得信任、有前瞻性、果敢、亲和等等。

现在，你可以对这些品质进行分类，看看哪些词是倾向于态度方面的，哪些词是倾向于技能方面的，之后你会发现一个有趣的结论，那就是倾向于态度的词比技能的词多。这也说明，态度比技能更重要。当然，不要误解，这并不是说技能不重要。

还记得前面讲到的4D坐标系吗？我们现在来看一下态度和技能在其中的位置。横坐标上的左边倾向于情感，也就是态度、情绪方面，是我们的感官感受，与具体的身体部位相关联，比如，人生气的时候会吹胡子瞪眼；卡尔·布屈纳有句名言：“他们也许会忘记你说的话，但他们绝不会忘记你带给他们的感受。”而横坐标的右边倾向于逻辑，也就是思想方面，大脑表层这一薄薄的区域启动并管理着我们的思想。我们进一步看，其实坐标轴的左边就是情商，右边就是智商（如图6-1所示）。

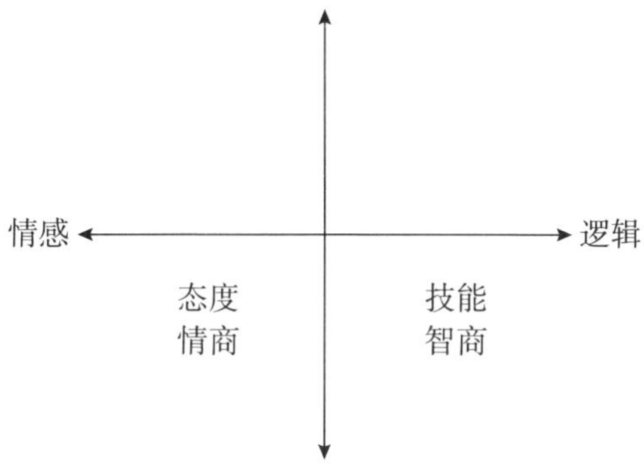


图6-1　情商和智商在4D坐标系中的位置

智商重要吗？这是毋庸置疑的。如果你是学生干部，那么作为管理者，假如你的智商不足，肯定会把大家都“带到沟里”去，做事的方向和具体执行都会出现问题。但在智商的基础上，情商是关键，它是我们带领团队取得成功的核心。戈尔曼发现：各行各业在能力区分上，情商能力比技术能力更受欢迎。一个人在企业中的地位越高，他的情商能力就越重要，领导的情商能力约占其总能力的85%。

情商能力包括哪些呢？戈尔曼认为，情商能力包括五种：一是自我意识能力；二是自我调节能力；三是自我激励能力；四是同理心能力；五是社会交往能力。

在这一章中，我们重点讲的是情商中的情绪控制以及如何使用情绪管理场域，而在情绪控制方面，重要的是要先学会觉察自我情绪。

## 二、什么是情绪的自我觉察

简单地说，**情绪的自我觉察是一种能力，是认识和了解自己的情绪，觉察这些情绪产生的缘由及可能对自己和他人产生的影响，并区分这些情绪之间细微差别的能力**。它能使我们意识到自己当下的感受，即自己为什么会产生这样的情绪，并识别、理解这些情绪产生的根源。

为什么要做好情绪的自我觉察呢？它的目的不是要你压抑情绪，或是一点情绪都不能有。每个人都会在经历批评、失败、失望、挫折等之后产生不愉快的情绪，这都是很自然的。但关键是，我们需要意识到这些情绪，以及产生这些情绪的原因，只有这样，我们才不会被情绪控制，从而做出不恰当的或者令自己悔恨终生的行为。

给大家举一个例子。

小文最近在组队参加一个演讲比赛，一早就兴冲冲地出门了，参加当天既定科目的演讲呈现以及抽签主题的方案汇报。很遗憾，小文和他的队员被淘汰了，没有能够晋级。晚上回到家，他的妈妈问他今天战况如何，小文大声吼道："别再问了好吗！烦死我了。"

他的妈妈说道："哎，怎么了？刚问一句，你就烦了，谁招惹你了？"

"没人招惹我，其他人招惹我了，行吗？"小文一边吼着，一边向自己的房间走去，然后砰地把自己的房门关上了。直到晚上11时许，在妈妈第二次敲门的时候，小文才出来开始吃妈妈为他做的洋葱炒牛肉配米饭。

小文妈妈问他今天到底怎么了，为什么发那么大的火，小文回答说："我就是不喜欢你老是盯着我的成绩，天天考试盯着我的成绩，参加个比赛也问我成绩。"

大家认为是妈妈问成绩导致了小文的情绪失控吗？

的确有可能是这样的，小文对于这次比赛的成绩还是非常看重的，对于比赛的失利，小文非常失望、不甘心，也有点气急败坏，所以就把火发到第一个和他说话的人身上了。在这件事上，小文没能意识和觉察到自己的情绪出了问题，没有认识到这种情绪推动了他对妈妈的发火。

正确的做法应该是什么样的呢？小文应该先从自己身体上的变化感知自己情绪的波动，比如表情严肃、脖子紧绷、呼吸急促，又或者是走路比平时快、下车关车门的声音很重，这时就应该在内心问一下自己，到底是什么导致了这些情绪的变化？或许小文会发现他的这种情绪失控和团队成员有关，如因为自己竞赛小组的组长自以为是、老是听不进大家的意见、瞎指挥、小心眼，导致团队出现战略和战术性错误。这时，他就会发现自己情绪波动的真正原因来自本组的组长，他虽然提出了自己的观点和想法，但是没能说服组长，再加上小组失利，一腔怨气没处发泄，才导致了自己的情绪波动。这样一来，小文就能意识到，或许自己的这种愤怒、失望会波及其他人，因为自己会轻易地向其他人动怒和发火。

当小文具备了这种情绪自我觉察的能力之后，下一步应该如何办呢？回到家之后，他可以这样对妈妈说："妈妈，对不起，我知道您肯定想知道我们的比赛成绩。说实话，我们失败了，但具体的原因我现在不想说，我特别想睡一会儿，睡醒之后，我想吃洋葱炒牛肉配米饭，我再和您慢慢说，行吗？"

讲到这里，各位同学应该能够看到一个很好的情绪自我觉察的例子：小文知道自己情绪不好，也知道自己情绪不好的原因，并且知道自己会把这种不好的情绪发泄到自己见到的第一个家人——妈妈身上。因此，他会把情况如实告诉妈妈，并为平复情绪说出了自己的想法。由于小文具备了这种情绪自我觉察的能力，并采用了适当的沟通方式，也就避免了可能由情绪失控带来的麻烦和后悔。

从这个例子中可以看出，情绪的自我觉察是了解和认识自己，是让自己做出积极改变的第一步。一个人如果不能意识到自己的情绪变化，不能意识到自己正在做什么以及这样做的原因和可能给他人带来的影响，他就不会改变。一个人如果意识不到自己有问题，他就没有理由去做任何的改变，也就不会主动敞开心扉和他人交流、征求他人的反馈。设想一下，这样的同学，如何能更好地进行团队协作、领导团队，又如何能成功呢？

## 三、情绪自我觉察的方法

那么，如何做到情绪的自我觉察呢？不能做到情绪自我觉察的原因之一是我们每个人都有下意识反应。比如，你的同学可能会说："哇，你的鞋子好难看啊。"一句极平常的话，就会让你感觉不舒服，马上就会生气、发火，甚至想动手。当我们遇到外界刺激之后，马上就想行动，这就造成了情绪失控。其实在刺激和反应之间，我们还是有空间的，这个空间就是我们可以选择的自由，这就是我们的主动权。

要掌握这个主动权，**很重要的一个做法就是设置"暂停键"**，当刺激发生之后，我们可以尝试着停下来，想一想，然后再反应。可以在内心问一下自己：他这句话是什么意思？他是看不起我吗？还是在开玩笑？假如我冲他发火，又会给我带来什么呢？设置“暂停键”是有点困难，有时别人说话很刻薄、很伤人自尊，或者会一而再、再而三地挑战你的底线，所以这的确不是件容易的事，我承认。但就因为不容易，所以才需要修炼，然后慢慢形成习惯。为此，在这里可以参考史蒂芬·柯维介绍的使用“暂停键”时要开启的**四个人性天赋**。

**第一个天赋是“自我意识”**，即站在旁边观察自己的思想和行动。比如，上面提到的，当同学说你“鞋子好难看”的时候，你在内心和行为上可能都已经有了反应，这时不妨跳出来，从旁边看你自己，也就是站在第三者的视角上观察你自己：是不是内心有伤自尊的想法？身体上是不是表现出怒目圆睁、呼吸急促、拳头紧攥的情况？当你觉察到自己的变化时，你就可以调稳呼吸，在内心不断安慰自己“平静一下，别着急”。

**第二个天赋是“是非观”**，也就是通过倾听自己良心的声音来辨别是非。每个人都有自己的良知，都有自己“内心的声音”，它带给我们的不只是道德观念，还有道德的力量。因此，如果这时候你准备向同学“爆粗口”，可能就违背了自己家教中很重要的礼仪原则。

**第三个天赋是“想象力”**，也就是预想各种可能性。人类的想象力让我们有一种代入感，即仿佛置身于某个画面之中，我们仿佛能看到、听到、触摸到。因此，面对同学的“刺激”，我们可以想象到不同的画面：第一个画面是你自己微笑着冲着同学“自黑”一下，说：“的确不是很好看啊，要不你下次帮我推荐一双？”这时，你能想象到的是这位同学拍着你的肩膀说了句，“行，没问题，这种小事包在哥们儿身上了”，然后你们继续谈笑风生地说起其他事情；第二个画面就有点“恐怖”了，你大声向你的同学发火，你的同学也不甘示弱，然后你们俩扭打在了一起，最后鼻子打出血了，嘴巴也打肿了，老师也来了，你们被带到医务室包扎，然后被要求过一会儿去校长办公室……你应该已经感受到这种不一样的“画风”了吧。

**第四个天赋是“独立的意志”**，也就是有选择的力量和采取行动的能力。面对同学的“刺激”，你也许可以面带微笑地走过去，开玩笑地轻击对方一拳，说道：“哈哈，我就觉得你小子有眼力，不愧为我们班的‘鞋王’。来，教我一招呗，从你的专业角度给点评一下如何？”春风化雨般把“危机”化解开。

作为个体，我们每个人都要学会觉察自我情绪，而作为学生干部，更要掌握情绪自觉的本领。在你领导团队的时候，不要动辄用你的权力压人，不要随随便便发火，要知道领导力是通过你的卓越行为展现的，领导力是一种非权力的影响力。如果你不能控制你的情绪，还意识不到你的情绪的变化，意识不到你的情绪对团队成员的影响，又如何激励大家和你一起完成目标呢？

另外，如果做不到觉察自我情绪，还会造成下面两种影响：一是影响你的身体健康——情绪失控会让身体释放更多的应激激素，让你更容易生病；二是令别人不愿意与你交往，唯恐躲闪不及，还可能会讨厌你，而你压根儿不知道原因何在。这样，你即使有渊博的知识、扎实的专业能力，也可能无法得以施展，又如何影响别人、显现自己的领导力呢？

## 四、什么是冲动控制

你的身边有没有这样的同学？前一分钟还好好的，有说有笑，后一分钟就变了样，郁郁寡欢的，你和他说话他也爱搭不理的；还有那些被你们描述为“鲁莽的、冲动的、头脑发热的、善变的”同学；还有那些做事三分钟热度，不断进入新的领域，但坚持不了两天又回到原地的同学。这样的同学，都是在冲动控制方面存在不足，需要提升这方面的能力。

那么，什么是冲动控制呢？先给大家举一个“棉花糖实验”的例子，让大家感受一下。

棉花糖实验（The Marshmallow Test）是斯坦福大学心理学家沃尔特·米歇尔博士在20世纪60年代开展的，他想验证两个基本问题：

第一，如何判断一个孩子的“自控力”是否强大；

第二，“自控力”强大与否对孩子的将来会产生怎样的影响。

米歇尔博士的研究团队找来了30多名4岁的儿童，分别领到单独的房间里，然后在他们面前摆上了一块棉花糖。研究者明确地告诉每一个孩子：“现在你有两个选择：一是立刻吃掉自己眼前的这块棉花糖；二是在房间里等待15分钟，然后你就可以吃到2块棉花糖。”说完他们就离开了房间。

30多个儿童，有的在实验刚开始就迫不及待地吃掉了面前的棉花糖，有的则在一旁抓耳挠腮，等了1分钟、2分钟、5分钟，最后还是忍不住吃掉了棉花糖。也有一部分儿童，虽然很想吃掉面前的棉花糖，但他们似乎在极力克制自己，眼神中虽然透露着渴望，但还是坚持等待了15分钟，最后成功吃到了2块棉花糖。

实验还没有结束。由于这些儿童都是斯坦福大学教授、研究生或者员工的孩子，所以研究团队在十余年后很容易地找回了当初参与实验的儿童，看看他们如今的生活状态。

当年那些选择“等待15分钟”的孩子，如今都拥有更好的人生，与那些“只吃到1块棉花糖”的孩子相比，他们能考更高的分数，拥有更健康的体魄，更擅长社交，并表现出非凡的问题解决能力，普遍具有更强的竞争力。

由此，心理学家们提出了一个概念——“延迟满足（Delayed Gratification）”，也就是说，自控力越强的孩子，“延迟满足”的能力相应越强，今后取得成就的希望就越大。

看完了这个案例，“冲动控制”的定义也就呼之欲出了。**冲动控制指的是对于冲动、诱惑能够忍住或者延迟满足的一种能力，这样就能避免鲁莽的行为和轻率的决策。**

由此可以看出，情绪的自我觉察和冲动控制是分不开的，如果不能很好地觉察自我情绪，就无法控制自己的语言和行为，从而造成冲突。当然，冲动控制指的不仅是对语言和行为的控制，还包括以上说的对欲望和诱惑的控制和延迟满足。

## 五、冲动控制的方法

具备良好冲动控制能力的人遇事能够认真思考而不是下意识地条件反射。这就是使用了本书在“情绪自觉”中讲的工具——暂停键了，暂停键会让我们“三思而后行”，让我们有时间“分析、权衡利弊”，以使我们能采用较为合理的表达方式和行为方式对待别人，从而避免冲突或场面失控，造成无法挽回的后果。

在这里再和大家分享一个冲动控制的ABC步骤。A是“诱发事件”的英文表述Activating Events的首字母，B是“信念”的英文表述Belief的首字母，C是

“行为结果”的英文表述Consequence的首字母。

ABC步骤的意思是，当我们头脑发热、情绪激动时，都会冲动行事，也就是说，当我们受到一个事件A的刺激时，就会不假思索地直接跳到C，根本没有暂停下来思考和分析。如果在这个过程中，有正确的信念B来帮助我们进行理性的分析，结果就会不一样。而如果完全凭直觉，莽撞、粗鲁地行事，我们则很难搭建融洽、和谐的关系，也不容易达到我们的目的。

举个简单的例子。

作为某个社团团长，你召集大家开会，有位同学迟到了。这时候的你，脑海中应该有个“阀门”控制着你的情绪。根据ABC步骤，有同学迟到是诱发事件A，如果你怀有这样的信念B——他是不是看不起我这个团长，那么在这种不理智的信念下，你就可能采取不明智的行为C——你会当面批评或指责这位同学，让他难堪，造成的结果可能是你们当着大家的面发生冲突，局面难以收拾；而如果你的信念是客观和理智的——这位同学可能是遇到了什么事情，所以迟到了，散会后我私下问问他，听他说说原因再决定怎么做。如果你秉持这样的信念，你可能就会先让这位同学落座开会，等散会后再单独找他谈话，问明原因，并说明社团的出勤纪律，采取相应的措施。

我相信，这样的做法既能让你控制冲动，也能让你团结同学，并树立你的威信。

有效控制冲动是一种能力，看清楚了、想清楚了，“三思而后行”，让效果最优化。想一想，在你的同学中有没有非常冲动的同学？一有什么，不分青红皂白，马上付诸行动；如果遇到挫折和困难，要么异常焦躁，要么撒手不干。而有的同学则是另外一种情况：他们在有了念头、想法之后，会思考分析、权衡利弊，事前做计划，按计划行事；如果遇到困难和挫折，他们不会埋怨环境和外人，而是会冷静下来，全方位地分析，然后逐一把问题解决。

不能有效管控冲动情绪的同学，不能成为好的学生干部。好的学生干部，应该是能够驾驭情绪、能够自觉情绪和管理冲动的人，否则他所带领的团队就会是鲁莽、混乱、缺乏计划和系统的。

## 六、用情绪管理场域

前面和大家讲了情绪的自我觉察和冲动控制，你有没有想象一下你有哪些情绪的表现需要加以自我觉察或控制，又如何使用情绪来管理团队的场域呢？其实，情绪的表现有很多种，但基本可以归为五类：爱、喜悦、愤怒、悲伤和恐惧。情绪是一种能量，更是一种影响力资源，它具有很强的感染力，人际交往会对情绪产生影响。比如，如果班主任表扬了你，你就会很开心；如果被班主任批评了，则会让你感觉心情很糟糕。

从这里可以看出，我们自己就是情绪的诱因。尤其当你处在一个团队中，而你又是团队的负责人时，你的一个微笑或一个皱眉都可能会引发其他同学的开心或胡思乱想。德国乌兹堡大学的实验证明：生活中到处有情绪的诱因，如舒缓的音乐可以调节紧张的气氛，微笑可以引起轻松愉悦的情绪，一句酸溜溜的话能引起他人的紧张等。因此，情绪是可以营造不同场域的，而在不同的场域中，团队的能量也是不一样的。

下面就和大家讲解一下，**如何使用五种情绪管理你的团队场域**。如果说情绪的自我觉察、情绪控制属于基本技能，那么使用情绪来管理团队场域就属于高级技能了。

**第一种情绪，爱**。美国的领导力专家库泽斯和波斯纳曾说："领导者要向他人表示关爱，欣赏他们所做出的贡献。"作为管理者，要经常性地鼓励和表扬团队成员。前文曾提到，美国著名的民意调查和咨询公司盖洛普公司在多年的企业调查中得出了一个结论：作为管理者要在12个维度上做好，员工才能高度敬业，也就是著名的Q12。这12个问题大家可以在网上查到，其中至少有5个问题和鼓励、表扬相关，比如，在过去的7天里，员工因工作出色而受到表扬、工作单位有人鼓励员工的发展，等等。所以，作为团队或项目的负责人，不要忘记经常性地对你的项目或团队成员进行鼓励、表扬、认可，让大家沉浸在一种浓浓的爱的氛围中。

**第二种情绪，喜悦**。当你们取得了比赛的胜利、代表学校参加竞赛取得了优异的成绩时，是否会组织一些庆祝活动呢？学校会组织表彰大会，表彰学生个人取得的优异成绩或团队取得的胜利。在企业中，这样的情况也比比皆是：团队成员拿到订单时，他们会在办公室马上庆祝，所有团队成员起立鼓掌；当签了大额订单时，公司也会进行庆贺等。当然，我相信，你的团队中也有不少庆贺的方式，如大家一起去餐厅大快朵颐、看场电影，也或者是来个“剧本杀”。其实，不论哪种形式，都是在传达大家的喜悦之情，让团队成员们沉浸在一种浓郁的、成功进取的氛围中，激励人心。

**第三种情绪，愤怒。**在团队中可以用发火的方式表达你的愤怒情绪吗？答案是肯定的，但一定要用好这种情绪。任何人都会生气，但要把握好对象和愤怒的“度”，在正确的时间、正确的目的下，以正确的方式发泄，这却不是每个人都有能力把握的。在你们团队中，当成员一而再、再而三地出错，你是不是该发怒呢？当团队犯了愚蠢的错误时，你是不是该发火呢？有时，愤怒情绪是可以激发他人、让他人深刻反思的，但过度则会破坏你与他人的关系，伤害他人的自尊心。

**第四种情绪，悲伤。**大家想一下，悲伤的情绪在团队中应如何使用？如果因不可抗力造成了工作损失，大家是不是会沉浸在悲伤的情绪中？如果某位同学的家中出现了变故，我们是不是应该带着悲伤的情绪来安慰他呢？

给大家举一个例子。

美国国家航空航天局的哈勃望远镜事故（历时15年，花费17亿美元的项目，却因镜片出现瑕疵导致失败）发生之后，美国天文学界不断被恶语中伤，四分五裂。项目主导人查理博士此时考虑应该做点什么了，于是借着天文学会在费城举行会议的机会，安排了一个讲话。查理博士走上讲台，望了望台下黑压压的人群，他深刻地感受到，这个事故对当时在座的每个人而言都是一个损失，而哀悼损失的最好办法是感受每个人的悲伤。于是在演讲前，查理博士提议并带领大家静默1分钟，在这段时间里，整个房间充满了抽泣声，大家用心感受了惨重的损失和深刻的悲伤。之后，查理博士抬起头来，眨着湿润的眼睛，坚定地说：“无论以什么方式，这个项目都要完成。我现在告诉你们，我与一个空间站的修复队伍将进行修复望远镜的行动计划。”大家的情绪在悼念的悲伤中得到释放，放下包袱后，人们的信心和斗志又被激发起来了。

同样的道理，如果你的团队在重大比赛中出现了失利，每位同学都挺难过的，可能付出了很大的努力却没有取得好的成绩，大家有点沮丧和难过。你作为团队负责人感受到了大家的这种情绪，就可以以这样的方式来安慰和鼓励大家："各位同学，对于这样的比赛结果，我和大家一样，也挺难过的。"你可以去拥抱下其他同学，或拍拍他们的肩膀，也算是把内心的委屈做一番发泄。继而就可以告诉大家："但是我觉得有点不甘心，我认为我们还有反击的机会的，大家是不是可以坐下来重新复盘一下，然后进行下一步的分工计划？"大家在宣泄之后，热情才能重新被你点燃和激发。

**第五种情绪，恐惧。**诚实地表达恐惧能激发行动。比如，在工作中我们可以说："如果我们这次的任务指标还是达不成的话，我们的团队将会被并到其他团队中去。"以此激发伙伴们破釜沉舟的勇气。在管理中，恐惧是可以引发人们的危机意识的。比如，针对个别同学在学校里打架的行为，老师会说："在这里重申一下学校的规定啊，第一次打架，警告处分；第二次，记过处分；第三次，对不起，直接开除！"

总结一下，在日常的学习和生活中，情绪每时每刻都伴随着我们，它就像呼吸一样，我们无法离开它，但如果我们掌控不了它，它又会让我们遭受痛苦。所以，只有做好情绪的自我觉察——认识和了解自己的情绪，控制好冲动——按个"暂停键"，理性地分析和决策，并用五种情绪管理你团队的场域、塑造积极的团队氛围，才能让自己的领导行为更加积极，让自己更加有魅力，大大增加所带领的团队达成目标的可能性。

## 重点内容

- 情商通常指情绪商数，简称EQ，主要是指人在情绪、意志、耐受挫力等方面的品质。
- 情商包括五种能力：一是自我意识能力，二是自我调节能力，三是自我激励能力，四是同理心能力，五是社会交往能力。
- 情绪自觉是一种能力，是认识和了解自己的情绪、觉察这些情绪产生的缘由以及可能对自己和他人产生的影响，并区分这些情绪间细微差别的能力。
- 情绪自我觉察的一个很重要的方法是设置"暂停键"，并开启四个人性天赋：自我意识、是非观、想象力和独立的意志。

• 冲动控制指的是能够控制冲动和忍住诱惑的一种能力，可以避免鲁莽的行为和轻率的决策。

• 控制冲动时可以使用ABC步骤：当我们受到一个诱发事件A的刺激时，如果能用正确的信念B帮助我们进行理性的判断，结果C就不会太糟糕。

• 要学会使用五种情绪——爱、喜悦、愤怒、悲伤和恐惧，来营造团队场域、管理团队。

## 建议行动

• 回想自己最近的一个情绪控制得不好的例子：如果重新进行情绪自觉和冲动控制，你认为正确的做法应该是什么？

• 下次出现情绪失控的时候，使用情绪的自我觉察和冲动控制的方法，之后再进行自我总结。以后当出现情绪失控的时候，请在内心先温习曾使用过的方法和技巧，长期使用，养成习惯。

• 写出你用五种情绪管理你的团队场域的具体做法。

## 苏航感悟：管理不好情绪，就无法成功

世界头号对冲基金——桥水基金（Bridgewater）的创始人瑞·达利欧在他的《原则》一书中这样写道："While it can be tempting to react emotionally to problems and seek sympathy or blame others, this accomplishes nothing."他认为，情绪化的问题处理方式不能解决任何问题，这也正是本章所讲的内容——控制你的情绪。

我小时候脾气比较暴躁，当时的好朋友经常说我"聊着聊着就炸天了"，这可能也是我4D个性中的第二高分——橙色性格的特点之一吧。因为这种个性，我也错失了一些机会。记得有一次正要选举区三好学生，中午吃完饭回来，看到班里的几个女生不知出于什么目的正在扔着我新买的书包，我便立刻冲上前去，抢下书包，并对她们大吼了起来。结果，这几个女生在下午的选举中并没有投我的票，我以几票之差落选。这就是"暂停键"的重要性。如果当时的自己能够想一想："她们为什么要扔我的书包啊？是闹着玩的吗？"然后再把这种

想法抛给她们："你们为什么拿我的书包闹着玩啊，这是怎么回事啊？"可能她们就会停下来。现在想来，还是自己不会控制情绪，一冲动就会不管不顾地大吼大叫，只图一时的口舌之快，引起同学的反感，也使自己失去了一次机会。

现在的我是怎么处理这类事情的呢？一方面，我在努力实践前述方法，另一方面，我也有自己的方法，那就是"转身离开法"。每个人都有与自己相匹配的圈子，如果跟你产生矛盾的那个人不属于你的圈子，你们没有共同话题，价值观也不相同，那么何必非要浪费时间和精力与他争个高下？你有远比这重要的事情需要在意，一味跟他争执只会让自己更加生气、更加郁闷。每个人的生活中都会有"垃圾人"（请不要对号入座，"垃圾人"并不一定是坏人，对"垃圾人"的标准，每个人的定义不一样），这类人的时间仿佛不值钱，但他们却乐于消耗你的时间；所以，你需要做的只是微微一笑，说声抱歉，然后转身离开，不跟他们一般见识，然后去做你自己该做的事情。

我还看过有人用写信的方式疏导情绪。林肯做总统的时候，陆军部长向他抱怨受到一位少将的侮辱，于是林肯建议对方写一封尖酸刻薄的骂信作为回敬。信写好了，在部长要把信寄出去时，林肯问："你在干吗？"部长不解地说："当然是寄给他啊。""你傻啊，快把信烧了，"林肯忙说，"我生气的时候也是这么做的，写信就是为了解气。如果你还不舒服，那就接着写，写到舒服为止！"

我觉得林肯总统的方法很值得借鉴。当你对某人有意见，想和对方大吵一架的时候，不妨把你的抱怨、指责全部写下来，当然，你可以写在纸上，也可以写在手机备忘录中，写完了、骂完了，就解气了，然后把写的纸撕掉，把备忘录上的内容删掉。没有人天生就懂得控制情绪，所以才要学习好的办法，不断尝试。

控制情绪一方面是我们每个人的事情，属于自我管理的范畴，另一方面可以使用情绪管理团队，则属于团队管理的范畴。对于"用五种情绪来营造场域"，我觉得是很重要的团队管理方法。在年轻的学生团队中，氛围一般都挺好的，我们大部分时间都挺快乐的，但如何让团队成员都有成长、让团队的目标能够很好地达成，就和我们团队负责人有意识地、经常性地鼓励、表扬分不开了；当团队成员工作出现差错时，该批评的要批评，不能嬉皮笑脸，这样会让他们感觉无所谓。而对于"悲伤"情绪的运用，我感觉其实就是同理心的运用，当同学有困难，难过、悲伤的时候，我们要学会同理心式的沟通，难过他的难过、悲伤他的悲伤，只有这样，我们才能在情感上产生连接，他悲伤的时候我们千万不能嘻嘻哈哈，如果这样，团队就“悲剧”了。对于“恐惧”情绪，我平常使用得比较少，以后可以多尝试一下，不过这让我想到了之前讲的“管理”的定义，管理是比较强硬的，这种对“恐惧”情绪的运用是不是一方面要让大家感觉到害怕，另一方面要让大家感觉到强硬，我还要在实践中继续体会和摸索。

如果一个学生干部能很好地控制自己的情绪，并且还能在带领团队的过程中用五种情绪管理团队的场域，那他肯定是一名成熟的、内心经过历练的优秀学生干部，也只有这样的人才能逐步走向成功。

# 第七章　做到4D全能，让自己更加全面和卓越

前两章和大家分享了四种个性的优缺点和AMBR，以及如何做好情绪控制。各位同学可能会有疑问：我知道了自己的优缺点，那么面对我身边的同学、老师、家长、朋友，我应该如何发挥优势，更好地和他们相处，并且对我的学业、社团组织工作或其他方面产生帮助呢？

这是个好问题。之前也讲到，没有完美的个性，但我们如何做，才能成为一个尽量完美的人？学生干部应如何做，才能成为一个能胜任的学生干部呢？下面以一个蓝色展望型个性的学生干部为例说明。

## 一、4D全能示例

蓝色个性的这位同学拥有远大的梦想，但如果他不愿意听别人的想法、不关注别人的利益、不认可别人、很少关心别人，只是一味强硬地推行自己的想法、坚持自己的观点，那大家还会配合他一起做事吗，他说话别人还愿意听吗？

如果他什么事都亲力亲为，或者把某些团队成员排斥在外，和他们搞不好关系，或者总不兑现对团队的承诺，那团队成员还会有被信赖的感觉和归属感吗？

如果他在带领大家开展活动的过程中，主意老是变来变去，还随意破坏规则，给大家分配的任务也不具体，当有同学出现错误时，他老是批评，甚至抱怨，你觉得团队中的各位同学还能众志成城、同心协力吗？

可以看出，我们所假定的这位蓝色个性的学生干部，只发挥了蓝色一个象限内的优势，而在其他三个象限上都存在问题，这样，他就不可能很好地带领

团队。所以说，这位蓝色个性的青少年领导者要想带领团队获得好成绩，一方面要把自己的蓝色个性的优势继续扩大，即有梦想、敢于挑战困难、有些新奇的做法；另一方面还要发展落在其他三个象限不是自己强项的一些特点：绿色个性的青少年领导者了解团队中各位同学的需求、关注他们的想法、对他们的成绩和好的表现经常鼓励、在各方面帮助他们、对他们表示出亲近和友好、关心他们；黄色个性的青少年领导者和同学们拉近关系、经常组织团队活动、活跃团队氛围、增进大家之间的信任、提升团队的凝聚力；橙色个性的青少年领导者把班级或社团的各项规章制度和计划定好、把大家的责权利明确好、在计划实施的过程中做好检查和跟踪、把各种奖惩措施落实好。

因此，一个能胜任的学生干部不能活在自己单一的性格状态中，要不断克服挑战、修炼自己，活出4D的全色状态。一个好的领导者应该是一个全色的4D能手，要成为4D全能领导者。

下面我们就来总结一下什么是4D全能、如何做到4D全能。

## 二、4D全能的内涵

4D全能，指的就是无论你是什么颜色的个性，都不仅要发挥你本色的优势，还要把其他三个颜色的优势也发挥出来，学生干部如果不能做到4D全能，就无法带领团队获得成功。

从4D全能的要求看，这其实就是要求大家做到“扬长补短”，每种颜色的人都有挑战和困难，但要想成功，就得先把其他三个个性上的短板补起来（如图7–1所示）。

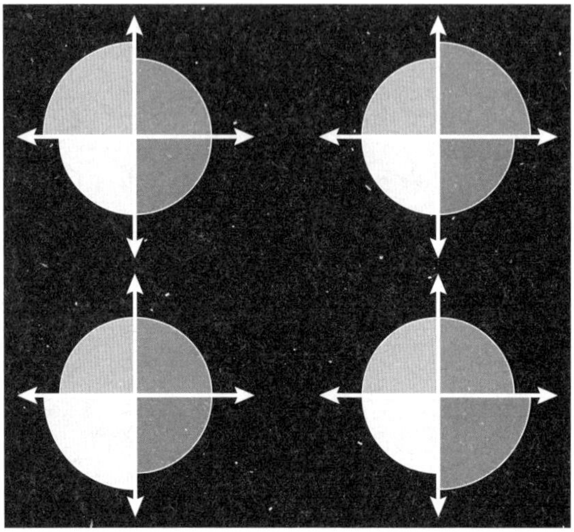

图7–1　四种个性的4D全能

设想一下，如果做不到，会是什么状况呢？本章开篇讲到的那位蓝色个性的学生干部的案例，其实说的就是这个状况：如果他仅仅拼命发展蓝色个性之长，在带领团队时，就可能会给人玩命忽悠不着边际的目标的感觉；绿色个性优点发挥不好，就会让别人感觉到不被尊重；黄色个性优点发挥不到位，就会让人感觉不到被包容和信任；橙色个性优点发挥一般，就会让人感觉做事没有条理、缺乏管控。

所以，**对于每一位同学来讲，在追求成功的路上，都要先做到“扬长补短”。也就是在发挥自己本色个性优势的时候，把另外三类个性的优点尽量补足。**但这并不容易，不是吗？你的本色个性部分是你的舒适区，而你刻意地去表现其他不擅长的部分，就进入了你的非舒适区。这样做，你舒服吗？当然不舒服，因为其他三个维度不是你的天然优势，虽然在做事的过程中你尽力去发展了，让别人舒服了，但自己会感觉不舒服。

不舒服怎么办？不舒服就可以选另外一条路，**既然“扬长补短”不容易，我们可以来个“扬长避短”啊。**意思就是说，如果你极不擅长某事的话，就不要去做，让在这方面有天然优势的人去做。既然你是社团组织的负责人，你完全可以通过搭班子的方法找合适的人去做合适的事。比如，在社团组织中，你是一个有着黄色个性的负责人，你就可以找一个有着绿色个性的同学去做一些调研类的事务，找一个有着蓝色个性的同学负责策划、创意类的工作，找一个有着橙色个性的同学负责执行。有这样几位同学和你一起搭班子，你是不是会省事很多呢？当然，如果你不是学生干部，也照样可以在做集体项目和团队配合时，主动寻找或要求上级安排能弥补你弱项的同学和你搭档。所以，虽然没有完美的个人，但你可以通过搭班子的方法组建完美的团队。

现在总结一下，**要想成为一名能胜任的学生干部，至少要做到两点：一是要做到4D全能，“扬长补短”，以别人喜欢的方式对待别人，从而更好地沟通、协作，带领团队；二是要学会搭班子，“扬长避短”，发挥自己擅长的地方，让其他团队成员弥补自己的短板**。

讲到这里，青少年朋友们不要误认为只有学生干部才需做到4D全能。还记得前面讲到的吗？领导力是每个人的事。既然是每个人的事，那么当你面对同学、老师、亲朋好友时，要想和他们相处融洽、把事情做好，是不是也得“扬长补短”和“扬长避短”呢？

## 三、培养4D全能的青少年领导者

前文提到，拥有四种个性的人可以塑造四种场域，而这四种场域也契合了人的四种需要、团队发展的四种需要，所以，要想成为一名能胜任的青少年领导者，就要在四种场域内修炼四大品质、提升八项领导技能和行为，只有这样，才能成为4D全能的青少年领导者（如图7–2所示）。

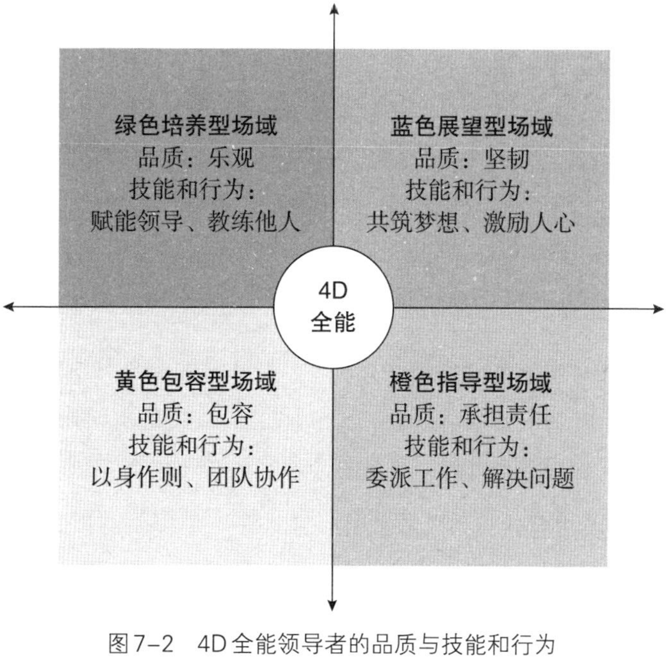


图7–2　4D全能领导者的品质与技能和行为

在绿色培养型场域，青少年领导者要修炼“乐观”的品质，提升“赋能领导”和“教练他人”的领导技能。

✓ 培养对生活和工作的积极态度和人生观，在遇到困难和挫折时依然能充满希望并能快速调整状态、恢复“元气”，积极并努力地达成目标。

✓ 在团队领导中，一方面要关注绩效目标的达成，另一方面要把更多的精力放在团队成员的培养上，要根据团队成员在意愿与能力上所处的发展阶段，通过指导、教练、支持、授权等方式，对团队成员赋能，帮助他们取得成功。

✓ 帮助团队成员成长，这需要你使用合适的辅导方式，不仅要掌握指导、支持、授权等辅导技能，还要学会使用教练式的辅导技能，通过不断提问，引发他们的思考，让他们自己找到答案。这比传统的灌输、告知的方式更能令团队成员有触动、有觉察，也更容易使他们为自己的目标制订切实可行的行动方案，从而在执行的时候更有动力。

在黄色包容型场域，青少年领导者要修炼“包容”的品质，提升“以身作则”和“团队协作”的领导技能。

✓ 对待其他同学的缺点，青少年领导者应该保持克制；学会倾听才能更加包容，只有学会欣赏别人的优点，才能让自己更加有前瞻性；但过多的包容不一定更好，要做到周全而适当的包容。

✓ 以身作则是领导力提升的起点，它的意思是“说到做到，言行一致”，而只有找到自己内心的声音、明确自己的价值观，并用卓越的行为践行价值观，才能为他人树立榜样。

✓ 团队协作并不深奥，它只要你自律、付出勇气和坚持不懈。只有通过协作，大家才能拥有共同的视野、共同的价值观、新的解决问题的思路和办法，决策才能更加英明。在共同的、可信赖的准则和价值观之下，人们才能更加诚实、坦白，才能更有勇气出来解决难题，而不是逃避问题。

在蓝色展望型场域，青少年领导者要修炼“坚韧”的品质，提升“共筑梦想”和“激励人心”的领导技能。

✓ 青少年领导者在遭遇身体及精神困难和各种压力时，要具备坚持不放弃的忍受力，也就是说在面对各种困难和挫折时要学会坚定、有勇气和坚持不懈。

✓ 作为青少年领导者，一方面，自己要有理想和抱负，另一方面，在带领团队时，也要为自己的追随者、团队成员描绘激动人心的未来，描绘一幅让他们心潮澎湃的美丽图画。简单地说，就是要为团队定目标，知道应把团队往哪里带。大家知道了前进的方向，才能更加努力地学习和做事。

✓ 领导力的本质就是激励。青少年领导者要了解激励的原理、懂得拥有不同个性的同学的需求和动机，要学会赞美和表扬团队成员、掌握激励的原则，学会以最低的成本达到最好的激励效果。

在橙色指导型场域，青少年领导者要修炼“承担责任”的品质，提升“委派工作”和“解决问题”的领导技能。

✓ 承担责任，就是要把自己职责范围内的工作和事情做好。为此，青少年领导者要明确自己的定位、拥有积极的心态、使用积极的语言，避免注意力转移，扩大自己的影响范围。

✓ 作为青少年领导者，团队中的工作不可能完全由自己一个人完成。因此，领导者需要把工作委派出去，而委派工作涉及指令和授权、告知任务、确定目标、计划保障、跟踪检查等等。

✓ 我们每天都会碰到大量的问题，青少年领导者也不例外，而解决问题其实就是一个决策的过程。这就需要青少年领导者既要培养主动思维的意识，又要掌握解决问题的方法和工具，只有这样，才能提升解决问题的能力。

以上的四种品质、八种领导技能及行为，将在后文详细讲解，与大家一起学习和探讨，了解每一个品质和技能与行为的内涵，掌握品质修炼以及技能提升的方法和工具，把四种场域营造起来，成为一名4D全能的青少年领导者，做一名有影响力的领导者。

## 重点内容

• 拥有蓝色个性的学生干部要想带领团队取得成功，就既要发挥蓝色个性的优势，又要把其他三种个性的优势发挥出来。

• 4D全能，指的就是无论你是什么颜色的个性，都不仅要发挥你的天然优势，还要把其他三种个性的优势都发挥出来。

• 要想成为一名能胜任的学生干部，至少要做到两点：一是要做到4D全能，“扬长补短”，二是要学会搭班子，“扬长避短”。

• 要做4D全能的青少年领导者，就要在四个场域中全面提升：在乐观、包容、坚韧和承担责任四个品质方面加强修炼，发展赋能领导、教练他人、以身作则、团队协作、共筑梦想、激励人心、委派工作、解决问题八项领导技能并践行卓越行为。

## 建议行动

• 清楚地说明4D全能的内涵、4D全能的青少年领导者的4个品质以及8项领导技能与行为。

• 选一位你尊重或敬佩的领导，如你的老师、同学、朋友，或你认识的在企业或机关工作的人，看看他在4个场域中所表现出的品质或是领导技能有哪些。

• 写出自己的4D全能提升计划：就你的个性颜色而言，你准备继续保持和发挥哪些优势？在其他三种个性上，你准备要提升哪些方面？

• 评估一下你所在团队的团队成员：他们分别是拥有什么个性的人？你的团队成员在个性类型上是否匹配？这样的团队，优势是什么，不足是什么，应该如何调整？

## 苏航感悟：尝试并践行，做到4D全能

我之前在网上看过任正非先生的一篇讲话稿，其中提到了华为的干部要具备四方面的能力。

“干部需要具备三方面的能力——成功的决断力、正确的执行力、准确的理解力。仅具备准确的理解力，适合在机关做干部；具备正确的执行力，可以做个部门副职；具备成功的决断力的干部可以做部门一把手。第四种是人际能力，我们选拔干部主要依据这四种能力标准。如果一个干部听不懂你在讲什么，那怎么去执行、怎么能做好呢？所以要加强中层干部的执行力，高级干部要有决断力。”

看过这一章后，我觉得任正非对干部这四方面的要求，正好契合了4D系统中领导者的四个颜色，也正好是四种场域的要求。

理解力，可以解读为对同事具有同理心，能感受别人的感受、关注大家共同的利益，对同事能够做到欣赏、鼓励和感恩。

人际能力，可以解读为对同事具有包容心，能够接纳和凝聚同事、善于搞好关系、做好团队建设工作，建立和谐的氛围。

决断力，可以解读为有目标、有想法，能看到未来、具有前瞻性，在关键时刻敢于决断、勇于追求变革和创新，做事追求完美。

执行力，可以解读为做事严谨、细致、专注、坚韧，能保证完成任务、达到目的。

这四个能力，不正是4D系统中领导者的四个颜色吗？也正是领导者身上需要具备的四个象限的特征，是全能领导者的体现。

无论是任正非先生的四个能力要求，还是4D全能青少年领导者的四种品质和八项领导技能与行为，对于像我这样的高中生来说，要想快速地掌握和做到，好像还真的有点难。但是我觉得，只要尝试着做，也没有什么不能完成的，比如：

- 我们可以多关心一下同学、对人友善一些，如果同学在学习和学生工作方面有难处，我们可以多教他们一些，多给他们一些辅导。这就是绿色培养型场

域的做法。

• 同学们都有缺点、有不足，我们互相要包容一些。作为学生干部，我们要求同学们做的，自己要先做到，这就是以身作则。在学校活动中，不要单打独斗，大家应通力协作合作共赢。这就是黄色包容型场域的做法。

• 作为学生，我们应该有理想。作为学生干部，我们应该富有激情。在带领大家完成目标的过程中，我们要经常鼓舞、激励大家，而且还要坚持不懈、全身心地投入。这就是蓝色展望型场域的做法。

• 无论对学习，还是对社团的工作，我们都应该有计划性，要做好时间管理，我们要学会分工，要做好过程监督和检查，遇到问题时大家要能够头脑风暴、全力解决它。这就是橙色指导型场域的做法。

通过对4D个性特点的认知以及对4D全能青少年领导者的内涵的学习，我有了更多的心得，下面将投入更多的热情和意愿，长期、持续地强化，不断地实践，我相信，我肯定会有更大的收获。

# 第四部分　你必须具有哪些好品质

# 第八章　做一个乐观主义者

先和大家分享一个故事。

美国西雅图有一个特殊的鱼场——派克街鱼场。那里生意红火，人声鼎沸，在那里买鱼是一种享受。那里的人们把枯燥的谋生方式过成了有滋有味的日子，他们的工作更像是娱乐。在那里你看不到一个脸色阴霾的人，他们像面带笑容、合作无间的棒球队员，让冰冻的鱼像棒球一样，在空中飞来飞去，大家互相唱着："嗨，5条马哈鱼飞到明尼苏达州去了。""8只海蟹飞往堪萨斯。"这是多么和谐的生活，充满乐趣和欢笑。

有人问当地的鱼贩："你们在这种环境下工作，为什么还能保持愉快的心情呢？"他们说，事实上，几年前这个鱼场也是一个没有生气的地方，甚至被人称为"摧毁精神的垃圾场"，那时，大家十分讨厌这里的工作氛围：潮湿、嘈杂、枯燥，人们怨天尤人、唉声叹气，每天一睁开眼睛就期待着什么时候能再躺在床上。压抑、郁闷、抱怨、猜忌在潮湿的环境里不断滋生蔓延，盘踞于每个人的内心，人们变得越来越易怒、脆弱甚至冷漠。

后来，他们其中的一个人提出：与其每天抱怨沉重的工作，不如改变工作的品质，我们为何不能以一种快乐和享受的心态重新面对生活和工作呢？于是，他们花了两个星期的时间制成了"态度菜单"：不再抱怨生活本身，而要热爱卖鱼这件事，要把卖鱼变成一种艺术。后来，一个创意接着一个创意出现了，一串笑声接着另一串笑声出现了，派克街鱼场成为鱼场的奇迹。"摧毁精神的垃圾场"最终变成了"提升情绪的场所"！

甚至，他们练得久了，人人身手不凡，可以和马戏团演员媲美。这种工作氛围还影响到了附近的上班族，他们经常到这里和鱼贩用餐，汲取生活的动力和新鲜的空气。

派克街鱼场不仅仅是一个鱼场，也是一个乐园、一所社会大学，它以独特、生动、真实的方式为我们诠释了一种富有色彩、新颖、独特、令人期待的工作状态，就在一个卖鱼的地方，正在升华出影响全世界的鱼市哲学！

我们在每一天的工作或者学习中都带着自己对待做事的态度：我们可以闷闷不乐、无精打采、度日如年，每天在枯燥的学习中咀嚼枯燥，在天天不断的单词的抄写中重复单调，让自己终日困于迫不得已和垂头丧气；也可以带着阳光、幽默、愉快一路同行，乐在其中、流连忘返，让工作给我们的生活带来生机，让生命的质量在快乐中不断提高！

讲到这里可以看出，这一章要和大家讲的，就是对青少年而言非常重要的品质之一：乐观，它是绿色培养型场域中的重要品质。

什么是乐观？**按照美国学者史蒂文·J.斯坦和霍华德·E.布克在《情商优势》中对乐观的定义，我的理解是这样的：乐观指的是人们对待生活拥有积极的态度和人生观，当遇到困难和挫折时依然充满希望并能快速调整状态、恢复元气，积极并努力地去达成目标。**

乐观并不是盲目自信、相信所有的事情都有好结果。盲目乐观的人有点虚张声势，虽有豪言壮语，却忽视或回避了客观存在的真实问题，因此我们需要“务实的乐观”。盲目乐观和务实的乐观是截然相反的，拥有“务实的乐观”能力的同学在事情进展不够顺利的时候依然能保持乐观和坚持不懈，他们能理性地面对现实，采取各种措施和方法、动用各种资源解决难题。

这一章会和大家分享以下四个方面的内容。

## 一、乐观主义者和悲观主义者的区别

心理学家马丁·塞利格曼发现乐观主义者和悲观主义者的心态是不一样的，主要表现在以下三处。

乐观主义者的三个心态是：

✓ 把遇到的一些困难和挫折视为一种暂时状态，认为这种状态不会持续很久，这只是成功的前奏，一定会好转的。

✓ 把困难和挫折看作某种情境下的特殊现象，并不是充斥整个人生的、长期又无法摆脱的“命运”。拥有了这种心态，即使遇到极大的困难和挫折，也会分析、处理和解决，绝对不会被击垮。

✓ 不会马上把所有责任揽到自己身上，既考虑内因也考虑外因，会检查、分析是不是外部的某些原因导致了困难和挫折的发生。

悲观主义者的三个心态和乐观主义者正好相反，他们认为：

✓ 每个挫折都是人生逃不了的坎，注定是要经受的（永久性）。

✓ 这些挫折和困难是过去和未来的挫折的一部分（普遍性）。

✓ 任何失误都是自己总把一切都搞砸的又一例证（自我化）。

从悲观主义者的三个心态可以看出，这样的人针对发生的不好的事情，会自认命运不济、能力不够、办事不力。

在这里给大家举一个例子，说明乐观主义者和悲观主义者在做法上的区别。

张肖（化名）是某中学的高一学生，最近学校在组织摸底考试。第一天上午考语文，他迟到了15分钟。如果张肖同学是个彻头彻尾的悲观主义者，他可能会想：唉，从暑假开始到上高一这三个月来咋啥事都不顺呢（永久性）？今天发生迟到的事情，我并不感到奇怪，高一住校以来我的生活完全是乱七八糟的（普遍性）。我真笨，昨晚非要用床头柜上的那个闹钟，但是今早闹钟没响，为什么我没设手机上的闹钟呢？我真是蠢死了（自我化）。

但如果张肖同学是个乐观主义者，他就会用到乐观主义者的三种心态。

今天真倒霉，闹钟没响，还好，还有两天半的考试（今天迟到只是一种暂时状态，下一步会好转的）。今早的闹钟没响，是我设错了时间，也是我一时疏忽，没有设置手机的闹钟（这次是特殊情况，下次不会这样的）。今早即使我能按时起床，估计也会迟到，因为后来听几个同学说，今早上学的那段路封了一段时间，有好几个同学也都迟到了几分钟（考虑到外部因素，让自己释怀一些）。

所以说，乐观是一种能力。在面对困难和挫折时，乐观主义者不会悲观、泄气、自责，觉得暗无天日、没有出路，而会客观理性地对待，抛弃不理智的信念，用正确的行为和方法解决问题、达成目标。

## 二、喘口气，暂停一下

这里和各位同学分享一种方法——喘口气。这有点像第六章中讲到的“暂停键”的方法，总之就是让你平复情绪，寻找一种替代方案。

悲观主义者在遇到问题时，很容易“自我化”，即把问题完全归咎于自己，总是想到最糟糕的一面。

学生会开会，你是社团部的部长，轮到你发言了，你讲了几分钟后，发现很多人在窃窃私语，大家也没有针对你提的问题给出回应和反馈。这时候你感觉很尴尬，有点垂头丧气，便不再说话，闷坐在那里，心里对自己说：“看来我这个社团部长，重要性并不大，大家都不拿我当回事，我可能不太适合做学生会工作。”试想，如果是别人当着你的面对你说这些话，对你的“杀伤力”可够大的了。

其实，可能是什么情况呢？也许你在发言的时候没有让大家安静下来，大家还在针对前一位同学的发言私下讨论呢；也许你的声音过低，只有你身边的同学听得到；另外，也许有的同学在其他场合已经听过你的发言，认为你提出的问题需要组织专项讨论，所以也就不再用心听了。从这几种情况来看，你都没有必要完全“自我化”，认为都是自己的问题。

所以，你的做法就应该是“喘口气”暂停一下，别人没反应、没专心听，不是什么大不了的事。你可以继续热情饱满地问一下在座的同学，自己是否把刚才的建议说清楚、说明白了；也可以稍微等一下，当某位同学的发言和你的观点有类似之处时，你表达支持，然后再亮出自己的观点。

工作、学习、生活就是这样，不是所有人都会把你当成唯一，不是所有人都唯你马首是瞻，你的意见和观点并不都能入别人的耳，不是所有的目标你都能轻松达成，不是所有的竞赛活动你都能得奖，不是所有人都会赏识和认可你，也不是所有人都真的认为你是“帅哥美女”。

社会本身就是竞争和压力巨大的地方，如果所有的事情都以你为中心，一是不可能，二是会给你本人造成巨大的伤害。人的一生，谁都会经历挫折、苦难、逆境等，不会是一帆风顺的，正所谓“顺境让人安逸，逆境让人成长”，因此，以平衡的心态看待这些事情，达观一些、包容一些，你的路会越走越远，你的世界也会是五彩缤纷的。有位同学是这样说的：“我也经常会有情绪低落的时候，比如，碰到了技术上的问题，发现以自己现有的能力不能达到目标的时候等。在这种时候我会从技术问题上暂时跳出来，放空一下大脑，调整思路，或者请求同学指点一下。”

当然，乐观主义者绝不是简单地抱着好心态，用“喘口气”的方式，就能把事情完成并取得完美结果的，这种乐观必须建立在正视现实的基础上，要敢于挑战困难，只有这样，才能具备成就卓越的机会。

## 三、保持务实的乐观

先给大家分享一下英特尔传奇CEO（首席执行官）格鲁夫的故事。

安迪·格鲁夫在担任英特尔公司CEO期间，经历了存储器的销售利润下滑，他召集了自己的管理团队进行了很多次研讨。团队成员表示，他们有信心提升工作效率，并且有信心比他们的日本竞争对手更快速地降低生产成本。格鲁夫对此表示怀疑，认为他们在存储器业务方面的认知会影响他们对未来的判断。因为存储器业务不仅是一个贡献收入的业务板块，还是英特尔的技术核心所在。英特尔一旦研发出新技术，就会放在存储器上先测试，对于一个崇尚技术的公司来说，这特别重要。最关键的是，其他创始人不愿意看着靠它起家的核心业务在他们的带领下关闭，这对他们来说实在是太失败了。

直到1985年，格鲁夫和另外一个创始人摩尔，就是大家熟悉的摩尔定律的提出者，还在他的办公室里讨论，心情非常惆怅。

突然，格鲁夫望着窗外，问出了企业管理学史上非常经典的一个问题："如果我们现在被踢出去，董事会招来一个新的CEO，你觉得新的CEO第一件事会做什么？"

摩尔说："他会退出存储器业务。"

于是格鲁夫看着摩尔说："那为什么我们不能自己这样做呢？"

就这样，英特尔彻底关停了带领公司创造了一个又一个辉煌的存储器业务，并裁掉了7200个职位——近公司总人数的1/3，且绝大多数都是表现很好的员工。后来，一个董事会成员在投票的时候说："这是我担任董事会成员之后，做过的最令人悲伤的决定。"

但是，因为这次痛苦却理性的转型，英特尔在之后迎来了它连续几十年的巨大辉煌。格鲁夫在这种艰难的时刻，再次做出了正确的决定。这就是英特尔历史上最著名的转型故事。

要作出具有前瞻性的选择，就必须面对现实，并以务实、乐观的态度积极探索，这是领导人成就卓越的机会。著名畅销书《从优秀到卓越》的作者吉姆·柯林斯在书中说过："面对残酷的现实，平庸的公司选择解释和逃避，而不是正视。"

我的授证版权课程"4D领导力"的老师查理·佩勒林博士，曾与一家公司的副总裁领导的提案团队合作，去争取一个数十亿美元的合同，但这支团队士气低落，让大家都很忧虑。于是他们进行了一次4D团队发展评估，其中就包括获胜概率，而该团队的获胜概率很低，只有20%左右。

这位副总裁问查理怎么办，查理说："你的问题是，你一直在说一些毫无根据的乐观的话，你需要转到基于务实的乐观上来。想象一下你每天早晨的动员讲话吧，你告诉他们，这个项目就是他们的，不可能失去，他们一直处于领先地位，只要继续努力，胜利是毋庸置疑的。"这个副总裁问："这有什么不对吗？"查理回答道："问题是很少有人相信，你说的话大家都听腻了，你需要说出完全真实的情况。你要告诉他们，这次要赢非常难，他们没有得到所需要的资源，很可能位居第二。然后在直面现实的基础上发出倡议，这个倡议要给人以希望，并能激发出快乐的情感。你要告诉他们，管理层决心要赢得这份合同，这就是为什么你会在这儿的原因，你要为团队全力争取他们需要的资源，并保证做到。”这位副总裁接受了建议，向团队传递了这种基于现实的乐观信息，全力帮助团队争取资源、协调各方面的工作，并且每三周进行一次4D团队发展评估。该团队进步明显，提升了获胜的概率，最终，他们赢得了这个合同。

在我们实际的工作中，有很多像这个副总裁一样的领导，他们富有激情，讲起话来很有“煽动性”，这本身是个好事，但是好多领导报喜不报忧，隐瞒实际情况，总是“忽悠”员工，盲目乐观，而不能务实地去解决问题；员工也是瞎忙活，没有忙到正点上。到头来，大家都是空欢喜，树倒猢狲散的情况也比比皆是。

各位学生干部，当你们面临困难的时候，会像我上面说的领导那样吗？忽视现实、盲目乐观，只能导致失败。在我们的青少年领导力训练营中，有一个“拼图”活动，要求小组六位同学用眼罩蒙着眼睛一起拼图，有一次，在一个小组中，时间已经过去一大半，同学们才拼了4块（一共有12块），而组长只是一个劲地安慰大家，“我们会完成任务的，相信我们自己”，但是他既没有盘点队伍目前存在的问题，也没有好的解决思路，他能做的就是不停地说着：“会完成任务的。别着急，别乱。”这个小组最终没有在规定的时间内完成任务。在复盘的时候，这个小组的同学们一致的感悟就是：组长乐观是件好事，但只有乐观是不能解决问题的，一定要引导大家做好分工，盘点好手头的资源，头脑风暴出拼图的思路，动员大家去尝试和发现问题，再一起想办法解决问题。

为此，要做一个乐观主义者，一方面，你需要面对现实，别逃避；另一方面，你需要保持乐观，即使面对挫折和压力，也要坚强。

## 四、如何把压力变成动力

“心流”理论的提出者，积极心理学家米哈里·契克森米哈赖说，有些人能在挫败和压力下变得更坚强，是因为他们懂得怎么把无助的状况变得有乐趣，并且在考验中变得更加强大。**他把这个过程分解为以下三个步骤。**

**首先，自信但不自我。**米哈里引用了一项针对探险家等受过极度恶劣环境折磨的人的研究。这项研究发现，那些幸存下来的人，共有的心态就是自信，但又不以自我为中心。他们并不寻求控制环境，而是努力寻找能够跟环境和谐共处的途径。他们不把环境视为敌人，也不坚持把自己的目标凌驾于环境之上，而把自己视为环境的一部分。

米哈里说："为了成功可以遵守一套并非出于自己选择的游戏规则，往往是强者必备的特征。"

举一个最简单的例子，假设在某个寒冷冬天的早晨，你本打算骑电动车去上学，却发现车子发动不了。在这种情况下，有些人发现自己要迟到了，于是越发暴躁，可能会咒骂自己的车子、拍打仪表盘，而比较理性的人会意识到，虽然自己很着急，但是电动车有自己的运行之道，必须尊重电动车的运行之道，如果没有办法发动车子，不如叫辆出租车，等放学回来，再研究车子出了什么问题，或者叫人来修理。

**其次，把注意力集中在外界，而不是自己身上。**当你把注意力集中在自己身上时，就很难再去观察周围的环境。懂得把压力转化成充满乐趣的挑战的人，很少花时间想自己。相反，他们会时刻注意周围环境的变化，不断作出反应。米哈里说，开放的态度可以使一个人更加客观，也因此更能注意到变通的可能性。

说回前例，你只有把注意力放在车子上，仔细观察车子传递出的信息，才有可能意识到原因所在，是电瓶没电了，还是哪个地方的接线出故障了？然后你就能判断自己该怎么做了。

**最后，寻找新的出路。**寻找出路有两种基本方法，一种是把注意力集中在阻挠你实现目标的障碍上；另一种是把注意力集中在全局上，看看有没有其他更适合你的目标。米哈里说，只要怀着不以自我为出发点的信心，对环境保持开放的态度，充分投入，你总能找到一条新的、变通的道路。

以上就是积极心理学家米哈里提出的，把压力和挫败转变为具有乐趣的挑战的方法。

看完这个例子，你有没有觉得这有点像之前在第五章中讲到的一个工具——AMBR，即把注意力集中在正向的事情上，树立积极的心态，努力想办法，最后就会柳暗花明。所以说，**AMBR是你在挫折、困难面前保持乐观积极**

**心态，采取务实行动的一个好工具，**大家可以继续实践。

最后和各位同学说一下，在学校的社团组织中，作为青少年领导者，你在日常中要表现出下列务实的、乐观的行为。

✓ 要经常客观地分析面临的情况，分析差距、设定有挑战性的目标。

✓ 寻找和把握改变的机会。

✓ 尝试学习新的东西。

✓ 挑战现状、打破常规、克服各种阻力、化解压力、百折不挠。

务实的乐观能营造出一个能真实地面对现实工作和学习的氛围，只有在清醒的状态下，各种创意才能被激发出来。乐观是对待生活和工作的一种态度和人生观，保持这种状态，积极地和你周围的人建立联系，并以一种包容的方式建立信任和协作，是青少年领导者们高情商的表现。

## 重点内容

• 掌握乐观的定义：乐观指的是人们对待生活拥有积极的态度和人生观，在遇到困难和挫折时依然能充满希望并能快速调整状态、恢复“元气”，积极并努力地实现目标。

• 向乐观主义者学习，培养三个心态：一是把遇到的困难和挫折视为暂时状态；二是把困难和挫折看作某种情境下的特殊现象；三是不要马上把所有责任揽到自己身上。

• 在遇到问题和挫折的时候，不要总是把问题完全归咎于自己，总是想到最糟糕的一面。可以“喘口气”，暂停一下，让自己平复情绪，并寻找一种替代方案。

• 在面对问题和困难的时候，既不要过度悲观，也不要盲目乐观，要学会保持务实的乐观。

• 把压力变成动力的步骤：一是自信但不自我；二是把注意力集中在外界，而不是自己身上；三是寻找新的出路。

## 建议行动

• 回想一下最近这段时间，你有没有悲观的时候？具体是哪件事情让你感到悲观？如果让你用“喘口气”的方式重新处理当时的事情，你会如何处理？

• 最近你碰到的最大的压力是什么？如有的话，使用把压力变成动力的步骤，让自己变得乐观和强大起来。

• 如果你是个乐观主义者，那么和你的团队成员分享一下你保持乐观的方法和措施。

• 你所带领的团队最近面临哪些困难和挑战？根据所学，你如何用“务实的乐观”鼓舞大家？

## 苏航感悟：营造乐观场域，畅想美好

本章中提到的西雅图派克街鱼场，我和父母也曾去过。的确，那里的人们看着都十分快乐，市场中热闹非凡，还有人在用自制乐器快乐地表演，路过的行人都不禁赞叹他们的生活情趣。

我能感受到，派克鱼场中的这些鱼贩，个个都被“乐观”这一情绪所感染和带动。这就让我想到了无论是在学校里，还是我们的各种社会活动中，作为一个领导者（或者想要成为领导者的你），营造乐观氛围，以及在带领团队的过程中以乐观的精神对待任何困难，就尤为重要了。

相信大家都听说过沃伦·巴菲特这位投资界的传奇人物，他和他的搭档查理·芒格，令一家原本濒临破产的纺织厂伯克希尔·哈撒韦（Berkshire Hathaway Corporation）成长为股价一度逼近9万美元的全球500强公司，而他本人就是一位彻底的乐观主义者。一位黑岩集团（Black Rock）前基金组合分析师曾对巴菲特过去40年的年度股东信进行了量化分析。他发现，在这40封股东信中，只有5封在情绪上得了负分。巴菲特极为频繁地使用了“杰出”“极好的”“不一般”等词，而即使是在那5封含有负面情绪的信中，他也对自己的公司与投资眼光抱有极大的自信，认为公司业绩下滑只是因为市场表现不好。他平衡乐观主义与现实的能力是每个领导者都应有的素质。

我个人认为，面对可能不甚满意的现状，保持乐观的方法之一就是拥有想象力，畅想未来。比如，在高二下学期的时候，我为自己列的目标之一就是在2020年元旦之前在学校举办一场TEDx活动（TED，是Technology、Entertainment和Design三个英文单词的首字母，即技术、娱乐、设计，是美国的一家私有非营利机构，该机构以它组织的TED大会著称，这个会议的宗旨是“传播一切值得传播的创意”。TEDx是由TED大会于2009年推出的一个项目，旨在鼓励各地的TED粉丝自发组织TED风格的活动），但高二下学期学习任务十分繁重，还面临着很多重要的考试，高三上学期则要开始申请大学，从中挤出时间申请TEDx授权着实不易。但我会想象，假如半年后我可以成功作为策展人举办TEDx演讲，便会有一种成就感，我就可以以乐观的心态看待短期的压力了。

另外，我觉得本章提到的“保持务实的乐观”非常有道理。我所在的学校每年的活动和项目都很多，在和同学们组织这些活动和项目的过程中，我发现有些负责同学盲目乐观，觉得我们肯定能取得好成绩，因为他们觉得我们学校的学生英语成绩普遍不错，而且视野也比较开阔，但他们忽视了一个事实——很多参加比赛的其他学校的选手，真的比我们刻苦和努力，他们的勤奋及钻研精神，我们还真的不一定能超越，而且他们个个也都非常聪明，不乏“学霸”。所以，我们要重视这些事实，并和我们的团队成员说明白，既要强调我们的优势，又要客观地说明竞争对手的长处，以及我们需要向对方学习的地方。不悲观，但也不盲目自信，只有这样，我们才能尽全力在竞赛中取得好成绩。

# 第九章　学会适度地包容

要想成为一名优秀的青少年领导者，必须具有包容的品质。这是黄色包容型场域对领导者的要求之一。无论对人还是对事，你都先要有重视、包容的心态，然后再去注意你应如何做到或者为何没有做到。简单地说，包容一是对别人的缺点保持克制，在暂时的障碍和压力下，依然保持前瞻性；二是学会放权和分享信息。过多的包容不一定更好，我们寻求的是周全而适当的包容。

下面我们就从五个方面来讲解“适度包容”。

## 一、培养包容的心态

在你的同学或生活圈里有没有这样的同学或朋友？

✓ 看不惯别人的缺点，很容易发现别人的缺点和不足，一旦发现别人有缺点，要么回避，不愿意继续交往，要么老是揪住人家的缺点不放，并用言语刺激。

✓ 说话刻薄、心胸不够开阔，俗称“小心眼”，有时容易嫉妒别人。

✓ 经常指责、嫌弃别人，对别人有诸多不满，并且因为这些不满意让自己情绪低落。

✓ 在交往中有点“玻璃心”，总是希望别人能包容自己，而包容他人对他来讲则很困难。如果遇到和他自己一样不够包容的人，很容易产生冲突和矛盾。

✓ 孤傲、不合群，融入不了人群，很难和人敞开心扉交流。

你是这样的人吗？你身边如果有这样的同学或朋友，你愿意真心和他们交往吗？

以上种种情况，都是没有包容心的表现。那么，什么是包容心呢？百度百科是这样说的：**包容心是指接纳不同的意见，包容与自己相异的想法，能全方位地考虑问题**。

所以，没有包容心的人状态是这样的：不能接纳别人的意见；对自己不喜欢的东西不能容忍，喜欢用言语刺激别人；看不到别人的优点和长处。

大家设想一下，这个世界上不可能所有人都和你的观点、意见一致吧？不可能所有人的兴趣、爱好、习惯都和你一样吧？也不可能所有的东西都是你喜欢的，对吗？这些不同、差别，甚至不喜欢，可能会让我们不舒服，但却不一定都对我们有“敌意”，如果你处处表现出敌意，那就是没有包容心的表现。所以，能够接纳、求同存异以及去除“非黑即白”的思维，就表示你具有很好的包容心态。

当我们包容、宽容别人的时候，我们就奠定了和别人合作的基础。在团队中，因为包容，我们能碰撞出更多的智慧火花、能更好地吸纳众人之长，而这会让我们的团队更好地成长，这样的团队也必将成为一个积极、快乐的高效能团队。反之，缺少包容和宽容，不仅会让你没有朋友、缺少志同道合的团队成员，也可能让很多真知灼见被抹杀、遏制。有同学举了一个例子：“在一次数学课中，我和我的伙伴合作做一个PPT。我的这个伙伴从开始到结束都没有做任何工作，我提醒了他，但他无动于衷，我心中也很生气，但我最后还是包容了他，没有埋怨。因为我知道，埋怨、指责是一种无能的表现，可能还会让我们将来无法合作，重要的是我要知道他不做的原因，并清楚地说出我的要求，让他明白下次该如何做。”

有了包容的心态，就能看到别人身上的优点和闪光点了。人都是喜欢被感激和欣赏的，因此，学会用合适的方式去欣赏和赞美别人，双方的沟通就会更加融洽，也便于更好地合作和交往。

## 二、感激和欣赏别人

这里主要给大家介绍三方面的内容：第一，人为什么需要被感激；第二，感激、欣赏与场域的关系；第三，表达感激和欣赏的方法和工具。

**美国心理学家马斯洛的“需求理论”认为，人的需求分为五个层次，分别是：生理需求、安全需求、社会需求、尊重需求和自我实现需求**。在满足了生理需求和安全需求之后，人们就会开始渴望亲人、朋友、爱、友谊，并希望能和别人建立起一定的交际关系，希望得到别人的认可，需要在周围的亲人、朋友、同事等群体中找到一个恰当的位子，这是社会需求。再往上就是更高层次的精神需求，人们一方面有获得自尊、信心、能力、本领、成就、独立、自由的愿望；另一方面需要在一定群体中有威望、被承认、有地位、有名誉、被欣赏等，这是尊重的需求。你不希望被感激和欣赏吗？每个人都需要，大家都希望被别人感激、欣赏和赞美。

在企业中大家也有这样的感觉，20%左右的员工会100%地投入工作中，属于高度敬业的员工；有20%左右的员工属于“垫底”的员工，即无论你对他们做什么，他们都不会在工作中付出更多。当然，有的单位中，这两种员工的比例可能没有那么高。那另外60%的员工是怎么样的呢？他们说，如果公司能够给予他们更多，他们也愿意付出更多，那么他们想要的“更多”是什么呢？调查显示，从统计上看，他们不会把金钱放在第一位，他们想要的就是被感激。

美国管理学教授赫茨伯格的双因素理论就说明了这样的道理：他在1959年提出的这个双因素理论，又称为激励—保健理论。他把企业中有关因素分为两种，即满意因素和不满意因素。满意因素也就是激励因素，是指可以使人得到满足和激励的因素，指的是影响人们工作内在的因素，比如，工作带来的愉快、工作上的成就感、有良好的工作业绩而受到的奖励、对未来发展的期望、职务上的责任感、职务提升等，它的作用是促进人们的进取心、激发人们的工作热情、提高工作效率。不满意因素是指容易产生意见和消极行为的因素，即保健因素，比如，企业政策与管理、监督、工资、工作环境与安全、地位与福利，它的作用是预防职工产生不满，使员工维持工作现状。赫茨伯格得出的结论是：当保健因素缺失时，人们会不满意，而当它达到一定标准后，再增加也不会提升满意度；而当激励因素缺失或较低时，其对人们的激励处于中等或一般的激励水平，而当它达到较高水平时，激励度则会大大提高。

美国普林斯顿大学公共事务教授艾伦·克鲁格和赫茨伯格有类似的观点，他认为：人们主观上过度估计了高收入对幸福的影响，事实上，一旦过了贫困线，金钱对于人们日常生活的幸福就不再具有重要意义了。它当然能买到东西，但通常无法解决人们日常生活中经历的大部分问题，比如，对孩子的担忧、人际关系问题以及工作中的各种压力等。

因此，金钱的重要性不及我们的情感需求，人们需要被欣赏和被包容的感觉，来自金钱的动力并不能持久。

哈佛大学对此也有研究，在从1938年到2013年的75年间，他们跟踪记录了724位男性从少年到老年每年的工作、生活和健康状况等，这个项目至今还在继续。2013年时，这724人中仍有60人在世，而参与研究的大多数人已经90多岁了，项目方已经开始研究他们的子孙后代，人数达2000多人。从75年的研究中，哈佛大学得到的最明确的结论是：良好的人际关系能让人更加快乐和健康，这包括三方面，第一，社会连接对我们是有益的，而孤独是有害的；第二，起决定性作用的不是你拥有的朋友的数量、不是你是否在一段稳定的亲密关系中，而是你的亲密关系的质量；第三，良好的关系不仅能保护我们的身体，还能保护我们的大脑。

良好的人际关系、人与人之间的连接离不开互相的感激、欣赏、鼓励和表扬，就这么简单。这是我讲到的第一个方面的内容：人为什么需要被感激和欣赏？

再讲第二个方面的内容：感激和欣赏与场域的关系是怎样的呢？感激和欣赏支撑着一种互相尊重和愉快工作的环境，人们在工作时如果心情愉快，那么解决起问题来就比较容易。在家庭中，表达真诚的感激和欣赏可以营造快乐幸福的氛围，在这样的氛围里，大家沟通顺畅，家庭关系和睦；在朋友中，表达真诚的感激和欣赏，大家则可以在互相尊重的氛围里愉悦相处。在青少年辅导实践中我们发现，那些“不合群”、无法融入团队的同学的这种表现通常和原生家庭有密切的关系：在他们小时候，父母对他们使用“暴力沟通”比较多，指责、抱怨，甚至拳脚相加的情况也是有的，这就给这些孩子造成了一定的“心理阴影”。为此，存在这种情况的青少年朋友一定要和父母多些深度的沟通，表达你自己的诉求，并请父母多给些表扬和鼓励，在家庭中轻松愉快地聊天，甚至说些玩笑话。当彼此之间有了欣赏、感激，家庭的氛围开始快乐愉悦的时候，无论是父母还是孩子，在与人的交往和合作上都会发生积极的变化。

加州大学医学院迪安·欧宁胥（Dean Ornish）博士的研究结果表明，感激对生命质量、疾病发生率、健康和防止早逝所产生的积极影响超过了其他因素，这说明感激对健康而言也是个积极的场域。

反过来，经过改善的场域，也就是说有着正能量的积极场域，会作用于团队中的每一个人，使表达真诚的感激和欣赏变得更容易。在四种场域的八项技能与行为中，都有这一动态机制在起作用，这样一来，就形成了一个循环：行为改变场域，经过改变的场域又反过来改善行为，如此循环往复。

那么，如何对我们身边的人表达真诚的感激和欣赏呢？这里介绍一下**HAPPS原则**。HAPPS是五个单词的首字母，它们分别是：

✓ Habitually（习惯地），即养成感谢的习惯。

✓ Authentically（真诚地），即生活在感恩的心态里，发自内心地感激他人。

✓ Promptly（及时地），即感激欣赏要趁早，要立刻表达出来。

✓ Proportionally（适度地），即所表达的感激和欣赏要与对方的行为相适应。

✓ Specifically（具体地），即对具体的行为表达得越具体越好，避免使用类似“干得好”“干得不错，继续加油”等比较笼统的夸赞语言。

这种赞美是发自内心的赞美，要具体、大声地表达出来：当你赞美别人时，一定要大声说出来，而当你想批评别人时，一定要咬住自己的舌头。

HAPPS是一个表达感激和欣赏的大原则，那么，如何具体地赞美他人呢？这里和大家分享一个**3A技术，3A是三个单词的首字母：第一个A来自“Act”，即赞美别人的时候，要先把别人的行为、细节和事实说出来；第二个A来自“Actor”，即要挖掘行为背后的动机和价值观；第三个A来自“Appreciation”，即欣赏、赞美的意思**。下面给大家举一个大学生志愿者团队负责人万同学使用3A技术赞美志愿者小兵同学的例子。

万同学是这样说的：“小兵，我注意到刚才你在接待那位女士的时候给她倒了一杯温开水，在那位女士着急嚷嚷的时候，你始终保持着微笑，还一个劲地说着‘不好意思，抱歉，我们尽力帮您办到’，经过你的协调和处理，最后那位女士还是很满意地离开了。”这段话说的是Act，描述的是事实和细节。

万同学继续说：“从这件事中，我发现你特别耐心、周到，非常有亲和力，真正做到了‘用心服务’。”这段话就把小兵的动机和价值观（Actor）挖掘出来了。最后，万同学说：“在晚上的总结会上，你可以和大家分享一下你的经验。好样的，继续加油！”最后，万同学表达的是Appreciation，即欣赏和感谢。

怎么样？是不是可以考虑用这个3A技术表扬、赞美别人呢？3A技术其实是符合人的心理诉求的。在感激和欣赏他人时，对细节、事实和行为的描述其实是在描绘一个场景、一个画面，很容易让被表扬的人产生联想并进入那个画面中，从而在情感上产生联结；而行为、事实与人的动机和价值观是分不开的，正如冰山理论揭示的那样，水平面以下的冰山部分，即动机和价值观，决定了水平面以上的冰山部分，也就是行为、知识和技能，所以，把人的动机和价值观挖掘出来，就把关键的东西抓住了，也把被表扬者的行为升华到了一定层次，最后就是自然而然的感谢和表扬了。

有人会说，当面表扬他人，我说不出口。的确有这样的人，可能是个性原因，也可能是管理风格原因，表扬着表扬着就成了批评。为此，不善于口头表扬的人，可以用邮件、微信、短信、卡片等方式，使用3A技术书写表扬信。当然，也要注意在不同4D颜色的组织中使用不同的形式，比如，绿色和黄色的团队就比较喜欢这种当面的热烈表扬，而在蓝色和橙色团队中，如果感激过于个人化，成员就可能会感觉不太舒服，所以也可以尝试使用书面的方式。永远记住这一点——有爱就要说出口，无论用什么样的方式。

从今天开始，各位同学就可以试着用HAPPS原则、3A技术，以口头或者书面的形式，向你身边的人表达真诚的感激和欣赏，让积极、感恩、温暖的场域提升你的幸福指数，助力团队绩效的提升！

## 三、不要伤害别人

这里给大家举两个例子，第一个是培训班上的学员给我讲的故事。

这位学员所在的团队前两年做了一个重要的项目，团队的负责人是猎头挖过来的专业人才，加入公司不久，这位负责人又快速地招募了另一些人，这些新人都是他原先所在单位的老部下。在项目中，这位学员能明显地感觉到这位部门负责人对公司老人的疏忽和排斥，而经常和自己原先的老部下在一起吃吃喝喝，对参加他们的活动乐此不疲。这位负责人和现公司的老人们沟通很少，在分配任务时要么把过重的任务给他们，要么给了任务又把着权力不放，出了点小问题就不依不饶，当然，还有其他的过分行为。最终，斗争爆发了，这些老人们团结起来，把部门负责人给撵走了。

这位学员告诉我，其实这个负责人的水平还是挺高的，但就是包容性太差，一碗水端不平，最后对大家的伤害都挺大的。

第二个例子和上面例子的结果截然不同。

外语学院的辩论队连续第三年在全校辩论赛中夺冠。为此，学生会主席鲁同学提议，要感谢三年来一直参与辩论赛的辩手同学以及一直在幕后做支持工作的同学。鲁同学很清楚，将任何人排除在外都会造成不良的影响，即使这种排除或遗漏可能是无意的。所以，他让宣传部专门做了一张海报，邀请那些所有为辩论赛出过力的同学在海报上签名，并领取一件T恤。令他意想不到的是，很多他从未听说过的同学都曾为这个项目出过力，他们非常高兴地在海报上签了名，并领取了T恤。在这里，我们看到是一个具有包容力的行为，其结果就是给了所有人一种被尊重的感觉。

其实，无论是在职人员，还是学生，都得职业化。作为在职人员，你得有个“打工”或者“经理人”的样子，作为学生，你也得有个学生的样子。这个“样子”指的是在合适的时间做合适的事，而合适的事情必须有正确的价值观指引。第一个例子中的负责人的问题就出在了价值观上，没有做到一碗水端平，从而在情感上伤害了部分人员，遭遇了职业上的“滑铁卢”。而第二个案例中学生会主席开放、公开、包容的做法，就是很职业化的表现。作为学生，“职业化”就是按照学校的学生规范做，相信这中间肯定包含了尊重、平等、包容等要求；而作为学生干部，做好和同学们的沟通，做事的时候公正、公平，邀请大家共同参与、群策群力，碰到困难的时候身先士卒、勇于挑战，就足以让同学们尊重和佩服，也能够加强同学们对你的信任，否则你就会让同学们失望，也会在不经意中因为你的不当行为伤害其他同学。

## 四、学会聆听

18世纪的英国政治家菲利普·斯坦霍普伯爵曾说过这样一句话：很多人宁愿你听他讲话而不是满足他的要求。

我们作为管理者，在工作中天天做的估计就是分配任务、协调各种资源、做各种计划、检查督促各项工作，有时真是忙得昏天黑地。所以，管理者有时会习惯于发号施令、给建议、提要求等，当下属和你说事时，忙得不可开交的你可能经常打断下属说话，因为你认为下属说的你都知道、你都明白，你也没有那么多时间听下属或别人说个没完。

学生干部或学生在工作和学习时也有这种情况，即在讨论问题或开会的时候更多地按照自己的主观意愿、想法去做，强势地推行自己的意见和观点，听不进别的同学的意见，甚至觉得人家的想法格调不高，“很Low（即低端、不好、不优雅、没有品位）”。

但是，你知道这样做的后果是什么吗？第一，你可能会丢失很多关键信息；第二，如果别人总是被你打断，或者你总是没有时间听他说，他可能就干脆不说了，完全听命，但他心里会想：好，既然你不听我的，那就按你说的办，出了错也不关我的事；第三，作为学生干部，如果你不愿意倾听其他同学的意见，也就不可能挖掘出他们的想法和智慧，他们只是在被动接受，你只是在用他们的手脚，而不是在用他们的大脑。这样的话，结果又能好到哪里去呢？对于学生干部和学校来说，这是多么“亏本”的事啊。

实践证明，更多地倾听同学们的意见，不仅会丰富学生干部作为管理者的思路，即使意见没有被采纳，但是同学们因为被倾听、被肯定了，也会有一种被接纳的感觉，学生干部工作的推动也会更加顺利。所以，请记住：与赢得争论相比，更需要让他们有“被聆听的感觉”。被聆听如同吃饭、喝水一样重要——最好的说服就是用上你的耳朵。

心理学中有这样一个理论：人类内心最深层的需求就是被理解与被尊重。

所以，我们青少年领导者要实现高效倾听，一定要记住三个关键词，那就是平等、理解与尊重。当妈妈又“唠叨”要吃早饭的事情时，如果我们说一句：“妈妈，我特别理解你关心我的身体，但我今天早晨没胃口，我课间的时候吃一点行吗？”就这样一句话，都能让妈妈产生很多好的感受。所以，我们需要去倾听的，首先是隐含在事件层面下、对方想表达的那些情绪和感受，其次是事情层面的，最后才是问题解决层面的。

那么，怎样做，才能进行高效的倾听呢？这里将以下四个重点给到各位同学，前两个是身体层面的，后两个是心理层面的：第一，注意倾听时的表情；第二，注意倾听时的体态；第三，非价值判断；第四，保持好奇心。下面我们逐一看一下。

**第一，倾听时的表情**。在倾听别人说话的时候，我们要注意管理好自己的表情，让自己进入一个相对平和轻松的状态中，就能创造一个良好的沟通环境。有一句话说得好：两边眉头紧皱，中间川纹一露，什么锦囊妙计，统统前功尽弃！情绪对沟通的影响非常大，因此在和别人交谈时，无论如何，即使你心情不好，或者听到自己不喜欢的话，也要尽量让自己的眉头舒展开。当然，如果能经常做到心态平和、面带微笑，就是最好的状态了。

在交谈时，要尽量减少鼓嘴，就是嘴里憋着一口气，因为那样的表情在行为心理学里代表着对对方的不认可，所以如果我们经常鼓嘴或嘟嘴，别人就会觉得不舒服。另外，抬下巴也是不好的，经常抬起下巴，会给人一种威慑感、一种无形的压力，也会让别人感觉不适。

**第二，倾听时的体态**。一般，在人与人交流的时候，身体会有防御性姿势和开放性姿势。防御性姿势的主要的特征是：抱着胳膊、坐在椅子上、跷着二郎腿，这个姿势会让人感觉到“我在提防你，不是很想听你讲话”，所以如果我们在团队成员谈话时摆出这种防御性姿势，对方就会感到不舒服。而开放性的姿势就是：胳膊打开，或者双手交叉放在腿上，坐直、坐正，这个姿势传递出的信息就是“我准备好听你讲了”，所以这个姿势是很容易让人感受到放松的。另外需要注意的就是，如果我们坐在椅子上时身体向后倾，传递出的信息就是“我不想听”，而身体前倾则代表“我愿意听”。

**第三，非价值判断**。这是我们在倾听中最重要的一个环节。非价值判断，就是无论团队成员说什么，都先不要着急评判对错，也不要急于给团队成员解决方案。

之前在做家庭教育咨询的时候曾经遇到这样一个男孩：13岁，刚上初中，平常在一家教育机构里上辅导班。有一天，他忽然对辅导班老师说："我要把学校炸了！我想拿刀砍人，砍老师、砍同学！"这可把辅导老师吓坏了，老师赶紧给孩子做思想工作："你怎么能有这样的想法？不要这么想！老师是教我们知识、帮助我们成长的，同学之间应该团结友爱、互相帮助，你不应该有这样的想法！"但老师越这么说，孩子反而越激动，最后弄得整个机构的老师都很紧张。后来，这家机构赶紧请我过来给孩子做咨询，看看出了什么问题。在刚开始和孩子交流时，我发现他的情绪确实很激动，也和我说"想炸学校，想砍人"，但是我还是保持了价值中立的原则，没有马上给孩子讲道理，或提出我的建议，我想先继续听一听孩子想表达什么，以及他为什么会有这样的想法。于是我对孩子说："你想砍人？想炸学校？我能感到你心里有很大的愤怒，可以和我说说发生了什么事情吗？"孩子说："是啊，我就是很愤怒啊！我觉得学校里的老师和同学都在针对我，他们一起欺负我！""哦？他们怎么针对和欺负你了？""最近不知道为什么，我脸上长了很多小痘痘，妈妈告诉我，那个叫青春痘，很多孩子都会长的，叫我不要在意，我自己本来就觉得挺难看的，心里就挺不舒服的，然后最近我们班有个同学看见我脸上长痘，就说我脸上坑坑洼洼的，长得又胖，还给我起了个外号。我很不喜欢这个外号，让他别这么叫！但是不知道为什么，越来越多的同学跟着叫，而且一边叫一边笑，我感觉他们都在嘲笑我，到现在我们班已经没有人叫我真名了，我心里很难受，就和班主任说了这件事，希望老师能帮帮我，但是班主任和我说，同学们可能是亲近你才这么叫，让我别介意，还说让我自己反省一下为什么同学会给我起这个外号。天啊，明明是我受了欺负！但是班主任却让我反省！这是不是他们联合起来欺负我？太生气了！我有时候真想把学校给炸了。"孩子在说这些时，我一直在静静地听，我想我现在完全可以理解孩子的情绪了，于是我和他说："我特别能理解你，我上学的时候也被别的同学起过外号，现在看来他们好像是无意的，但当时对我的影响真的很大，我也难受了好长时间，所以我非常理解你的感受。"孩子听到我这么说，表情缓和了一些，语气也平静了很多："老师，谢谢您理解我，唉，其实我也就是说说，我怎么可能真的去炸学校，真的去砍人，我就是想发泄发泄情绪。"

好了，这个案例到此为止，我们已经看到了，孩子一个看似很不好的认知和行为背后，其实都是有深层原因的。所以，如果我们肯倾听，并且不着急进行价值评判，就能了解孩子的真实意图，了解他的难过与苦衷，只有这样，我们才能真正开始引导孩子。

作为青少年领导者的你，从这个案例中又受到了什么启发？当你的团队中的同学有情绪问题的时候，你知道应该如何倾听和安慰他了吗？

**第四，保持好奇心。**我们在倾听时，要时常保持好奇，这样别人才会觉得我们很重视和他的谈话，才更愿意与我们交流。在这里，我建议各位同学多使用以下词语："嗯、哦、是吗？""真的吗？是这样吗？""然后呢？还有呢？"大家平常可以多去尝试，注意，我们要用"还有呢"，而不是"还有吗"，这是一个细节，"还有吗"给人的感觉是"赶快说"或者"我已经不想听了"，但是"还有呢"则表示一种引导，是想继续听别人讲话，所以各位同学一定要注意词语的使用。

其实，倾听的力量远远超乎我们的想象，一次良好的倾听，对他人来说，无异于一次心灵的抚慰与疗愈。最后，我想把这句话送给各位同学：被懂，是从心底被触动，是有暖意的疗愈，是温柔的亲密，是因他人的看见而看见自己。各位同学也可以把这部分内容推荐给你的家长阅读，让他们掌握这些方法，并成为孩子生命中最好的倾听者。

## 五、包容要有限度

我们提倡"适度包容"，就是既不能包容过少，也不能包容过度。举个工作中的例子：很多职场人会发现，工作中过多的邮件成了负担。我之前所在的一家公司，有的同事每天会接到一两百封邮件。这些邮件真的都那么重要，都值得我们去看、去回复吗？为此，我在公司专门设置了一个邮件规则，要求全体员工在使用邮件时都要遵循，规则并不复杂，就是在邮件的主题栏里，分情况使用三个单词。

一是Urgent，即紧急。如果邮件非常紧急，在主题栏中就可以这样写：Urgent——请于今天下午5：00之前提交报表。收到邮件的人看到带有Urgent字样的主题邮件必须优先处理。二是Act，即处理执行，这样的邮件是次紧急的。发信人可以这样写：Act——请于某月某日18：00递交某文件的修订稿。三是FYI，即供参考，发信人可以这样写：FYI——客户投诉处理的三种方法。这样的邮件，收件人可以回复，也可以不回复。有了这种邮件规则，我们的邮件处理效率大大提高了。

作为学生，在邮件的使用中也可以参考这样的方式。当然，大家在校期间可能使用即时通信比较多。比如，朋友或同学在微信群里分享一些信息，如果是不重要或仅需要你了解的，你完全可以不用回复。但是如果别人提醒你查看，或单独给你发信息咨询一些事情，你一定要尽快回复，这是一种修养和职业化的表现。

其实除了在邮件处理这方面要“适度包容”之外，在社团开会时更要注意不要过度包容。比如，有的会议要求很多同学去参加，许多同学去了之后就是旁听，既没人问他们的意见，他们也没有发言，多数人在刷手机、看电脑，整个会议的氛围单调、乏味。为此，无论是学生会，还是各个社团组织，都需要确定严格的会议制度或规则：会议不要过多，该参加的人参加即可，会议之前一定要预先通知，有会议议程，会议时间要严格控制，准时开始、准时结束，确保大家的行为都符合规范，与会成员认真倾听、记录，不看电脑、不看手机，会议结束时要对会议决议进行确认和承诺，会后要有跟进和反馈机制等。我相信，有了这样的规则，并由学生干部带头执行，会议的效率会大大提高，整个开会的场域也会是大家所期待的，充满能量的、赋能的，并且有产出的。

要想成为一名受人尊敬的青少年领导者，你必须学会适度包容。将来走向职场，要想成就一个卓越的公司，你的产品、服务也得是接纳的、包容的、以客户为中心的。

在这一章的最后，再和大家来总结一下，哪些行为可以在学校里、在学生社团中塑造包容的场域。

我们认为，至少要包括这样的行为：同学们之间要互相适度分享信息；彼此之间要建立良好的关系；学生干部要懂得适度授权；交流的时候要认真倾听；参加会议要准时；邮件发送给重要的相关人；开拓工作思路、寻找合适的合作伙伴；重视他人的建议；共同探讨问题；了解和澄清信息；开诚布公地沟通；

收集和分析信息；获得大家的支持；全方位思考，吸纳合适的人。

这样的行为对场域的影响是明显的，工作氛围真诚，同学们普遍地有一种归属感，就能激发大家的动力和凝聚力。所有人的行动会达成共识，整个团队将拥有一致的高执行力。

总结一下，要提升适度包容的品质，各位同学，你需要先培养包容的心态，学会让感激和欣赏别人成为一种习惯，用HAPPS原则和3A技术指导你的感激和欣赏；注意不要让不包容的行为伤害别人；只有成为一个好的倾听者，别人才更愿意和你交往。另外，所有包容都是有限度的，不要让自己成为一个“老好人”，也不要因为过度包容损失自己的时间和效能。

## 重点内容

- 培养包容的心态，也就是表现出接纳、求同存异以及去除“非黑即白”的思维。
- 人是需要被感激和欣赏的，这是人性中非常重要的需求。感激和欣赏可以营造正能量的积极的场域。
- 掌握HAPPS原则表达真诚的感激和欣赏，学会使用3A技术具体地赞美和表扬别人。
- 不要伤害别人，也就是在协作中，要做到“不抛弃、不放弃”。
- 没有倾听，就没有包容。人们一旦被倾听、被肯定，就会产生一种被接纳的感觉，就会建立起一种存在感，你工作的推动也会更加顺利。
- 掌握高效倾听的四个重点：注意倾听时的表情；注意倾听时的体态；非价值判断；保持好奇心。
- 学会适度包容，防止过度包容损失自己的时间和效能。

## 建议行动

- 作为学生干部，要和团队中的每位同学至少每7天进行1次不少于15分钟的沟通，对他们的行为进行有效反馈，并对他们做得好的地方表达真诚的感激和欣赏。

• 把“表达真诚的感激与欣赏”的讨论放入团队会议议程。请同学们分享关于此项行为的观察和体验，每次至少请一位同学对其观察的那位同学表达感激和欣赏。

• 制作各种样式的“感谢卡”，发给团队中的每位同学，让大家自由使用。

• 每天在睡觉之前，反思和回顾一下，今天值得自己欣赏、感恩和表扬的人和事，在第二天以当面、电话、邮件或卡片的形式，把这份欣赏和感激表达出去。

• 回顾一下最近一次你没有认真倾听别人说话的情境。别人当时是什么反应？如果让你重来一遍，你会如何使用高效倾听的四个重点？

• 把团队成员集中起来，发给每人一张卡片，请每个人写出自己观察到或体验到的被排斥的情形，不需要指出是谁造成的。在卡片的另一面，写出所有观察到或体验到的过度包容的情形，不需要指出是谁造成的。当组织者整理卡片内容时，团队成员休息一会儿。组织者将大家写的所有情况分类，并写在一张贴纸上，按发生频度的高低从上向下列出。团队成员对这些被排斥和过度包容的行为进行讨论，并制订解决这些问题的行动计划。

## 苏航感悟：包容也要有界限

在思考“如何做”之前，我们不如想想“为什么”——我们为什么要包容别人？世界上不是所有人的价值观都和你一样，人们处理事情的方式也不尽相同。所以，接纳别人并不是一种妥协，而是为自己的将来铺路。包容别人的错误，接受他人的不同意见，何尝不是一件好事？

作为有着蓝色个性的我，本章的内容让我受益良多。我的想法很多，在和同学的沟通与协作中，会率先抛出自己的想法和观点，有时会很执着地坚持自己的意见，也会坚定地去执行。但因为我的“强势”，有时也听不进别人的意见，于是有些同学就不愿意多说了。我觉得以后我应该鼓励大家多说，大家说完之后还要给予他们认同和表扬，让每一位同学都有参与感，有一种存在感。这其实就是对大家包容的一种表现。

但是包容需要有一条底线，在任何关系中，我们都要敢于守住自己的底线：凭什么，我是你的晚辈，就要任意受你无端支使？我是你的助教，就要被你谩骂？我是你的同学，就可以不被你尊重？我是你的伴侣，就要任你支配？……

弗洛伊德说，一个人必须学会合理或象征性地表达他的攻击性，否则他就会出现心理问题。

记得大概九岁的时候，我就学会了说“不”，知道了划清界限的重要性。当时我自己一个人参加篮球夏令营，也带了很多零食过去。开始几天，和室友们的相处都十分融洽，带来的零食也都会和他们分享，然而我逐渐发现，他们会不经过我的同意，随便拿走我的零食，但年纪不大的我也只好忍气吞声。直到有一天，一个室友明目张胆地走到我的床前，拿起一瓶饮料，打开就准备喝，而我意识到一味包容并不能解决问题，于是我抢过瓶子吼了出来……

但是，表现攻击性是要付出代价的，一个常见的代价就是——你可能不再是众人心中的“好人”。所以，学会控制你的愤怒，也是十分重要的。另外，包容并不是盲目与他人为伍，包容别人的行为也并不代表你需要“站队”，包容应该是一种认识，唯有深刻地认识事物，才能对人和世界的复杂性有所体谅。

一位学长曾经和我说过一句话，让我感触良多：仅仅区分对与错、好与不好，表现出表面的包容，并不是最重要的；重要的是，包容的目的是更进一步，要直面问题，然后去智慧地解决问题，让双方都得到一个更好的结果，并且还要让自己更加快乐！

希望这句话对你也有所启发。

# 第十章　培养坚韧的品质

这一章和大家分享青少年领导者的第三个重要品质：坚韧。坚韧是蓝色展望型场域中的重要品质。坚韧的定义就是**在遭遇身体及精神困难、各种压力时，坚持而不放弃的忍受力，也就是在面对各种困难和挫折时的勇气和坚持不懈**。

先和大家分享一个帝王蛾的故事。有一种蛾子，别名“帝王蛾”，很多人都对这个名字感到好奇：明明就是一只蛾子，为何能以“帝王”命名呢？我想，原因可能就在它坎坷的经历中。帝王蛾的幼虫时期是在一个洞口极其狭小的茧中度过的，当它们要从幼虫变成成虫，羽化成蝶的时候，那个狭小的洞口就成了最大的阻碍，幼虫凭借自己弱小的身躯，必须拼尽全力才能破茧而出，而很多幼虫都是在这个过程中用尽力气，也没有挣脱束缚，最后不幸死亡了。后来，有人观察到这个现象，心生不忍，于是找来剪刀，把茧上面的洞口用剪刀扩大了很多，这样一来，幼虫不必花费多大力气就可以从茧中钻出来了。但是，那些因得到帮助而见到天日的蛾子都不是真正的帝王蛾，因为它们无论如何也飞不起来！那对本来可以用来在天空中翱翔的双翅变成了累赘，它们只能笨拙地在地上爬行。这是为什么呢？其实，原因就在于那“鬼门关”似的狭小洞口，它恰恰是帝王蛾幼虫翅膀成长的关键所在，因为在穿越洞口的过程中，幼虫要多次用力挤压，只有这样，血液才能顺利输送到翅膀中去，而唯有双翅充满血液，帝王蛾才能振翅飞翔，人为地将洞口扩大，蛾子的双翅就失去了充血的机会，所以它们便永远飞不起来了。

这就是我们经常说的挫折教育的目的：只有爬最高的山、走最陡峭的路，才能收获最美的风景。是不是这样？只有经历磨难，才能振翅飞翔，成年人不要出于让孩子少“受罪”的目的，亲手剪断孩子的“翅膀”。

心理学家发现，那些经历过高度的压力却能以积极的态度面对现实的人有一种与众不同的心态，这种心态被称为“坚韧”，而坚韧往往是使人走向成功的重要因素之一。坚韧是一种可以学习的品质，青少年领导者也需要对此加以培养。

在网上有这样一个故事。

女儿对父亲抱怨她的生活，抱怨事事都那么艰难。

她的父亲是位厨师，于是把她带进厨房。他烧了三锅水，分别往锅里放了胡萝卜、鸡蛋和碾成粉末状的咖啡豆。

20分钟后，父亲把火关了，把胡萝卜和鸡蛋捞起，把咖啡舀到一个杯子里。做完这些后，他让女儿观察这三样东西的变化。女儿发现胡萝卜变软了，鸡蛋被煮熟了，而咖啡豆变成了香浓的咖啡。她怯生生地问：“父亲，这意味着什么？”

父亲解释说，这三样东西面临同样的逆境——煮沸的开水，但反应各不相同。胡萝卜入锅之前是强壮的、结实的，但入水之后它变软了，鸡蛋本是易碎的，但是经开水一煮，它的内核变硬了；而粉状的咖啡豆则很独特，进入沸水之后，它们反而改变了水。“哪个是你呢？”他问女儿。

当逆境找上门来时，你该如何反应？你是看似强硬，但在遭遇痛苦和逆境后就变软的胡萝卜吗？你是内心原本柔软，却在逆境中变得倔强的鸡蛋吗？或者你是咖啡豆吗？开水给它带来痛苦，它却让水在达到100℃度的高温时散发出最佳的香味。如果你是咖啡豆，你就会在情况最糟糕时发挥出最强大的力量和影响力，让咖啡变成一个新事物，并产生一种全新的价值。

这个故事告诉我们，面对困难和逆境不能坐以待毙，只有主动出击，在和环境紧密互动之后，你才能“升华”成另外一个你。

一位研究生同学回忆高三时的一段经历时，脸上洋溢着自豪，话语中充满着一股韧劲。她说：“高中三年时间，我一直担任体育委员，每天早上、上午、下午都要喊号、带队。这个职务对女生来说既是身体挑战，又是精力挑战，更是毅力挑战。虽然我想过放弃，但最终还是坚持下来了。潜意识告诉我，挑战困难，正是一个让我改变的机会。我要感谢这个职务，我现在表现出的抗压能力、表达能力和毅力，都是那三年锻炼出来的。”

但现实往往是这样的：有些同学家境优越，因此缺少学习和拼搏的动力；有些同学在面对压力时萎靡不振甚至走向极端；还有些同学得过且过，觉得成绩差不多就行了，不愿意也不敢挑战更高的目标；更有不少同学在面对困难时怕苦怕累，缺少坚持不懈的精神。

那么，到底应该如何培养坚韧的品质呢？在这里重点和大家分享四个方面的内容：一是对压力的认知；二是如何处理压力；三是付出勇气；四是如何做到坚持不懈。

## 一、对压力的认知

现代人的生活条件越来越好了，但压力却越来越大了。工作节奏加快，人们的欲望越来越多，不仅要挣更多的钱，还要买房、买车；在享受更好的物质生活的同时，还追求更多的精神生活。这就使得人们要比之前更加努力地工作、要付出更多时间，以至于很多人都或多或少地碰到类似的问题，如工作紧张、事业受挫、经济负担、考试压力、心灵创伤、适应障碍、缺乏信心、缺少关爱……作为学生，碰到的压力问题总体上比成年人少一些，但课外班、竞赛、父母的期望、同学关系、师生关系、爱好与专业等也同样可能会给你带来不小的压力，而学生在面对压力时又比成年人少了些解决问题的能力和坚韧的精神。

那么，如何解决这些问题呢？让我们从认知压力开始。

压力不是一种想象出来的疾病，而是身体“战备状态”的反应，是身体在意识到某种情形、某个人、某件事具有潜在的威胁或处于紧张状态的时候作出的反应。当这种情况发生的时候，大脑分泌出肾上腺素等激素，通过血管流到身体的各个部分。当它们流到心脏、肺和肌肉的时候，一种特殊的生理反应就出现了，即“战备状态”反应的症状：心跳加快、呼吸急促、肌肉紧张并准备行动、视觉变得敏锐、思维敏捷、出汗、心中不安，严重时会恶心、呕吐。多数人在这种状态下身体保持红色警戒状态，不能放松，紧张不安和焦虑随着遇到的每一件能引起紧张情绪的事情不断积累，最终导致不良后果。

那么，人的压力都来自哪里呢？这些压力可能源自社会，如社会竞争——你想比别人更出色、得到更多发展机会、获得更多认同；可能源自工作，如工作难度加大、工作难见成效、工作时间过长、领导要求过严等；可能来自金钱，如你想要薪水涨得更快、有更多的物质需求；可能来自人际关系，如上下级、合作的同事、客户、非正式的组织关系，作为学生，可能主要是师生关系、同学关系等；可能源自身体，如性别、年龄、健康、面容与体态等；也可能源自心灵，如人与人的行为与思想差别、性格差别等。

以上的这些压力源都可能给你造成刺激，让你感受到威胁，并认识到这种刺激与自己的动机、价值观和需求之间的矛盾，从而造成一系列的行为反应，产生生理和心理症状。

有的同学可能认为自己没有压力，或者认为自己的压力过少或过多。没关系，下面的压力测试题目可以帮助你判断一下你的压力情况。

说明：下面一共有30道题目，请根据你的实际情况打钩。

- 经常感冒，且不易治愈。
- 经常手脚发冷。
- 手掌和腋下常出汗。
- 会突然出现呼吸困难或窒息感。
- 时有心脏悸动现象。
- 有胸痛情况发生。
- 有头重感或头脑不清醒的昏沉感。
- 眼睛很容易疲劳。
- 有鼻塞现象。
- 有头晕眼花的情形发生。
- 站立时有发晕的情形。
- 有耳鸣的现象。
- 口腔内有破裂或溃烂。
- 经常喉咙痛。
- 舌头上出现白苔。

- 面对自己喜欢吃的东西毫无食欲。
- 常觉得吃下的东西像沉积在胃里。
- 有腹部发胀、疼痛的感觉，而且常下痢、便秘。
- 肩部很容易坚硬、酸痛。
- 背部和腰经常疼痛。
- 疲劳感不易解除。
- 有体重减轻的现象。
- 稍微做一点事就马上感到很疲劳。
- 早上经常有起不来的倦怠感。
- 不能集中精力专心做事。
- 睡眠不好。
- 睡觉时经常做梦。
- 在深夜突然醒来时不易再继续睡着。
- 与人交际、应酬很不起劲。
- 稍有一点不顺心就会生气，而且时有不安的情形发生。

大家可以对照下面的测试结果（如表10–1所示）看一下自己的压力属于哪个等级：

**表10–1　压力测试结果参照**

| | |
|---|---|
| 3项以内 | 适当的压力，比较正常 |
| 3项至10项 | 轻微紧张型，需要有适当的调节 |
| 11项至20项 | 紧张型，亮红灯啦 |
| 20项以上 | 可能有适应性障碍倾向，有必要看看医生喽 |

如果你的选项在20项以上，那就表示你可能存在“适应性障碍倾向”了，主要会有下列表现。

✓ 抑郁：考学后或达成目标后的兴奋感荡然无存，对一切都不感兴趣，自卑、自责，出现睡眠障碍、食欲减退等情况。

✓ 焦虑：紧张不安、心慌气短、无所适从。

✓ 行为障碍：如新生中比较常见的旷课、迟到、早退、逃学、寻求刺激等行为。

✓ 躯体不适：腰酸背痛、肢体麻木、消化不良等。

✓ 社会性退缩：逃避现实、独来独往、学习成绩下降、效率低下、学习能力抑制、生活能力减退、回避社交活动等。

如果你有以上的表现或者倾向，那就要去看医生了。在学校中，有这种表现的学生毕竟还是少数，但通过测试让自己了解自己的压力程度，从而正确地面对压力、做好压力管理，是每位同学都需要掌握的技能之一。

## 二、如何处理压力

### （一）提升能力，学习“无用”的知识

简单地说，当你认为处理的事情所需要的能力超越你拥有的能力时，你便会感到压力的存在（如图10–1所示），反之，当你的能力超越了处理事情需要的能力时，你感觉到的就会是轻松和游刃有余（如图10–2所示）。因此，提升你的各项能力，是降低压力的根本。

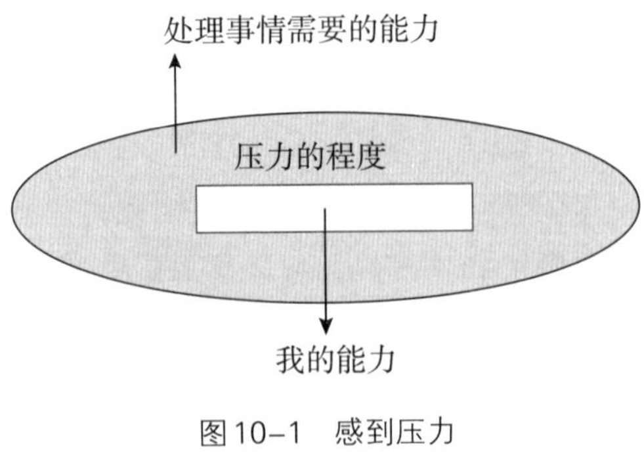


图10–1　感到压力

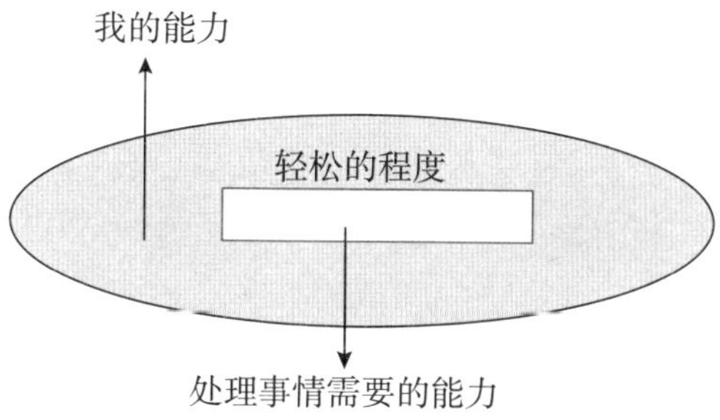


图10–2　感到轻松

有个道理大家都明白，“打铁还需自身硬”，当你拥有了十八般武艺，在面临具体的问题、困难和挫折时也就不会那么惊慌了，你的分析判断能力、问题解决能力、前瞻能力、资源调动能力，以及你的学识和经验等，在这个时候都会发挥作用；反之，能力欠缺、解决问题的工具缺乏，就会让你压力倍增。

查理·芒格先生在《穷查理宝典》一书中曾提到这样一句话：“在手里拿着铁锤的人看来，世界就像一颗钉子。”这句话是什么意思呢？就是说当你手中只有一种工具的时候，你就只能用这种工具干活：如果你只有锤子，你就只能用锤子挖地、用锤子砍树、用锤子开西瓜。而只有当你真切地感受到知识面狭隘带来的窘迫时，才会理解工具的重要性。

正如各位同学正在看的这本书，你会从中学习到提升领导力的众多的途径和方法，包括学会使用各种工具。当然，一本书不足以解决所有的问题，各位同学可以根据自己的兴趣、爱好、专业等，涉猎各种书籍和学科，也可以参加各种培训班或领导力训练营，全面提升自己的能力，并做足知识的储备。

这时有人会说：“我阅读那么多书，目前也用不上啊。”西湖大学校董会主席、清华大学经管学院前院长钱颖一教授在他的文章《如何理解“无用”知识的有用性》中这样写道：

这个命题并不是我最先想出来的。1939年，美国普林斯顿高等研究院首任院长弗来克斯纳发表了一篇文章，标题就是“无用知识的有用性”。在这篇文章中，弗来克斯纳对柯达公司创始人柯达先生认为马科尼发明的无线电收音机是最有用的发明提出质疑，认为麦克斯维尔和赫兹的理论贡献更加有用。他写道：虽然麦克斯维尔在1873年发表的电磁理论是完全抽象的数学，赫兹在1887年对他做的电磁波实验的实用价值也毫不关心，但是，这些看上去无用的研究却为后来有用的发明奠定了基础，没有他们的工作根本就不可能有后来马科尼的发明。弗来克斯纳写这篇文章是有原因的，因为普林斯顿高等研究院的使命，就是研究那些“无用”的知识。

举一个经济学的例子。我在哈佛大学的博士论文导师马斯金教授因“机制设计”理论获得2007年诺贝尔经济学奖。这个理论的起源，是研究市场经济与计划经济在信息利用上的效率问题，是抽象的理论问题，当时完全看不出在市场经济中的有用性。但是后来，机制设计理论被应用于市场中的拍卖问题，由于拍卖不仅应用于传统的艺术品，而且也应用于诸如无线频谱等产权的拍卖，所以它可以解决移动通信行业中的非常实际的问题。

再举一个工程中的例子。这是乔布斯10年前在斯坦福大学毕业典礼上自己讲的故事。他在大学一年级辍学后并没有离开学校，而是听了一些自己感兴趣的课，其中一门是美术字课。这在当时看来完全无用的课，在10年后他设计电脑上的可变字体时发挥了作用。乔布斯这样说：“如果我当年没有上这门美术字课，苹果电脑就不会发明这么漂亮的字体……”

以上三个例子告诉我们，对知识有用性的认识不能过于短视。当然，短视在全球都是一个问题，我们心目中的“有用”，往往是指立竿见影式的马上有用。我把这种急功近利式的功利主义叫作“短期功利主义”。“短期功利主义”使得我们把知识的“有用性”局限在极其小的范围内。

“短期功利主义”在教育中表现得很严重。比如，一方面，大学中人文类的专业和课程不受青睐。另一方面，毕业10年、20年、30年的校友们，他们对在大学时期所上的课的评价，却与在校生很不一样：他们感到遗憾的是，当时学的所谓有用的课在后来变得如此无用；同时又后悔，当时没有更多地去学那些看上去“无用”但日后很有用的课，比如，一些人文、艺术、社会科学类的课。有趣的是，不少美国商界的成功人士，在大学本科读的都是“无用”的人文类专业，比如，投资银行高盛的CEO劳埃德·布兰克费恩在哈佛的本科专业是历史，网上支付公司PayPal联合创始人和前CEO、《从0到1》的作者彼得·蒂尔在斯坦福的本科专业是哲学。

有许多原因，使得毕业时间较长的人对知识是否“有用”的看法会基于更加长远的考量。第一，知识发展得快，过时得也快。许多在大学里学的知识虽然一时有用，但是没有多长时间就变得过时了；第二，多数人在一生中要更换多次工作和专业，他们后来从事的工作与他们早年在大学选择的专业不一样，甚至相去甚远；第三，人们对未来预测的能力很有限，只有在事后才能看清。乔布斯这样反思：“在我念大学时，是不可能把未来的很多点连接起来的。只是在10年之后，当我回头看时，是如此的清楚和显然。”

因此，所谓“无用”与“有用”之分，大多是短期与长期之别。在学什么知识这个问题上，我们要着眼于长期，不要急功近利。我们要理解，一些看似短期无用的知识可能是长期非常有用的知识。要知道，大学教育不仅是为毕业后找工作，更是为一生做准备。

知识除了工具价值之外，还有内在价值。知识的有用性，不仅仅体现在能够提高工作成效（不管是短期还是长期）的工具性方面，知识的有用性还体现在塑造人的价值、提高人的素养、提升人的品位等丰富人生的目的性方面。

回到压力处理的话题上，当你拥有更多的能力、更多的知识储备、更多的经验和人生阅历的时候，你对自己就有了更清晰的认识，知道自己能做什么、最擅长做什么，你的信心会增强、视野会扩大，你面对压力时就能处变不惊、沉着冷静，就会对压力有掌控力，能带着幽默把一个个压力和问题化解掉。

### （二）用三步法处理压力

很多同学在面对压力时手足无措，方寸大乱。其实，处理压力是有流程、有步骤的。

**第一步，列出压力问题。**压力太大时，你可能会被压力控制，方寸大乱，不知道从何开始化解这些压力。为此，你需要把你的压力问题梳理一下，方法就是写下你正面临着的所有重要的问题。比如，大学生葛同学目前的问题就有如下这些：

- 考研的书籍还没买。
- 咳嗽一个月了还没好。
- 女朋友上周和自己闹别扭了还没和好。

- 母亲住院一周了，还没去医院看过她。
- 作为校辩论赛辩手每周得和同学在一起演练三次。
- 最近添置了很多东西，手头的钱不多了。
- 下个月要开始辩论赛了，西装还没买。
- 下周兼职公司要开员工大会，要求大家着正装，自己的白衬衣还没洗。
- 兼职公司的领导对自己写的报告不满意。
- 两个星期没锻炼身体了，感觉体力和精神状态都不太好。
- 还没有找到考研目标学校的校友资源。

当把这些压力问题写下来的时候，相信葛同学对自己压力的认识应该已经清楚了很多，原先诸多压力塞在脑海中，如一团乱麻，而它们现在清晰地展现在面前，就能帮助葛同学从被动变主动，也从孤独无助的受害者转变成积极的局势掌控者。

**第二步，把压力问题分类。**分类的目的是找到各种压力源。针对以上的压力问题，葛同学可以把与考研相关的两个问题归为“考研压力源”，把咳嗽、没锻炼身体两个问题归为“身体压力源”，把与辩论的有关问题归为“社会活动压力源”，把和女朋友闹别扭以及没去医院看母亲的两个问题归为“人际关系压力源”，把经济问题归为“金钱压力源”，把与兼职相关的两个问题归为“兼职压力源”。

之前这些问题就像“一团糨糊”，没有头绪，让自己很有压力，而现在经过归类，问题的压力源就明确了、具体了，其实无非就是那几类问题，没有必要紧张兮兮的，一个个解决呗。

**第三步，将问题“逐类解决”。**针对上述“考研压力源”的两个问题——书籍没买、校友资源还未找到，其实借助先进的互联网手段就可以解决，只不过葛同学自己要花点时间，这个时间可以是课余时间，比如，葛同学可以在同学微信群里，或者通过电话、微信等方式咨询自己的老师、家人、朋友、师兄妹等，找到这样的校友资源。不是有个“六度人脉理论”吗（六度人脉理论，Six Degrees of Separation，是1929年由匈牙利作家Frigyes Karinthy在短篇故事*Chains*中首次提出的，是指地球上所有的人都可以通过六层以内的关系链和任何其他人联系起来），简单地说就是：“你和任何一个陌生人之间所间隔的人不会超过6个，也就是说，最多通过6个人，你就能认识任何一个陌生人。”当葛同学这样去做的时候，找到校友资源的可能性就大大增加了，即使没有校友，也能找到间接相关的资源。而购买书籍的问题则完全可以通过网购的方式解决，可能也就是动动手指的事情，类似的问题，包括购买西装，同样可以这样解决。此外，利用碎片时间，葛同学可以和女朋友在微信上互动和好，也可以给领导发短信、微信表达歉意，并抽出空余时间重新改写报告。把碎片时间利用好了，就能规划出其他整段的时间锻炼身体、去医院看望母亲、进行辩论赛准备等。把碎片时间利用好、整段时间规划好，正常的时间就可以用来学习和兼职了。当有了时间和各种方法来解决这些问题的时候，葛同学就会觉得对生活有了掌控感，这和之前一团乱麻的感觉完全不同了。

在对问题进行分类的同时，可以对每一类的问题进行先后顺序排列，排列可以根据紧急、重要等标准进行，优先解决了既重要又紧急的问题，压力就会慢慢变小了。本书的第十七章会和大家分享一些分析与解决问题的工具。

### （三）六个实用的化解压力的办法

前面和大家介绍了非常实用的压力处理三步法，那么，有没有一套实用的化解压力的办法呢？答案是肯定的，那就是：**停下来、说出来、喊出来、动起来、画出来、写下来**。非常好记，也便于实践，我们一起来看一下。

**第一个，停下来。**

在此我们常用的三个办法是：使用正念放松法；使用暂停角；停下来睡一小会儿。

使用正念放松的做法就是：盯着一支笔或者其他物品一分钟；或者在椅子上坐好，闭眼，关注自己的呼吸，做15次至20次深呼吸，每次吸气4秒左右、吐气8秒左右，慢吸慢呼，直到感觉自己放松下来了，再开始学习。这是正念放松的部分。

暂停角的意思，就是在家里或者自己的宿舍中找到某个空间，或者一个角落，它不用很大，把它营造成一个让你感到舒适、能让自己心情放松的环境。它的作用就是搭建一个我们内心世界的“安全屋”，为我们提供安全感，只要身处这个环境，我们就可以迅速让自己放松下来。当有压力时，我们就可以去暂停角休息一会儿，10分钟以后再继续学习或者做别的事情。

当然，我们也可以小睡20分钟，放松一会儿，等压力情绪缓解下来了再继续。

**第二个，说出来。**

不良的情绪只有得到释放，我们才能真正放下它。这就相当于：我们被蛇咬了一口，险些丧命，那如果我们不处理掉对蛇的愤怒和恐惧，那以后我们每次再看到蛇，甚至玩具蛇，都会重新唤起这个恐惧的感觉而不敢面对。这就是心理上的情结，所以必须表达出来，而一个很好的表达方式就是倾诉。你可以找家长、老师或者你的好同学、好朋友，好好倾诉一番。

**第三个，喊出来。**

这个也是我们在宣泄压力时的常用方法。当然，喊出来，是在不打扰别人的前提下大声喊出来。那么，喊什么内容呢？什么都可以，你的不开心、你的不满，或者只是单纯呐喊，都行。如果是在家里的话，我们推荐使用枕头宣泄法或者被子宣泄法，这也是我们的训练营课程经常给青少年使用的一种方法：把自己的头全部埋进枕头或被子里，然后放声宣泄吧，在自己屋里，无论多大声音，别人都听不见，既达到了宣泄情绪的目的，又不扰民，一举两得！

当然，除了在家喊、在学校操场喊，还有更好的方法，比如，定期出游、爬山——爬到山顶呐喊，宣泄的效果更好，因为爬到山顶，第一，人有成就感，第二，在山顶上，我们的视野会变得更加开阔，情绪也更容易释然。此外，定期去唱歌，也是很好的宣泄方式。

**第四个，动起来。**

运动是非常好的减压方式，所以我们可以定期参加一些体育运动，比如足球、篮球、羽毛球、跆拳道、游泳等，运动会促进人体分泌多巴胺，使人心情愉快。

**第五个，画出来。**

绘画也是非常好的减压方式，而且绘画可以呈现出我们各种各样的心理状态。绘画减压的原理，就是我们可以通过画笔和想象填充整个画面，以使我们的内心获得满足感，从而降低压力。有很多人会在压力大的时候吃东西，如果说食物是填充我们的胃的，那么绘画就是在填充我们的心，这两种方法都可以达到减压的效果，原理是相近的。

至于绘画的内容，其实画什么都可以，只要是你想到的都行。当你画完以后，如果你愿意，还可以和身边的人交流画的内容和你的感受。如果你不知道画什么，也可以借助专业的绘画减压工具，如《秘密花园》和《神奇的曼陀罗》，这两种工具都很好，推荐大家使用：每张图上都有不同形状，是提前设定好的，只要在里面填充颜色就可以，我们会很专注而放松地完成填色这件事情，所以可以达到减压效果。这两个绘本都可以在网上很容易地买到。

**第六个，写下来。**

我们可以这样做：找张A4纸，写上近期困扰自己，或者引起自己生气、愤怒等情绪的事件。然后呢？我们可以尝试这样做，把纸揉成团，狠狠地揉，越用力越好，当然要注意安全，然后把纸团扔进垃圾桶里；或者直接撕掉它，使劲撕、撕得碎碎的，你感觉怎样爽快就怎样做。这也是很好的减压方式。大家有没有看到或经历过，高三的孩子在高考结束以后回到学校，大家一起把之前所有的复习题、卷子等全都撕掉、抛向空中？这就是一个很典型的集体减压活动。

当然，如果你不想撕掉它，也可以把想说的写在日记里，或者用微博、朋友圈等方式记录下来。写出来了，情绪有了一个出口，压力也就减小了。

压力的管理方式有很多，但并不存在“一招鲜，吃遍天”，即不可能用一个办法把所有压力都化解了。各位同学还要注意保持营养均衡、保证充足睡眠、加强运动锻炼、多和别人交流、积极敞开心扉、做深呼吸、进行瑜伽锻炼、冥想等。如果某一个办法不管用，可以尝试系统地运用各种方法。

## 三、付出勇气

### （一）勇气时刻

何谓勇气？简单地说，勇敢而义无反顾地去做某件事就是具有勇气。面对压力，主动解决问题，这是勇气；老师在课堂上引用了一个有争议的理论，敢于和老师进行探讨，这需要勇气；团队协作时，当有的同学出现失误而不自觉时，作为队友指出他的问题，这需要勇气；在禁烟场所看见有人抽烟后给予制止，这需要勇气；当竞赛接连失败时，能坚持到底、不断拼搏，这需要勇气；

在体育比赛中身体擦伤，“轻伤不下火线”，这也需要勇气。

付出勇气，说起来好像很容易，但是，如何做到呢？

大家可以设想一下自己曾经勇于挑战的困难、曾经直面的问题、曾经义无反顾地去做某件事的那个场景。

到底是什么激励着你去做这件事呢？ 1955年罗莎·帕克斯女士就遇到了这样的场景：

罗莎·帕克斯是谁呢？她是一位美国黑人民权行动主义者，美国国会后来称她为“现代民权运动之母”。2005年10月24日，罗莎·帕克斯去世，享年92岁。经美国国会提案通过，帕克斯的遗体被安放在国会大厦圆形大厅供民众瞻仰，她是获此殊荣的第一位女性，这种特殊礼遇通常只有美国总统等卓越政治人物才能享有。

最感激帕克斯的当然是黑人。美国前国务卿赖斯在追悼仪式上说的一句话最有代表意义：“没有帕克斯，我今天就不可能以国务卿的身份站在这里。”同时，帕克斯也深受白人民众的热爱，因为她在为黑人争取权利的同时塑造了美国社会的正义与公正精神，为大部分美国人争取到了一个更好的生活环境。《洛杉矶时报》记者写道：“在历史的关键时刻，有人面对邪恶的力量敢于挺身而出，从而改变了历史和文化。这就是罗莎·帕克斯留给我们的精神财富。”

帕克斯到底遇到了什么样的关键时刻呢？当年美国有白人与黑人分开坐的规定。1955年12月1日，在亚拉巴马州，帕克斯因拒绝听从公交车司机詹姆斯·F.布莱克的命令，不肯将其使用的“白人座位”让给一名白人乘客而被警方逮捕，从此一“占”成名。这起非暴力反抗的行为引发了联合抵制蒙哥马利巴士运动——一场大规模的反对种族隔离的运动。这场运动的结果，是1956年美国联邦最高法院裁决废止了公车上的“黑白隔离”，1964年出台的民权法案禁止在公共场所实行种族隔离和种族歧视政策。

那么，当年帕克斯为什么敢于不把自己的座位让给白人呢？

这和一个人的核心价值观有关系（本书第十二章有专门的关于“价值观”的内容，大家可以参考）。当一个人的核心价值观，简单地说就是他最看重的东西被外人挑战了的时候，他就会“揭竿而起”。

我们可以用一个公式表达：

**勇气时刻=核心价值观受到挑战（CVC，Core Value be Challenged）×主动性（I，Initiative）**

可以想象，当年帕克斯的勇气时刻，就来自她作为一个黑人的尊严被挑战了，所以她要抗争，她要行动。

我的老师查理博士当年在哈勃望远镜出事之后，主动要求承担修复哈勃望远镜的责任，这就是他的勇气时刻。据他说，当他在电影院看到哈勃望远镜的画像成为别人的笑柄时，他追求高品质和卓越的价值观就受到了挑战，这极大地激发了他主动承担修复重任的勇气。

### （二）培养勇气

想象一下，你是否能处理好令你恐惧或者关注的情境？例如，你第一次SAT考试失利了，是否还敢于向高分挑战？作为团队领导者，你们的团队已经在小组竞赛中两次败北，有的同学准备放弃，有的同学开始抱怨，你准备如何处理这些事情？

以上的这些场景，就是培养你的勇气的时刻，勇气是需要在实践中培养的，为此，可以从以下四个方面入手。

**一是确立自己的价值观和目标。**价值观是你做事的准则，是你站在十字路口时的抉择标准，是你的行动指南，而目标是你做事的方向，是你要达到的程度，或者做成的结果。比如，“勇气”“正直”可能是你的价值观，而“我在某年某月之前一定要把托福考到115分”则是目标。这些表示价值观的词是“务虚”的，但目标一定是“务实”的，价值观一定要通过具体的行为落地。

**二是要寻找机会。**有时候挑战会自己找上门来，有时候则要发现挑战，当然，更多的时候，这两种情况都有。领导力专家库泽斯和波斯纳对最佳个人领导经历的研究表明，保持不变不是最佳的领导行为。领导者更应该发现机会，挑战现状，打破常规。这就意味着，领导就是奋斗，是一项艰辛的工作：发现新途径、挑战现状的过程往往困难重重并充满风险，然而我们应该记住，挑战是成就卓越的机会。

下面这位上高三的薛同学，就是一位敢于挑战、善于利用资源并能抓住机会的社团负责人。

从小学到高中，薛同学在同一所学校度过了12年的时光。在这12年间，她从一个默默无闻、害羞内向的小女孩，成长为从容自信、敢想敢做的追梦人。在这片自由生长的土地上，她在各种活动中绽放光彩，于社团活动中独挑大梁，更在脚踏实地的探索与尝试中找到了属于自己的人生方向。

初中的活动悄然促成了她的转变，而在高中的舞台上，她勇敢地独挑大梁，创建了“爱书社”社团，并将之做成校内著名社团之一。这个社团为全校搭建了一个二手图书分享、交换的平台，让资源得到最大的利用，并定期将多余的书籍和义卖款项捐赠给有需要的贫困地区和学校。

“爱书社”在创建之初也是困难重重。薛同学当时感觉仅凭个人之力，很难有足够的号召力让全校的同学都参与进来，影响终归有限，而如果不形成规模，这个项目的意义就会减弱很多。

面对这个困难，她突发奇想，希望和学校的图书馆进行合作，借助图书馆的力量扩大社团的知名度和参与度。当她鼓起勇气和管理员协商后，竟得到了老师们的一致认可，辅导员李老师也给予了她极大的肯定和支持。

在社团举办的图书交换活动中，“爱书社”共收集到图书400余本，最终半价购买、交换了200余本书，而余下的书也捐赠给了对口的希望小学、郊区学校及孤儿院等有需要的机构。

“所谓垃圾只是放错了地方的资源，希望我们能将不再需要的资源放到合适的地方，让更多人受益，让智慧传播得更远。”作为社长，薛同学在活动感受中如此写道。

组建社团、联系机构、投身于活动，这些事情不仅让她锻炼了领导能力、沟通能力，更让她渐渐看清了自己感兴趣的事情和方向。

“她很清楚自己想要什么，确定目标后，她就会义无反顾地去争取和努力。所以我们全力支持她的想法。”高三辅导员秦老师如是说。

**三是追求“小小的成功”。**各位同学不要把这种机会或者挑战看作巨大的、像“大山”一样的困难和挑战，或者巨大的变革。有时候，把问题分解、逐步解决，从简单的事情做起，从一些小事情上积累大家对你的认同，为你将要尝试的事情建立一个示范，这都是追求“小小的成功”的表现，也都是改变，都是创新，同样是挑战和付出勇气的表现。比如，作为班长，同学们上课看手机的情况比较严重，你在充分了解了情况以及同学们的想法后，配合班主任作出相应的规定，使上课看手机的情况锐减，这就是小小的改变，就是我们说的“小小的成功”或者“小小的胜利”。我们对未来要有宏伟的憧憬，但是我们从现在走到未来，要一步步地行进。有时候我们会走弯路，也会在路途上遇到障碍，但我们要始终坚持、步步向前。

各位同学，当你们追求“小小的成功”时，就可以为这种成就感所激励，得以继续前行，还能得到以下好处：

✓ 为下一步更大的成功、更好的成绩打下基础。

✓ 有了小小的成功，就不用再走回头路，可以不断前行。

✓ 减少身边反对的声音，得到家长、老师和同学的支持，不断给自己提升信心。

✓ 让自己脱离感觉和想象，进入落地和实践、收获的层面。

✓ 提升自己的成就感和价值感。

**四是塑造团队中的信任氛围。**敢于冒险、付出勇气，有时候会让你犯错误，但是卓越的领导者视错误为学习的机会。库泽斯和波斯纳发现，相对于那些很少从错误中学习的领导者而言，越是热衷于学习的领导者，就越能卓有成效地完成工作。正是这种学习态度营造出的氛围，使人们敢于犯错，并愿意在错误中学习。

相信很多同学都玩过“背摔”的游戏。比如，你现在就在背摔活动现场，你排在第二位。第一个同学登上了高台，两臂交叉抱于胸前，然后向后倒下。不幸的是，这时候团队成员都忘记了他们该做的事情，于是这个同学摔在了地上，扭伤了脚踝，被送去了医院。下一个轮到你了。这时候，你是什么样的感受？你会继续向后倒下去吗，为什么？

关键的一点是，如果我们不能确定自己在“背摔”的时候能被接住，我们就不会愿意冒这个风险。

因此，当其他同学各就各位，重新学习了成功接住背摔同学的技巧，每个人都专心致志、彼此负起责来，并且鼓励你，整个团队营造出“信任”“负责”“协作”的场域时，你的安全感就会大大增加，你就敢去冒险。

所以，要培养自己的冒险精神，就要敢于付出勇气，就有责任营造你所在学习小组、班级或者是团队的信任氛围：当自己犯错误时，要敢于承认，并且向大家致歉；当你把事情搞砸时，不要有过大的压力，要敢于说“我错了”“我不行”等，要向大家寻求帮助；当其他同学正在尝试有难度、冒风险的事情时，不要冷嘲热讽，要为他们喝彩；当同学冒险失败后，要奖励他们在冒险过程中所采取的正确行动，而不是惩罚他们的过失；要经常庆祝“小小的胜利”。

## 四、如何做到坚持不懈

坚韧品质的培养，需要的不仅是正确认知压力、做好压力管理、勇于挑战困难，还要能够把认准的事情坚持下去，把事情做对、做成。

对于认准的事情，你必须参与、付出，100%地投入其中，而不能坐等结果。当你开始投入，你就会发现人与环境对你都具有极其深远的意义和价值。你必须努力掌控自己的生活，努力影响当下，即便你所有的尝试都没有获得成功，也不能沉溺于无助和消极之中。

那么，如何100%地投入呢？其实，我们的投入程度和心流有关。先给大家讲一个现象：比如你过几天要过生日，家人允诺送你一双你喜欢的限量版球鞋。在从家坐校车回学校的路上，你目光所及之处，一路竟然发现了3个人穿着那双限量版的鞋。你也很奇怪，这限量版的鞋，平时几乎见不到有人穿，为什么今天却看到了3个人穿？

有时候，事情就是这么不可思议。一次，在美国洛杉矶的迪士尼乐园里，旅行团的一位同事把脚崴了，于是我们在客户服务中心租了个轮椅，轮流推着这位同事游玩。一天下来，我注意到，迪士尼乐园里有许多轮椅在我们面前晃来晃去，于是感慨腿脚不便的人可真不少啊，原先可真没留意到。

前面和大家举的两个例子，无论是看到3个人穿限量版球鞋，还是看到众多的轮椅，都是沉浸在一种100%投入的状态中，注意力在哪里，能量就流向哪里，这种状态在心理学上被称为“心流”。

“心流”是指我们在做某些事情时那种全神贯注、投入忘我的状态——在这种状态下，你甚至感觉不到时间的存在，在这件事情完成之后我们会有一种充满能量并且非常满足的感受。“心流”有这样的几个特征：

✓ 这是我们想要从事的活动。

✓ 我们能专注于这项活动。

✓ 有明确的目标。

✓ 有实时反馈。

✓ 对这项活动有控制感。

✓ 在从事这项活动的时候，忧虑感消失。

✓ 主观时间感改变，感觉不到时间的流逝。

还记得我讲过的查理博士的哈勃望远镜失败的案例吧？后来查理博士筹集到了6000万美金，带领团队成功修复哈勃望远镜。他说，当时所有的创伤和争议都让他100%地投入了修复望远镜的任务当中，而100%的投入让他自然而然、神奇地找到了解决方案。

大家都知道100%投入的重要性，也知道全身心的付出能带来成果，但真的遇到困难了、坚持不下去了，我们该怎么办呢？这时候，一定要在内心坚定地告诉自己：“加油，再努把力，成功就在眼前！跨越了极限，一切都会变得轻松。”

我们的青少年成长训练营里有一节课，就叫“坚持”，目的是让青少年看到自己的潜能。我们刚开始让这些同学举起一只手臂，然后问他们：“你认为自己能多长时间一直举着不放下？”很多同学回答3分钟、5分钟，也有同学回答10分钟、20分钟。结果在这节课上，我们通过老师的陪伴与引导、同学们之间的相互加油和鼓励，最终，每个同学的手臂都足足举起了60分钟没有放下！每一次我上这个课程，结果都是一样的！有很多同学和我说，他们之前根本没有想过会是这样一个结果，原来自己有这么大的潜力！这是我们的“坚持”课。

还有一节“情绪表达”课，目的是提升同学们的自信心与表达能力，这个课程需要同学们站在离地面2米左右的高台上，大声向下面所有的同学说出自己内心的想法。有一次，一个初一的女同学，平常非常内向，当她上台的时候，她在高台上站了足足10分钟，还是不敢说话，但是台下的同学和老师没有感到厌烦，而是一直给她加油打气。又过了几分钟，这位女生小声和我说：“老师，我做不到。”我对她说：“确实很难，但值得试一试，你已经站在高台上了，只要敢于再迈一步，你一定会发现，其实没有那么难。要不这样，你就只说一句话，大声地告诉大家，你叫什么名字，好吗？”女孩看看我，低下了头，攥紧了手，10秒钟过后，当她抬起头来的时候，我看到她的眼中满是坚定，她对我说：“老师，我不要说一句话，我至少要说10句！”这可真的出乎了我的意料，我感到非常欣喜。最终，这个女同学突破了自我，她在台上大声地讲出了自己的心里话——足足3分钟！后来她从高台上下来和我说：“老师，我忽然感觉轻松了很多，真的，在别人面前说话，没有那么难。”

好了，故事就讲到这里。所以当我们快要撑不住了、快要放弃时，一定要给自己鼓励：“我可以的！再试一次，再坚持一下，挺过去，我就适应了，下一次就没有那么难了！”

在这里给大家推荐一部影片，叫作《面对巨人》，大家有时间可以找来看看，对于我们如何鼓励他人，让他人变得越来越自信，这部片子有着非常好的教育意义，就像它里面一句很有名的话一样：“Don’t stop. You got more in you than that.”（“不要停，你能够做得更好！”）

成就“褚橙”品牌的玉溪红塔烟草集团有限责任公司原董事长褚时健说过这样一句话：“不勤快的人，在任何时候都不会有好结果，人间正道是沧桑。我相信这些基本理念，人有顺境逆境，情况不好的时候不要泄气，情况好的时候不要骄傲，做人才能长久。”

## 重点内容

• 掌握坚韧的定义：在遭遇身体及精神困难、各种压力时，坚持而不放弃的忍受力，即在面对各种困难和挫折时的勇气和坚持不懈。

• 了解压力的六种来源：社会、工作、金钱、人际关系、身体、心灵。

• 使用压力测试题目，了解自己的压力等级。

• 掌握压力处理的两种方法：一是提升能力，学习“无用”的知识；二是用三步法处理压力。

• 学习用三步法处理压力：一是列出压力问题；二是将压力问题分类；三是将问题“逐类解决”。

• 掌握6个实用的化解压力的办法：停下来、说出来、喊出来、动起来、画出来、写下来。

• 明白坚韧需要付出勇气的道理，掌握勇气时刻的公式：勇气时刻=核心价值观受到挑战（CVC，Core Value be Challenged）× 主动性（I，Initiative）。

• 学习培养勇气的四种方法：一是确立自己的价值观和目标；二是寻找机会；三是追求“小小的成功”；四是塑造团队中的信任氛围。

• 培养坚韧的品质，要把认准的事情坚持不懈地、100%投入地做下去，并且在遇到困难的时候给自己正向的心理暗示和鼓励。

## 建议行动

• 使用压力处理三步法解决你目前面临的压力问题，也可以使用易记易操作的6个办法来化解你的压力。

• 回忆一下你曾经的最佳领导案例，有没有核心价值观被挑战的时候？如有的话，是哪些价值观被挑战了，你是如何做的？

• 在你的团队中组织大家进行“如何培养勇气”的分享会：大家是如何坚守自己的目标，将自己认准的事情坚定不移地做下去的？这中间遇到了哪些困难，又是如何克服的？取得了怎样的一步步的胜利和成功？

## 苏航感悟：坚韧就是释放激情与坚持的力量

每个人在学习、工作和生活中都会面临很多压力和问题，有的人会把事情越搞越糟、越做越乱，一个很重要的原因就是不会做时间管理。我前些时候看微博的时候，发现有人将自己的电脑桌面设置成了类似下方的图片，并且把相应的文件放在各处以区分事件的紧急程度（如图10–3所示）。

| Important and Urgent<br>（重要并紧急） | Important but Not Urgent<br>（重要但不紧急） |
| --- | --- |
| Do First<br>（马上做） | Schedule<br>（计划做） |
| **Not Important but Urgent<br>（不重要但紧急）** | **Not Important and Not Urgent<br>（不重要也不紧急）** |
| Delegate<br>（授权做） | Don't Do<br>（减少做或不做） |

图 10–3　时间管理矩阵

这个表格就是著名的Time Management Matrix（时间管理矩阵），它将人们面对的所有事项分为四项——（右上角、第一象限的）重要但不紧急，（左上角、第二象限的）重要并紧急，（左下角、第三象限的）不重要但紧急，（右下角、第四象限的）不重要也不紧急。四象限法则确立了处理问题的优先级，帮助我们缓解了压力。

按照我的理解，我们必须首先完成上图中第二象限的重要并紧急的任务。比如，今天是星期天，明天我要交一篇小论文，那么我今天得优先完成这件事情。其次要做的就是第一象限的重要但不紧急的事情。比如，在五个月时间内，我需要写完一篇4000字的英语研究论文，那么，我现在就需要提前跟指导老师选定题目、收集资料、按期完成一定的写作量、反复修改，只有经过一步步的铺垫，才能按时完成任务。之后是完成第三象限的不重要但紧急的事情。比如，我所在的宣传部的一个同学约我见面说海报设计的事情，我就可以在微信上和他说明具体的设计要求，授权他在若干天之内做好初稿给我看就行。至于第四象限的不重要也不紧急的事情，就不需要管它。比如，手机上标明是骚扰电话的来电我可以不接；我父亲让我陪他一起参加一个他和同事的饭局，如果我觉得对我不重要也不是必须参加，我也完全可以不参加。

这就把看似迫在眉睫的诸多任务分解成了四项，我们就可以分清轻重缓急并从容应对，安排好时间，逐一解决。

做好时间管理、处理好压力，都是锻炼坚韧品质的重要方面。坚韧真的这么重要吗？按照本章的说法，坚韧“就是在面对各种困难和挫折时的勇气和坚持不懈”，这个说法和我之前看过的一个著名的TED演讲者安杰拉·达克沃斯（Angela Duckworth）关于“坚毅（GRIT）”的说法不谋而合。达克沃斯从2007年起就对“坚毅”进行研究，她认为：坚毅比天赋更能预测一个人未来的表现。在遇到挫折、失败时，仍能坚持不懈地朝着自己的目标努力，这才是决定长期成功的因素。达克沃斯在她的著作《坚毅》一书中，还这样写道：“坚毅是一步步地走下去；坚毅是牢牢地抓住自己感兴趣又有意义的目标不放；坚毅是日复一日、年复一年地投入具有挑战性的练习之中；坚毅是摔倒了7次，第8次再站起来。”

这就让我想起了我练习小提琴的经历。3岁多的时候，我就在妈妈的要求下开始学习小提琴，按照老师的说法，我在这方面不属于特别有天赋的孩子，但是我自己有兴趣，妈妈也觉得我应该培养一门艺术才能，因为这可以使我受益终身。所以在“提前干预”之下，我开始了十几年的小提琴学习和练习，直到现在也没有放弃，即使学习再紧张，每周周末我还要练习半小时到一小时。从刚开始拉小提琴就像“拉锯”一样，到目前可以代表学校和来自国外的乐团一起登台演出，这十几年的坚持，让我找到了意义和乐趣。感谢你，我最亲爱的妈妈！

# 第十一章　勇于承担责任

百度百科对“责任”是这样解释的：对责任的理解通常可以分为两种：一是指社会道德上，个体分内应做的事，如职责、尽责、岗位责任等。二是指因没有做好自己工作而应承担的不利后果或强制性义务。在这一章中，我们要讲的“承担责任”，更多指尽职、尽责、把事情做好，达成结果。

人生在世，都必须履行自己的职责和责任，上对社会、国家，下对自己、家庭、朋友、股东、同事、合作伙伴、工作和事业等，都要负责任、尽义务。

但是我们经常看到的社会现象是：有些人消极避世，觉得无力改变这个社会；更多的人疲于奔命，为“钱”所累，压力巨大；还有很多人只是基本完成自己分内的工作和事情，觉得差不多就行了；而“事不关己，高高挂起”的情况更不少见。

在我们学生中又有哪些现象呢？在篮球比赛中，有的同学扮演着“超级明星”，拿到球就投，从不传给别人；有的同学每天拿着手机“刷屏”，关注了太多的事情，对自己的学习成绩却好像无所谓；有的同学在学生会选举中失败了，怨天尤人，在宿舍里发脾气，回家后还和父母争吵；有的同学在一起做项目时坚持己见，毫不妥协，致使团队无法达成共识；有的同学作为学生干部，带领的同学在比赛中失利，赛后批评来批评去，还总找客观理由；班级里晚自习，有的同学调皮捣蛋，影响了大家，不少人对此无动于衷，不敢给他们指出来；等等。这些现象，各位同学觉得是勇于承担责任的表现吗？

我国近代思想家梁启超曾经说过：“人生于天地之间，各有责任。知责任者，大丈夫之始也。行责任者，大丈夫之终也。自放弃其责任，则是自放弃其所以为人之具也。是故人也者，对于一家而有一家之责任，对于一国而有一国之责任，对于世界而有世界之责任。一家之人各各自放弃其责任，则家必落。一国之人各各自放弃其责任，则国必亡。全世界人人各各自放弃其责任，则世界必毁。旁观云者，放弃责任之谓也。”

所以，承担责任是一个庞大的社会话题，而作为国人和将来要成为社会人的学生，培养责任意识、树立积极的心态、主动践行责任行为，一方面能在学校中更好地团结同学、融洽师生关系、互相协助，更好地进步；另一方面将来走向社会成为职业人，也必定能更加健康快乐地生活，在自己有兴趣和擅长的领域中获得发展，为社会的进步作出贡献！

那么，作为学生，如何提升“承担责任”这项品质呢？我着重从以下五个方面和大家分享：一是树立积极的心态，积极的心态是承担责任的基础；二是使用积极的语言，积极的语言是承担责任的驱动器；三是明确自己的定位，敢于指出问题，明确的定位是承担责任的导航仪；四是扩大你的影响圈，避免注意力转移，影响力是承担责任的压舱石；五是坚守责任的进程，责任的进程是承担责任的仪表盘。

## 一、心态积极，正确选择

美国畅销书作家杰克·霍吉在其著作《习惯的力量》中有句广为人知的名言：思想决定行为，行为决定习惯，习惯决定性格，性格决定命运。这句话强调了习惯的力量之强大。但好习惯的养成，离不开积极的思想和心态。世界上有两种人：一种人积极处世，为自己的一切承担责任，他们主导自己的生活；另一种人怨天尤人，被动处世，经常被生活牵着鼻子走。

在生活和学习中，各位同学每天可能都会碰到几十甚至上百个选择机会，要么积极处世，要么被动反应。在一天中你可能会碰到：早晨一出门是雾霾天、公交车上挤得水泄不通、同学的饮料不小心洒到了你的新衬衫上、今天的小测验你又垫底了、老师和你谈话说你最近在社会活动上时间花得过多、学习成绩下降厉害、学生会开会时另一位同学毫不留情地说你的活动创意毫无新意……面对这些情况，你该如何做呢？你的情绪怎样？你在行为上又该如何选择呢？你是愿意积极应对，还是被动应付？主动权掌握在你手中，不一样的选择，就会产生不一样的结果。

每个人在生活中都会遇到各种困难、挫折、挑战，面对这些遭遇（刺激），如果我们选择正确，它们就可以给我们带来成长的快乐。只要我们选择正确了，我们的回应还会反过来影响我们的刺激源。

在刺激与回应之间，人有选择的自由。

选择的自由包括人类特有的四种天赋，除自我意识之外，还包括是非观、想象力和独立的意志（请参阅本书第六章的具体讲解）。独立意志使我们能超越现状，让自己的内心不再受现状的控制。现状是外在的，而自由其实是内在的，我们无法改变外部环境，但是我们可以控制自己，最终影响生活中外部环境对我们的控制。

我们不能改变环境，但我们能改变受环境影响的心态：没有你的准许，谁也不能伤害你。

记住，千万别放弃你的力量，正确的选择就是你的力量。

有了积极的心态，作出正确的选择，你才具备承担责任的基础。否则，设想一下，在消极和被动的心态下，你愿意承担责任吗？

## 二、使用积极的语言，“红转绿”

简单地分，语言可以分成积极的语言和消极的语言。

积极的语言，就是正面的、赋能的、提气的、有激励作用的，可以让别人的绩效提升的语言，我们可以把这类语言称为“绿色语言”，比如，老师对小张同学说：“小张，这个活动你是有能力组织好的，放心做吧，出了事我帮你担着。”当老师说出种绿色语言，我相信小张同学肯定会热血沸腾、信心满满地做事。

消极的语言，指的就是泄气的、指责的、抱怨的，让别人能量下降、绩效降低的语言，我们可以称之为“红色语言”，比如，“我无法让学生会其他人听我的，所以我再尝试也没有用”。这样的语言只能让自己的意志消沉，缺乏动力，也不会做出成绩来。

同学们在学习和生活中，会经常说绿色语言、红色语言，也经常被这两类语言包围着。设想一下，在学校和班级中，如果每个人都能用积极的语言欣赏、鼓励、表扬、感激别人，营造出的将是积极向上、充满正能量的氛围，学校的教学质量、同学们的成绩肯定差不了。反之，如果大家都是抱怨的、指责的、批评的，同学们所在的集体或者团队充满了负能量，在这样的氛围中学习或做事，你能踏踏实实、尽心尽力吗？如果没有人努力学习和做事，无论是学校、班级，还是各种学生组织，我相信，最后的成绩肯定也会一塌糊涂。因此，经常说绿色语言，就是主动、积极、承担责任的表现；而经常说红色语言，就会让自己无故耗能，无法积极地承担起责任。

要用积极的语言营造正能量的场域，大家先要学会识别哪些是红色语言，哪些是绿色语言。看看下面的语句，哪些是红色语言，哪些是绿色语言？

第1句：短时间内提高学习成绩对我而言太困难了。

第2句：小刘同学的理解能力有问题，我说了半天他也不懂，授权给他没什么用处。

第3句：你无权进行调整，你只是个学生会干事。

第4句：没有关注到场域问题是哈勃望远镜等事件的根本原因。

第5句：我们没有借口不做到最好。

第6句：我会全力和我学生的家长沟通，直到他原谅我们这次失误。

在这六句中前三句是红色语言，后三句是绿色语言。

拥有积极心态的人的想法是：操之在我。通常，绿色语言的范式是这样的：

✓ 试试看有没有其他可能性。

✓ 我可以选择不同的做法。

✓ 我可以控制自己的情绪。

✓ 我可以想出有效的表达方式。

✓ 我能选择恰当的回应。

反之，有着被动心态的人的想法是：受制于人。通常，红色语言的范式是这样的：

✓ 我已无能为力。

✓ 我就是这样一个人。

✓ 他使我怒不可遏。

✓ 他们不会接受的。

✓ 我深深地感到沮丧。

如何将拉低别人绩效的红色语言转变成赋能的绿色语言呢？回到前面的那句话：“小刘同学的理解能力有问题，我说了半天他也不懂，授权给他没什么用处。”大家能够感受到，这位学生干部的心情是有点生气和郁闷的，红色的语言不仅让别人不舒服，也会让自己难受，因此我们可以这样将它转变成绿色语言：“小刘同学也是有很多优点的，在这件事情上，我需要更加耐心地与他说话，用他能够理解的方式和他沟通，并且看看他哪方面需要我帮助，我可以逐步给他授权。”这样说的时候，你会不会感觉心情平静和舒畅些呢？

**在以上的“红转绿”当中，用到的是加入具体方法、措施的方式，这是“红转绿”的第一种方法。**我们再看另外一句：“短时间内提高学习成绩对我而言太困难了。”如何在其中加入方法和措施？你可以这样说：“对我来说，短时间内要提高成绩，就必须在三个方面加强：一是增加课后学习时间；二是今天就向班里的‘学霸’请教；三是给自己做个翔实的行动计划。这样的话，我的成绩快速提升应该没问题。”

当然，对于将红色语言转变成绿色语言，大家肯定还有其他方法。在这里再给大家介绍一种方法，那就是**用4D流程将红色语言转变成绿色语言**。大家一定还记得绿色场域是感激、欣赏，黄色场域是包容，蓝色场域是展望，橙色场域是指导或提要求，如果我们把感激、包容、展望和指导或提要求，看成一个说话的流程，这个流程就可以叫作4D流程，把它用在“红转绿”当中可以吗？

再用上面的红色语言做例句：“你无权进行调整，你只是个学生会干事。”我们可以用“绿黄蓝橙”这个流程这样说：“在这个项目上，你特别主动，做了一些准备工作，真的值得肯定和表扬（这是绿色场域的欣赏）。昨天你找我想聊聊下阶段的计划，我因为正在协调另外一个事，也没能和你细谈，抱歉啊（这是黄色场域的包容）。你手头的这个项目，从目前秘书处的整个工作安排上讲，是重点之一，对扩大学生会的影响力肯定有帮助（这是蓝色场域的展望）。目前鉴于你的部长在外学习，作为干事，你看能否抓紧和你的部长说说，让他给你足够的授权，把下一阶段的事情统筹安排下？我明后天也都在，你可以随时来找我商议（最后一句是橙色场域的指导或提要求）。”

怎么样，是不是又多了一种方法？可以用4D流程将红色语言转变成绿色语言。

当然，**4D流程法也可以简化成两种方法，第一种是直接使用橙色场域的指导或提要求，第二种是使用绿色场域的感激表扬+橙色场域的指导或提要求。**这两种方法在将抱怨、指责的话转成绿色语言上的效果特别好。

看看这样的场景。

你是一学生会宣传部的部长，正和戴同学所在的活动部一起做一个项目。昨天都到时间节点了，戴同学也没有交活，更没有给你反馈。因为平时关系还不错，于是你今天找到他，说话很直接：“小戴同学，怎么搞的，咋说话不算话啊，到现在你们的活都还没出来，你们活动部这执行力也够差的。”听到这样的话，就算你和戴同学的关系再好，戴同学也会很不舒服。你在这里用的就是抱怨的语言，如果你用刚才提到的直接使用橙色场域的指导或提要求，戴同学就会感觉舒服些：“唉，小戴同学，到时间了，你们的活还没交啊。这样吧，再给你们两天时间，务必交差啊。”这样的橙色场域的提要求的话比起抱怨的话稍微令人感觉舒服些，但还是略显生硬，所以你可以用绿+橙的方式来说：“小戴同学，最近你们团队都在加班加点干吧？同学们都辛苦了。你们做的那部分，再给你们两天，两天后务必交给我们。”这是不是更好些呢？当然，如果你用4D流程说，那就更加通情达理、周到圆满了。

**总结一下，这里给大家介绍了两种将红色语言变成绿色语言的方法，一是加入方法和措施，二是使用4D流程，使用4D流程时又可以将其简化成两种方法，**大家可以琢磨着用，找到最合适的方法。

要将红色语言转变成绿色语言，大家先要有意识地把学习、工作和生活中的红色语言找到，要注意自己经常说的这些红色语言，并主动培养一种说绿色语言的好心态。在学校里可以找一个伙伴，当你说红色语言的时候，除了你自己要意识到之外，他也要帮你指出来，尝试把这些红色语言当场转变成绿色语言，我相信，这样的方式会帮助你养成合作和提升团队效能的好习惯。

学会识别红色语言，坚持用绿色的积极语言来自我激励、欣赏和赋能他人，能为你的承担责任提供一个很好的驱动器，便于营造正向、高能的团队氛围，提升生产力和团队绩效。

用海尔张瑞敏先生的一段话作为这部分的结尾。

你要永远学习积极、正面的东西，不看、不听那些消极、负面的东西。一旦你吸收了那些有毒的思想，它就会腐蚀你的心灵和人生。在生活当中，你要知道你怎样对待生活，生活就会怎样对待你，你怎样对待别人，别人就会怎样对待你，所以你不要消极抱怨，你要积极，永远积极下去，就是那句话，成功者永不抱怨，抱怨者永不成功！

## 三、明确定位，敢于“亮剑”

每个人在社会中都扮演着很多角色：你是学生，但同时是父母的儿子或女儿，是别人的兄弟姐妹，还是别人的同学或好朋友，你可能还扮演着学生干部的角色，当然还有其他角色。

企业中的管理者一般扮演四种角色（如图11-1所示）：一是从短期做事讲，他应该是个业绩的完成者，做不出业绩，再好的品德、再好的素质也不能保证他的发展；二是从短期做人讲，他应该是个激励教导者，能激励大家完成业绩，有更出色的表现；三是从长期做事讲，他应该是个策略的执行者，坚定不移地执行公司的战略，推动公司的发展；四是从长期做人讲，他应该是个文化的传承者，以文化取胜，通过强大的使命感和共同的价值观打造百年企业！

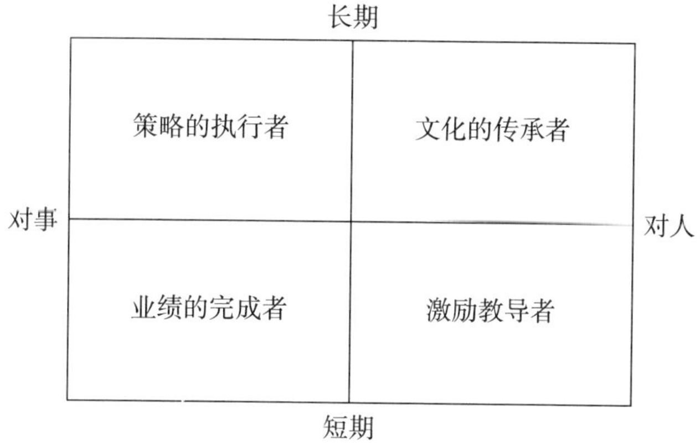


图11-1 企业管理者的四种角色

如果你是学生干部，在学校的某一个组织里担任负责人，带着一帮人做事，想一想这四个角色：业绩的完成者、激励教导者、策略的执行者、文化的传承者，是不是也同样适用于你呢？

不论你是什么角色，你都得明确自己的角色定位。你要知道自己是谁、在什么样的位置上、该做什么样的事：在企业中，领导作为高层角色，就不能天天盯着最基层的鸡毛蒜皮的事不放；普通员工，就不要好高骛远，天天想着老板的事。在学校中，如果你是学生，那么提高你的学业成绩、全面提升素质就是你的职责和责任；如果你是学生干部，那么帮助各位同学提升能力、共同完成目标就是你的责任。

承担责任，不仅是要把自己"一亩三分地"之内的事情做好，对于别人做得不好的事情，也要敢于"亮剑"，敢于给对方指出来。

做好自己的事情容易，但指出别人做得不好的事情则很不容易。为什么呢？因为人生来都有一个弱点，那就是不愿意批评他人，来自同伴的批评经常会让人不舒服，人们也会经常躲避这种困难的交谈。

但是，如果你们是一个团队，有着共同的目标，那么面对同伴的问题，如果不指出来，就是一种不负责的表现。

下面给大家举一个例子。

假如现在学校组织一个学生团队参加全国的某项竞赛，参赛团队的负责同学把各位成员的角色、责任和权利都明确了。在竞赛准备一段时间之后，一位成员因为自己所负责的事情延迟而影响到了整个竞赛准备的进度。如果你是团队负责人，在这种情况下你会怎么办？是找这位团队成员私下谈话、批评指正，还是在团队会议上指出甚或批评？

不同的青少年领导者选择的方式可能不同。私下批评，就等于领导者把角色和职责限制在两个人之间了，这就意味着团队成员只需要对你负责，而不需要对团队负责。它大大降低了团队成员责任归属的清晰度、团队决策的质量及团队的自我管理水平。如果在公开场合批评，这个责任就是团队成员之间的责任，哪个地方出现问题，哪位成员就要担当起来。

通常情况下，团队领导不善于或不好意思公开向团队成员问责，其他团队成员也容易保持沉默。这种状况在心理学上称为“集体迷思”，即缺乏独立思考性，这是在一个团队中容易出现的短板。

为此，团队成员之间要达成一个共识：不仅要把自己职责范围内的工作做好，对其他成员做得不好的地方，还要敢于指出来。把自己的工作做好相对容易，但是要指出别人的问题，可能就会不好意思或者惧怕了。因此，团队领导者一定要率先垂范，既要敢于指出下属的问题，也要让下属们针对团队领导的工作进行反馈，敢于指出领导做得不足的地方，同时，成员之间也要开展批评和自我批评，让承担责任、指出别人的问题成为团队的一种良好风气和工作氛围。

明确自己的职责和定位是承担责任的导航仪，它让你不致发生大的偏离；而指出别人的问题则是营造一种互相协作、彼此负责的文化。请谨记：

✓ 对强大的团队而言，责任感存在于成员彼此之间。

✓ 与害怕受到惩罚和责难相比，成员们更害怕自己让团队中的其他成员失望。

✓ 要营造负责任的文化，青少年领导者在面对棘手的问题时，就更要做负责任的榜样。

## 四、扩大影响圈，避免注意力转移

关注圈和影响圈的概念是史蒂芬·柯维先生在《高效能人士的7个习惯》一书中提出来的。这个概念认为，我们每个人都有一些关注的问题，包括健康、家人、学习、工作、娱乐、玩耍、国家经济发展、世界局势等，用一个圈将我们关注的这些事圈起来，这个圈就叫关注圈。在关注圈中，有些是我们能够把控的，有些则是我们无能为力的，将我们能够控制的事情圈起来，这个圈就叫影响圈。（如图11-2所示）

图11-2　关注圈和影响圈

着重于影响圈的同学会脚踏实地，不会好高骛远，他们把精力投入自己能有所作为的事情中，收获的是影响圈的逐步扩大、能控制的事情越来越多。反之，把精力投入关注圈的同学，时刻抱怨环境的种种限制和他人的种种不足，带来的结果则是影响圈逐渐缩小。把重点放在关注圈和影响圈上的最大区别是，一种思维模式是抱怨（抱怨学校、抱怨老师、抱怨同学、抱怨社会不公等），在这种思维模式下，人总会感觉自己是个受害者，另一种思维模式则是行动——把精力放在能够控制的事情上，这能使人们心态平和。他们可能对有些事情不喜欢，但他们知道抱怨和退却是没有任何用处的，因此他们学会了忍受和包容，微笑着面对发生的事情、积极地行动、付出勇气和坚持不懈，最终得到他们想要的结果。

我们应该养成这样一种思维习惯，就是多问自己，在目前的环境和条件下，我应该做些什么、我能做些什么，通过自己的努力和行动，不断扩大影响圈，使事情不断向好的方向转化。

毋庸置疑，现在的很多年轻人都心态浮躁，自我感觉良好，心存“鸿鹄之志”，觉得立刻就能改变世界，经常“指点江山”，但是缺乏踏踏实实的行动力和坚韧不拔的持久力。不要耗费时间和精力去控制你控制不了的事情，把注意力放在你能控制的事物上，你将收获喜悦和成功。

各位同学在学习过程中、在各种学生活动和项目当中也是一样的，要把注意力和重点放在自己身上，而不是外界和别人身上。不要总是说某某老师讲课不好、出的考题太偏，抱怨上课的环境不好，挑剔别人不主动、不配合等，在学校中，这样的问题肯定是有的，因为人无完人，再好的中学、大学、班级、学生会也都有它的问题。但我们的重点不是解决学校的问题和老师的问题，而是解决我们自身的问题，就是我们如何在现有的条件和环境下、在我们能控制的范围内将我们能做的事情做好，做到位。老师讲课不好，你向校领导或教务部门反映了吗？你向这位老师请教了你不明白的地方吗？上课环境不好，你反映了，但囿于客观条件无法改变，你又当如何调整心态，作出正确的反应和选择呢？某些同学不积极，你有没有主动和他谈及这方面的问题、有没有主动做些事情帮助他改善呢？“山不来就我，我来就山”“改变不了别人，我就改变自己”，类似的话，其实说的都是同样的道理——减小无谓的关注圈，扩大影响圈。

扩大影响圈，其实就是在发挥你的影响力，而发挥影响力就是领导者承担责任的压舱石。任何一位优秀的青少年领导，都需要具有强烈的责任感，否则你就无法让别人认同你、追随你。

为此，**青少年领导者必须避免三种注意力转移模式**。

✓ 一是否认，指拒绝承认发生的事实。

✓ 二是找借口，指把自己的行为或失误归咎于自己不能控制的方方面面，从而给自己找出“合理”的理由，减轻自己的责任。

✓ 三是推诿，指把责任转嫁给其他人或其他事。

这三种注意力转移模式的共同特点就是试图逃避责任。一旦把注意力往这三个方面中的任何一方面转移，就会限制你的进步，削弱你的影响力；而如果你坚守责任，就是在向成功迈进。

前几年很火的一本书《致加西亚的信》讲述的就是一个关于责任的故事。

美西战争爆发时，安德鲁·罗文是年轻的美国陆军中尉。当时，美国总统麦金莱急需一个称职的特使去完成一项极其重要的使命，军事情报局向总统推荐了罗文。罗文中尉立即出发了——没有任何人随同前往。直到他秘密潜入古巴岛，那里的爱国者才给他派了几名当地的向导。几经冒险，或者用他自己谦虚而幽默的话来说，“只是遇到了一些障碍的困扰”，终于把信送给了古巴起义军首领加西亚将军。

其间自然避免不了许多促使其成功的偶然性因素。但是，个人的努力以及这位迫切希望完成任务的年轻中尉的责任感、勇气和不屈不挠的精神是成功的必然因素。美国陆军部长为了表彰他的努力，为他颁发了奖章，并给予了他极高的赞誉：“罗文出色的成绩是军事战争史上最具冒险性和最勇敢的事迹。”

在那样艰难的条件下，最终无法完成任务可能也无可厚非。但不管是自己找借口，还是别人给他找理由，终究成就不了一段勇敢的事迹。罗文之所以是罗文，靠的并不是罗文中尉杰出的军事才能，而是他崇高的品德，这种崇高的品德使他永远为人们所铭记。

## 五、明确责任的三个问题，坚守进程

如果你想坚守自己的责任，就必须把三个问题明确好、处理好：任务、进程以及结果。这也是衡量你责任承担得好坏的标准，就像汽车的仪表盘。

**任务责任：**简单地说，任务就是做什么。这是责任的第一等级。比如，学生会主席可以指派作为秘书长的你完成这样的任务：在下周一例会之前的3小时，把各部门的周工作总结收齐交给我。第一等级的责任，重点体现在“做”的层面，每个人只要按照要求把任务完成就可以了。但这仅仅是在做事、完成工作，还没有把工作做到极致。

**进程责任：**这是责任的第二等级。这一等级是指在特定时间、范围、资源等条件下完成一系列任务的能力。回到上面的案例，如果在例会之前3小时，你仅把各部门的纸质版工作总结交给了学生会主席，这还体现不出你的价值，你只是在机械地完成任务，但是如果在这个过程中，你思考并处理了下列问题，你就承担了更多的责任，也发挥了更大的价值。

✓ 我是否需要把所有的周工作汇总在一个文件夹里？

✓ 我是否应把大家的电子版总结收集起来，做成一个文件同时发给主席？

✓ 我是否应把大家的周工作总结先看一遍，把各部门的重点工作和问题进行汇总，一并提交给主席？

✓ 从大家的周工作总结和上周的观察中，我是否应把我的发现一并向主席通报一下？

**结果责任：**这是责任的第三等级。这一等级强调的是做事或完成工作最终要达成的目标。我们不仅要完成任务，更重要的是达成最终的结果。比如，老师和学生说，“你们在下周五之前要把某书读完”。“读完”仅仅是个任务，老师其实没有说出结果，但作为学生，我们可以设想一下老师要的结果，或者老师希望学生达成的目标是什么呢？会不会是下面这些呢？

✓ 把书中的核心精彩内容背诵下来。

✓ 结合自己的学习实践、生活经验，谈谈对书中传达的一些理念的看法。

✓ 把书中每章的核心内容总结出来，做成PPT，向低年级的同学做个不少于30分钟的分享，大家的满意度评分应不低于85分（满分100分）。

所以，当各位同学的脑海中有了结果或目标意识，大家的境界就会提高一个层次，因为你站到了更高的位置上思考深层次的问题，而不仅是在完成任务，你会发挥你的自主权、创造力和独立性，并释放出巨大的能量，因为你能控制进程，知道哪些事是应该完成的、自己或领导想要的结果是什么，这样，你就迈向了更大的成功。

最后，我想以我的好朋友陈玲玲老师的一个亲身故事，作为“坚守责任的进程”的注脚。

我刚工作的时候做人力资源助理，是人力资源部里底层的底层，但就是这样一个工作，我也做得很起劲，杂七杂八的事情，每天忙忙叨叨的，倒也适合我。我最主要的工作是协助经理做一些人力资源的数据整理和统计，虽然工作内容比较初级，难度也不高，但刚入门的我喜欢琢磨、研究，觉得还挺有意思的。

意外的惊喜，就是那么一次偶然的机会。

一天，总经理匆匆忙忙找我，要我提供一份现在公司中层员工的信息。他很着急，说得又快又模糊，只是说着急用，说完就又着急忙慌地走了。估计是没找到我的领导，事发突然，着急中找到我，对我这种“小虾米”应该没抱什么期待。

以我当时的认知，根本不知道他要这些信息有什么用，但是大领导的事情，一刻也不敢耽搁——领导的事就是公司的头等大事，这个一定要切记！切记！于是我试想了他要这些信息可能的各种情况，就用平时数据整理的基本功，给他发了3份文件：其一，Word形式的员工情况文字版；其二，员工资料Excel数据统计表；其三，按照中层员工的类型（如性别、年龄段、资历、项目类型等）分别展示的饼状图和柱状图，并用了公司对外的标准PPT模板，还在邮件的最后又询问了下：“是否以后每月的这一天都要？除了中层的，其他人员的是否也需要？什么时候需要？”当然，我更没忘记将邮件抄送给自己的顶头上司，毕竟事出紧急，但该走的汇报程序还是要走的。事实证明，抄送给自己的领导是非常重要的，因为职场的规则之一就是：不能越级汇报，要让你的直接领导知情。

邮件发出后没有收到任何回复，我也就当完成了一个普通任务，将它放在了脑后。

结果过了没几天，部门经理找我谈话，通知我升职成人事专员了。我既惊喜又有点迷茫的表情大概太明显，于是经理笑着问我知不知道为什么这么快被升职，我自认工作认真、勤于思考，但实在想不到哪件事是升职的契机。于是经理笑着问我：“记不记得上次给总经理发的邮件了？”

我想了一下，才恍然大悟，原来一封邮件的力量这么强，一项认真完成的普通任务给我带来了职场上的意外之喜。

经理后来和我解释，上次总经理急着要中层人事资料是为了准备一个投标，时间紧、任务重，作为人力资源部经理的他又不在，只好找到我，但想着一个小助理估计啥也不懂，能拿到人事资料就行，再让市场部的人花时间整合成适合作为分析展示的数据即可，结果出乎意料地收到了完全能直接用的东西，PPT

模板是公司的标准模板，图表清楚漂亮，数据也从多角度进行了展示，总经理不禁喜出望外。所以招标活动回来以后就专门向经理表扬了我，说没想到一个刚来的小助理能想到前面去，而且回复得这么迅速，给了业务部门及时的支持，这样的员工一定要升职加薪。原来升职竟然这么简单！

总结一下：第一，要在关键人物面前、关键时刻“露脸”，而且要“露漂亮的小脸”；第二,一定要敢于承担责任，并且还要远超预期，这样才会给他惊艳的感觉。

但其实我的迅速回复、多种形式的资料并不是我当场的“灵机一动”，也不是飞速做出的精彩“急就章”，而是平时在整理员工资料的时候，认真思考过，同样的数据在各种场合、给不同对象使用的时候，会有怎样不同的表现形式。这些从不同维度出发总结出来的表格，随着员工的变动，在我的资料库里也随时增补、更新着，随时都可以拿出来参考使用。平时下的功夫多，关键时刻才能有迅速和准确的反应。可见，机会确实是青睐有准备的人的。

这次职场的“意外之喜”不仅让我看到了随时保证数据库准确的好处，还体会到了职场上另一个好习惯的重要性，即站在对方的角度思考问题：听懂对方要什么、思考要求的实质、做有效的努力。

## 重点内容

• 了解承担责任的定义：尽职、尽责、把事情做好，达成结果。

• 明确树立积极的心态是承担责任的基础，要明白一个道理：我们不能改变环境，但我们能改变受环境影响的心态，这是我们可以选择的。

• 学会区分红色语言和绿色语言，多使用积极的绿色语言，它是承担责任的驱动器，可以为别人赋能。

• 掌握将红色语言转变成绿色语言的两种方法：一是加入具体的方法和措施；二是使用4D流程。

• 4D流程也可以简化成两种方法，第一种是直接用橙色场域的指导或提要求，第二种是使用绿色场域的感激表扬+橙色场域的指导或提要求。在将抱怨、指责的话转变成绿色语言时，这两种方法的效果都很好。

• 始终记住两个圈：影响圈和关注圈。影响力是承担责任的压舱石。影响那些你可以影响的事情，缩小自己无谓的关注圈。

• 要扩大影响圈、发挥影响力，就要避免三种注意力转移：一是否认；二是找借口；三是推诿。

• 在坚守责任的时候一定要明确三个问题：任务、进程以及结果。这也是衡量你责任承担得好坏的标准，就像汽车的仪表盘。

## 建议行动

• 分析一下自己最近在学习和工作中的心态：哪些是积极的，哪些是消极的？如果有消极的心态，按照自我意识、是非观、想象力和独立的意志重新选择的话，会是什么样呢？

• 反思一下自己最近对家人、朋友、同学、老师是否使用过红色语言，如有，请把它们写下来。然后使用“红转绿”的方法，把它们变成绿色的语言，并在今后使用这些绿色语言。

• 组织你的团队成员分享“红转绿”的方法，并让大家把自己平时使用的红色语言都写下来，大家一起看看这些红色语言应如何转变成绿色语言。

• 在学校里和你的一位好同学结成伙伴，互相关注对方平时使用的红色语言，并在对方使用时给对方指出来，让其“红转绿”。

• 在纸上先画一个圈——关注圈，把自己最近所有关注的事情都写在圈内。再在圈内画一个“影响圈”，把所有自己能影响的事项写入影响圈内。聚焦于影响圈，选择3项至5项你认为最重要的事，写下你的行动方案。

• 最近你在学生组织中给你的团队成员分配了什么样的工作任务？按照“任务、进程和结果”来衡量，你都将它们明确了吗？如果没有，请立即和你的成员再次澄清和明确。

## 苏航感悟：承担责任，就是扎扎实实做事

本章重点从五个方面阐述了学生干部个人应该如何承担责任，我感触最深的还是关注圈和影响圈。

在目前的“互联网+”时代，我们每个人都承受着信息过载，每个人每天都

在不停地主动或被动地接收各种信息，这也让我们的注意力形成了过载，让我们的关注圈不停地扩大。这就给我们造成了很多问题，一是大家的视力越来越差，二是压力和焦虑增多，三是时间越来越不够用，当然，还有其他问题。

这么多信息真的对我们都有用吗？我们有必要关注那么多信息和事情吗？我觉得，我们还是要回归本源，从我们自己的角色和定位出发，做好自己该做的事。作为学生，我们的职责就是把学习搞好、提升我们的综合素质，那我们何必过于关心网络上的那些是是非非呢？作为学生干部，我们一方面要把自己的学习搞好，另一方面就是要提升自己的领导力水平，把团队建设好、把团队成员培养好，又何必痴迷于那些玄幻、仙侠、灵异小说（当然，那些准备走写作路线的同学除外，另外短时间阅读消遣一下也可以理解，但不要沉迷其中，影响学习）呢？何必被同学中那些抱怨、指责、嫉妒所干扰呢？所以，从我们的职责和定位出发，聚焦于我们每个阶段应该干且必须干好的事情，扎扎实实、释放激情、持之以恒，我们一定会做出成绩、取得成功的！

# 第五部分　你准备好做青少年领导了吗

# 第十二章　你得有自己的领导理念

各位青少年朋友，如果你准备做一名青少年领导者，你将来就得经常和团队中的同学说话，所以你得知道你要说什么话；你要大家去做事，就得让大家知道按什么标准去做；你准备说到做到，就必须先清楚自己想说什么。因此，每一位青少年领导者在自己做和要求别人做之前，都要清楚自己是谁、立场是什么，什么对他来讲是最重要的，找到自己内心的声音，找到自己的价值观，当你找到了，你就形成了你自己的领导理念和做事标准，按这些规则、标准身体力行、率先垂范，也就可以进而要求身边的同学们按这些标准做。这就是本章要讲的——你得有自己的领导理念。

领导理念中最重要的内容，就是要明确自己的价值观。

## 一、价值观的内涵

价值观指的是判断是非曲直的标准，指的是对你来讲最重要的东西。有的人认为家庭最重要，有的人认为金钱最重要，还有的人认为学习最重要……不一而足，所以，每个人的价值观都存在差异。价值观是一个人行动的“底线”，告诉你什么时候说“不”，什么时候说“是”，决定了当你站在十字路口的时候是向左还是向右走；价值观指引行动，决定你如何作出决策。假如“诚实”是你的价值观，那么在闭卷考试的时候，即使其他所有同学都有作弊行为，你也会坚决不作弊；假如你的价值观是“挑战”，那么当老师说出的观点和你不一致时，你会敢于站出来，勇敢地表达自己的观点。

有的同学会问，价值观和原则有什么区别呢？原则是说话、行事的准则，是一个人做事时进行判断的标准，原则是价值观和行动之间的桥梁。如果说价值观是对事物重要程度的判断，那么原则就是在行动时给予的指引，它把抽象的价值观还原为具体的行动。原则是对价值观的诠释，用以保持价值观和行为之间的一致性。你可以简单地这样理解，你的重要原则就是你的价值观。举个例子，诚实、尊重、沟通、信任、创新、平等、快乐等都可以是你说话、做事的原则，但正如指南针总是指向正北，每个人心中都有自己最看重的原则，找到你最看重的那个原则，那就是你的价值观。正如前面所说的，“原则就是在行动时给予的指引，它把抽象的价值观还原为具体的行动”，所以，当各位同学按照自己的价值观或内心真正的原则办事时，需要有具体的行为指引。假如“真诚”是你的价值观或重要原则，那你的行事标准应该至少是这样的：

✓ 和同学、老师、家长讲话时，根据事实，有一说一，不隐藏、不扩大。

✓ 当自己出现失误和错误的时候，敢于暴露自己的弱点，敢于承认错误。

✓ 对自己严格要求，表里如一，言行一致，说到做到。

✓ 在面对各种压力的情况下（如面对权威挑战时，如可能得罪很多人、伤害某些人的利益时，如个人会冒风险且个人利益可能受损时），依然敢讲真话，敢于指出多数人不敢指出的问题和事实。

如果都能遵循自己的价值观、重要原则做事，同学们将会更加优秀，在领导力方面也会更加有魅力；而如果违背了它，也将付出代价，身边追随你的人也会离你而去。

## 二、价值观的重要性

思科中国区前总裁林正刚先生这样感慨价值观的重要性：

有段时间我一直在想，做了35年的职业经理人，在这么长的职业生涯里，到底是什么东西一直指引着我，让我没有走歪路。想来想去，最后得到的答案只有一个：正确的价值观。我可以很负责任地说我没有走歪路，这不是说没有人勾引过我，诱惑其实很多，但在面对诱惑时我能很清晰地知道自己的方向、自己的底线在哪里，什么事情可以做、什么事情绝对不可以做，这个判断的准则就是我的价值观，我就是凭着正确的价值观走了几十年，一直没有走歪路。在我看来，一个人的价值观基本定义了他是谁，决定了他判断对错的标准，也决定了他的价值取向——喜欢什么、不喜欢什么。

企业在招人的时候，很少有人了解过、问过员工的价值观跟企业的价值观是否一致。我在外企35年，招了很多人，也开除过不少人，在招人的时候，招他进来是因为他的能力、学历，但开除的原因都是价值观不一致，100%都是这样，这么多年，我基本上没有因为员工的能力欠佳或业绩不行而辞退员工。

价值观可以说是一个隐形杀手，在你与人沟通的时候、找人合作的时候、成立一家企业的时候，价值观的问题要着重考虑，它直接决定了你对事情的判断标准以及取舍，并且，在重要的时刻，它会告诉你：你是谁，你在哪里，将作出什么决定。

时任北大校长林建华在2017年本科生毕业典礼暨学位授予仪式上这样寄语毕业生：

吃亏就是占便宜。价值观是一种看不见、摸不着的东西，却随时随地影响着我们的行为。我希望，从这里走出去的北大人，在任何环境下，都能够坚守价值判断，守住底线。在这个时代，有人说，大学在培养“精致的利己主义者”，任何言语的辩驳都是苍白的，只能用实际行动承担起社会赋予我们的责任。一日北大人，终生系国心。

一个人的品格是最宝贵的财富，一所学校的文化是最宝贵的财富，一个国家的年轻人的价值观是最宝贵的财富。

从以上企业家和校长的表述中可以看到他们对价值观的重视程度以及每一个人坚持正确价值观的重要性。所以，各位同学不妨想一下，自己的价值观是什么？自己对价值观的坚守又做得怎么样呢？那些即将从学校走向职场的同学，也不妨仔细想想，自己的价值观和即将进入的这家单位的价值观是否匹配？

领导力专家库泽斯和波斯纳在多年的对企业的大范围研究中，询问了众多管理者，他们在多大程度上清楚自己个人的价值观以及他们的组织的价值观？他们对组织的承诺程度（也就是他们热爱岗位并努力工作的程度）有多高？这样就得出了一个经典的2×2实验范例（如图12-1所示）。

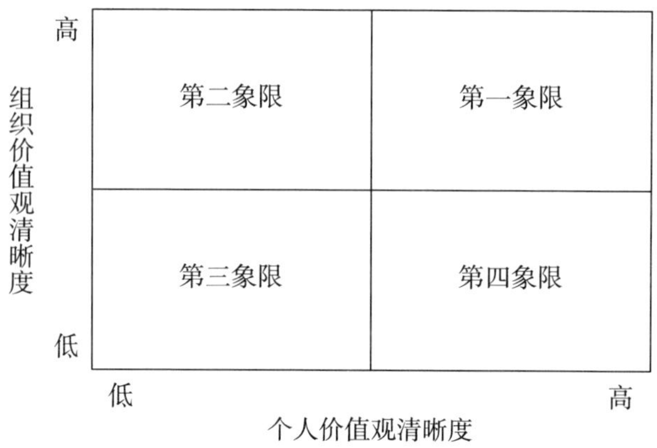


图12-1　价值观清晰度对组织承诺度的影响

第一象限指的是自己的价值观很清晰，组织的价值观也很清晰；第二象限指的是自己的价值观不清晰，但组织的价值观很清晰；第三象限指的是自己的价值观不清晰，组织的价值观也不清晰；第四象限指的是自己的价值观很清晰，但组织的价值观不清晰。在这四个象限中，在哪种情况下，员工的承诺度会高呢？两位领导力专家经过研究得出的结论是：如果承诺度的最高分是7分，则第一象限得6.26分，第二象限得4.87分，第三象限得4.90分，第四象限得6.12分。

为什么会是这种情况呢？对于第一象限，大家的认知应该基本相同，那就是如果员工自己的价值观很清晰，并且其所在组织的价值观也很清晰，这位员工在组织中的承诺度就应该是高的。但为什么第三象限的组织承诺度是4.90分，比第二象限的4.87分还高一些呢？其实，这也不难理解。这里问各位同学一个问题：当你参加完中考或高考，到新学校的时候，你知道这个学校的价值观吗？估计很少有人知道。又如，当你加入学生会或某个社团组织的时候，你知道它们的价值观吗？可能也不知道。但如果我问你，你到某个学校来上学，看重的是什么？为的是什么？我相信，几乎全部同学都能回答上来。相同的问题问企业员工也是一样的。大家所看重的东西，从狭义上说其实就是个人的价值观。对于学生来说，看重的可能是教学质量、学校离家近、学校很公平、学校创新氛围浓厚、食堂的伙食很好等，质量、公平、创新等都可以被看作表达价值观的词语。当各位同学有了看重的东西的时候，在学校里的学习就有了动力。当然，也有稀里糊涂地进了新学校的，自己没有什么看重的，也没有什么大的目标和理想，这样的学生往往会被老师和学校推着走，其个人的努力程度肯定不会很高。参加学生会或社团也是一样的，大家都有自己看重的东西。所以，可以这样讲，宁愿我们的员工/同学不知道组织/学校或社团的价值观是什么，也要让员工/同学清晰地知道自己最看重什么，当自己知道自己看重什么、为的是什么的时候，他的工作和学习就有了动力，他就能更加热爱并且努力了，这说的其实就是承诺度。换句话说，个人价值观的清晰度决定了承诺度，个人价值观带来的方向感提高了人们的积极性和生产效率。当然，当自己的价值观和组织的价值观都非常清晰，并且匹配时，个人的承诺度是最高的，人们愿意在这样的学校里勤奋学习，在这样的组织中努力工作，以实现自己和组织设定的目标。

## 三、找到价值观的方法

前面讲了，价值观决定行为、决定你如何作出决策。但很多人经常发现，自己的学习或工作一团糟，这是因为他们从来不或很少花时间思考自己到底想要什么、最看重什么，喜欢做什么、不喜欢做什么，喜欢什么样的生活、喜欢做哪方面的工作，而这些东西都与他自己的价值观和使命相关。

每个人都有自己的价值观和使命，都有自己看重的东西，那么，该如何找到自己的价值观呢？下面是价值观词汇表（如表12-1所示），请各位同学圈出自己认为最重要的8个至10个价值观。如果下列这些词语还不足以表达你的价值观，请在空白处列明。

**表12-1　价值观词汇表**

| | | | | |
|---|---|---|---|---|
| 成就 | 同情 | 智慧 | 希望 | 学习 |
| 美丽 | 自主 | 获胜 | 幽默 | 忠诚 |
| 谨慎 | 关心 | 丰富性 | 服务他人 | 组织 |
| 沟通 | 公正 | 独特性 | 速度 | 思想开明 |
| 竞争 | 安全 | 真理 | 优势 | 博爱 |
| 勇气 | 挑战 | 耐心 | 专注任务 | 参与 |
| 好奇 | 能力 | 权力 | 信任 | 创新 |
| 果断 | 自由 | 产出 | 团队精神 | 多元化 |
| 高效 | 快乐 | 盈利能力 | 成功 | 决心 |
| 平等 | 合作 | 财富 | 精神和信仰 | 责任感 |
| 家庭 | 创造性 | 尊重 | 简单 | 冒险 |
| 灵活性 | 幸福 | 质量 | 独立 | |
| 友谊 | 健康 | 认可 | 人际关系 | |
| 成长 | 专注客户 | 数量 | 纪律 | |
| 和谐 | 健康 | 信赖 | 个人主义 | |

再看一下你圈出的这几个价值观，从中选出你认为最重要的5个价值观，并按照重要性进行排序，将最重要的价值观排在第一位，并写明为什么这个价值观对你如此重要。

| 五大核心价值观 | 这个价值观对你为什么如此重要 |
|---|---|
| 1.________________ | ________________ |
| 2.________________ | ________________ |
| 3.________________ | ________________ |
| 4.________________ | ________________ |
| 5.________________ | ________________ |

有的同学会说，这种排序还是我的主观看法，如何排序更科学呢？

这里介绍一种简单的排序方法。比如，某位同学选出的五大核心价值观是："财富""尊重""成功""独立""快乐"，那么就可以按照下面的步骤重新确认自己的价值观排序。

第一个步骤：静下心来，将5个价值观按1至5的优先顺序先进行初步排列。

比如就是上面的排序：财富、尊重、成功、独立、快乐。

第二个步骤：将这5个词语分别对应标上A、B、C、D、E。

这5个价值观对应的英文字母是：财富—A、尊重—B、成功—C、独立—D、快乐—E。

第三个步骤：将A分别与B、C、D、E进行比较，让自己静下心来，连接自己的潜意识，每对比一次，都问自己一个问题："如果要我在两个价值观中选择一个，哪一个对我来说更重要呢？"然后给优胜的一项做一个标志。

按照以上方法操作，假设结果为：A（0次）、B（1次）、C（1次）、D（1次）、E（1次）。

第四个步骤：A项比较完后，再用B项依照前法与每一项对比，进行同样的筛选，并依次做完C、D、E。

按照以上操作，假设结果为：

A（0次）、B（3次）、C（0次）、D（0次）、E（1次）；

A（0次）、B（1次）、C（1次）、D（1次）、E（1次）；

A（0次）、B（1次）、C（0次）、D（2次）、E（1次）；

A（0次）、B（0次）、C（0次）、D（0次）、E（4次）。

第五个步骤：最后按每一项标志的多少重新排列，标志最多的那一项将成为你选择的最重要的核心价值观。

按照以上操作，五次对比统计的结果为：A（0次）、B（6次）、C（2次）、D（4次）、E（8次），于是价值观新的排序就变为：快乐、尊重、独立、成功、财富。

做完练习后，大家可以发现，原本最初排列的价值观顺序发生了较大的改变，从中也可以更深地理解价值观对于每个人的重要影响。

当然，也可以通过下面这组关于价值观的练习，找到并明确自己的价值观。这组练习问题，可以单独使用，也可以一起使用。

第一，生活中的巅峰时刻。

- 找出生活中最激动人心的巅峰时刻。你关注的焦点要放在这一"时刻"，而不是细节问题上；

• 这一刻为什么这么重要？这一刻体现了你什么样的价值观？在这一刻，你生活在什么样的价值观之中？

第二，几个问题。

• 想象一下你最得意的时候，你觉得因为你身上拥有了什么，让你如此得意？

• 你最希望朋友身上具备什么品质？这些品质有什么重要性？

• 如果要你变成一只动物生活一天，你想成为什么动物？为什么？你认为作为一只______（动物），重要的事情是什么？

• 如果要你变成一棵树生活一年，你愿意成为什么树？为什么？你认为对于______（树）来说，重要的事情是什么？

第三，必须拥有的东西。

• 除了基本需求之外，生活中你一定要实现的是什么？即便身心出现一些不好的状况，你也一定会遵循的价值观是什么？

第四，荒岛。

假如你被带去了一个荒岛，并且要在那里长期生活下去……

• 你会带上哪5本书一起去？这些书有何重要性？

• 你会带上哪5首乐曲一起去？这些乐曲有何重要性？

• 你会带上哪5件东西？它们对你有何重要性？

• 你会带上哪5部电影？它们对你有何重要性？

• 你会带上哪5位朋友，这些朋友为何对你如此重要？

第五，痴迷的表达。

• 我们都有过着迷的行为，当我们坚持一件事情的时候，就是对我们的价值观表达痴迷的时候。家人和朋友也许会帮我们指出这些事情。（“你是个非常爱干净的人！”或者“我们不可能和你谈论这件事！”）

• 人们会因为什么取笑你？或者你的什么行为会惹得他们大发雷霆？你会如何评价自己？

第六，你敬仰的人。

• 想一下你非常尊敬的3个人。他们每个人身上你最敬佩的一项品质是什么？

第七，想象你生命的终点。

• 当躺在病床上奄奄一息的时候，你最想对孩子（或者有亲密关系的年轻人）谈的最重要的3件事是什么？

• 跳跃至你生命的终点，假设你已经度过了美好的一生，那么你一生中最重要的3个教训是什么？它们为什么对你如此重要？

• 在你过100岁生日的时候，别人为你举行生日宴会，但没有提前告知你。你在后门无意中听到自己生命中最重要的人在谈论你，你希望他们如何评价你？

• 如果你是自己葬礼上枝头的一只小鸟，你希望朋友、家人和同事对你说什么？

• 你希望在自己的墓碑上留下怎样一句话？为什么这些字对你这么重要？

第八，快乐和满足。

• 是什么给了你生命中最大的快乐、满足和重生？对你而言，这些事情的重要性在哪里？

以上这些问题，各位同学可以用心思考一下，它们都能帮助你找到自己评判事物的标准，帮你找到你最看重的东西。这些价值观会指引你的方向，帮助你在关键的时候作出决策。

## 四、和团队成员共享价值观

当你找到了自己的价值观，知道自己赞同什么、反对什么、喜欢什么、不喜欢什么的时候，你也就基本形成了自己的领导理念。一方面，你可以更好地掌控自己的学习、生活，为自己提供行动的动力；另一方面，当你作为学生干部，指挥大家做事的时候，也有了你的标准和要求。

明确自己的价值观很重要，但了解并理解你的团队成员的价值观，找到团队共同的价值观同样非常重要。比如，你是学生会文娱部的部长，那么，文娱部的价值观是什么？或者说，有吗？

作为个体成员，每位同学都有自己判断事物的标准，都有自己的价值观，在集体讨论决策的时候也不可能大家的意见完全一致，追求完全一致也是不现实的。但对核心问题，大家必须有某些共同的理解，如果各行其是，青少年领导以及每一位团队成员又如何能够劲往一处使呢？因此，团队在做事的时候，必须有一个共同的价值观，这个共同的价值观是建立真诚、高效工作关系的基础。共同的价值观，就是大家共同的语言，只要个人、团队或是组织的价值观同步，就能产生很强的向心力。如果大家认为这种价值观跟自己的理念不谋而合，就会更加努力地为此付出，否则就是“道不同，不相为谋”了。

那么，如何确立共同的价值观呢？

青少年领导要切记：确立团队的共同价值观不是把你的价值观强加给大家、强加给团队，说这些就是我们的价值观，而是要让大家坐在一起沟通、讨论，理解真正的“共同体”的意义。

拿上面的文娱部举例。

假如你是文娱部的部长，你的责任就是邀请部里的各位同学一同参与创造文娱部的价值观形成的过程，在这个过程中，你要邀请每位成员说出自己最看重的东西，以及看重的原因。在大家讲述的过程中，文娱部长和各位成员要认真地倾听，并给予真诚的欣赏。各位成员要探讨文娱部最重要的使命是什么，在这个基础上，探讨大家要遵从的最重要的文娱部的价值观。每个人从自己最看重的价值观中选出3个，在大家提供的这些词语中再找出共有的价值观4个至6个。当然，在最初的统计过程中，也可能有些价值观被同样人数的人选中，从这些可能超出6个的价值观词语中，再经过探讨，达成共识，最终确定文娱部的4个至6个价值观。为什么是4个至6个呢？因为如果数量太多，一方面不容易记，另一方面意味着这些都很重要，也就确定不了最重要的了。

如果整个团队不能被统一在共同的价值观下，团队效率以及领导者的信誉就都会受到影响。设想，如果没有共同的价值观指导，在团队遇到问题和挫折时，每个人都按照自己的标准考虑问题和做事，又如何克服这些困难和挫折、如何实现共同的目标呢？

有了团队的共同价值观，青少年领导在作决策和指导大家行动时就有了依据，它代表的是团队的责任和利益，是对整个团队的承诺。

可以看出，作为一名青少年领导，要先理解价值观的重要性，找到自己的价值观，形成自己的领导理念，再带领团队成员确立本团队的价值观，这样做事就有了标准、准则，大家的行动也就能统一起来了，否则团队就缺少行动的指引和动力。

## 重点内容

- 了解价值观的定义和重要性：价值观指的是判断是非曲直的标准，指的是对你来讲最重要的东西。价值观是一个人行动的“底线”，告诉你什么时候说“不”，什么时候说“是”，决定了当你站在十字路口的时候是向左还是向右走；价值观指引行动，决定你如何作出决策。
- 要深刻理解让团队成员找到价值观的重要性。因为只有当团队成员自己的价值观清晰、团队或组织的价值观也清晰，且两者匹配的时候，团队成员的承诺度才最高。换句话说，宁愿团队成员不知道团队或组织的价值观是什么，也要让他知道自己的价值观是什么，因为知道了自己要什么、看重什么，他就有了动力。当然，最好的状态是个人和团队/组织的价值观都清晰，并且匹配得上。
- 学习使用价值观排序法和进行价值观练习，找到自己的价值观。
- 掌握确立团队价值观的方法。

## 建议行动

- 使用本章中提供的价值观词汇表，找到自己的五大价值观。
- 让自己的团队成员使用价值观词汇表，找到各自的价值观，并进行分享。
- 使用本章提供的价值观练习问题，让团队成员逐题分享。
- 团队成员一起，在团队负责人的带领下，一起确定本团队的核心价值观。

## 苏航感悟：青年的价值取向决定了未来整个社会的价值取向

最早对价值观这三个字产生认知，是在我初一的时候。当时，学校要求我们背诵社会主义核心价值观的24个词，在思想品德课上也有专门的关于社会主义核心价值观的授课内容。当时我把它们背诵下来，虽然知道这些很重要，但为什么如此重要，却没有太多的感觉。自从参加社团活动以及各种项目，高中时开始在校学生会担任宣传部长，我对价值观的含义以及重要性有了越来越多的感触。

我所在的学校里，每个人都多才多艺，但学习成绩参差不齐。每位同学看重的东西不一样，有的热衷于搞各种社团，有的玩各种才艺，有的热爱读书，有的拼命学习，也有的偷偷摸摸地着迷于打游戏，谈恋爱的也不少。对于转学过来的我，一开始还有点不适应，因为这里是走班制，没有老师在你身边天天督促你学习，完全需要你自己做好时间管理和自我管理；再就是学校里各式各样的社团和众多活动吸引着我，身边同学们各种各样的兴趣对我也有诱惑。对于天性积极的我来说，所有这些都想参与，想跟着他们一起“掺和”，但还得顾及学习成绩，所以自己有些忙乱。

父亲在一次和我的聊天中提到了价值观这个词，他让我把看重的东西都列出来，并排个序，让我在有限的时间内先抓一些最重要的。这让我顿时豁然开朗：好东西很多，我感兴趣的也很多，但一定要找到自己最看重的，然后做好时间分配，这样，自己既不至于瞎忙，又能找到成就感。后来在担任学生干部的时候，我对价值观有了更深的理解。价值观其实就是我的要求、我最看重的东西，因此，在分配任务的时候、在和大家协作做事的时候，我都会把我的要求、我的原则，清晰地告诉我的社团成员和合作的同学，这样大家就有了做事的标准，在这个共同的准则下做事，就不会“跑偏”。所以，我们在做事、与人合作、开展一项活动的时候，如果有了明确的价值观，行动就有了标准，也就有了推动力。

在学校里，我们还是要树立正确的价值观，比如，“金钱”可能就不适合成为学生的价值观，“玩乐”也不应是学生痴迷的事，我们可以追求“学习”“平等”“尊重”“诚信”等价值观，因为它们不仅决定了我们现在该做哪些重要的事，也将决定我们今后人生的方向，更可能决定我们人生的格局。“凿井者，起于三寸之坎，以就万仞之深。”青少年要从现在做起、从自己做起，让社会主义核心价值观成为自己的基本行为准则。

梁启超在《少年中国说》中讲道：“少年智则国智，少年富则国富；少年强则国强，少年独立则国独立；少年自由则国自由，少年进步则国进步；少年胜于欧洲，则国胜于欧洲；少年雄于地球，则国雄于地球。”从青少年做起，树立正确的价值观，并身体力行，我们一定能让祖国变得更加强大！

# 第十三章　说到就要做到，言行要一致

青少年领导者在明确了自己的领导理念，知道自己最看重什么之后，如果说和做不一致，就无法领导团队。自己说的自己都无法做到，你又如何让团队的成员做到呢？言行不一致，说到做不到，既会损害自己的信誉，也会降低团队的战斗力。

“说到做到，言行一致”其实就是我们经常说的一个词：以身作则。它是黄色包容型场域中对4D全能领导者的技能和行为要求。以身作则重要吗？以身作则是领导力提升的起点，领导者要明确自己的价值观，找到内心的声音，使自己的行动和团队共同的价值观保持一致，为他人树立榜样。如果领导者自己都做不到，如何让别人相信他说的话，又如何要求他人做到呢？领导力专家库泽斯和波斯纳的研究表明，人们信任组织管理者的程度和他们观察管理者履行承诺的频率之间存在一致性和戏剧性关系。在观察领导者以身作则这方面，得分最高的领导者获得的信任度是得分最低者的6倍以上。

某高中学生孙同学认为，学生干部应该发挥带头人的作用，否则就无法激励大家。有一次孙同学组织同学打扫学校分配的卫生区域，在即将完成打扫任务的时候，突然降下一阵瓢泼大雨。大雨过后，地上泥泞不堪，污秽遍地。同学们担心泥水溅到衣服上，都不想再继续打扫。孙同学有点着急，于是，他顾不上脚上崭新的球鞋，拿起打扫工具，一脚踏进泥地里，开始打扫。同学们看到孙同学冲在前头，于是也纷纷拿起打扫工具，大家一起把卫生区域重新打扫干净。事后，同学们纷纷为孙同学竖起大拇指。

既然以身作则这么重要，那么青少年领导者应该如何做好以身作则呢？也就是说，要做好以身作则，有什么样的方法呢？有5个重要的方法，其实也是青少年领导者在这方面的5个标志性行为：安排好自己的日程、应对关键性事件、注意平时使用的语言、讲故事和寻求反馈。这也是领导者以身作则的几个践行工具。下面我们就分别来介绍一下。

## 一、安排好自己的日程

如何安排时间和日程是衡量工作重要性的一个最清晰的指标。简单地说，大家会看你把时间花在什么地方，会看在一些重要事项上你是如何安排日程的。不管你的价值观是什么，它都必须体现在你的日程安排上，这样大家才能相信这些价值观确实很重要。

比如，“健康”是你的价值观，那么在未来的一周之内，你就应该在计划好的时间内进行运动和锻炼；又如，“服务他人”是你的价值观，那么你就应该抽出时间在图书馆里帮助老师整理图书，或者每年抽出固定的时间去做义工；如果你关注“创新”，你就应该花时间学习创新方面的技能、阅读这方面的书籍，每周花时间进行创新方面的思考和动手操作；如果“学习”是你的价值观，那么在学习的时候如果遇到同学拉你出去打球，你就应该按照自己的计划继续学习，而不是轻易地被同学拽走。

设想一下，你重视某件事，但从没有规划时间去做这件事，即使做了规划，但在那个时间点你也没有“现身”，又如何让大家相信你重视这件事呢？如果你说到但从未做到，你身边的同学又如何相信你呢？

## 二、应对关键性事件

每个人都不可能计划好所有的事情，即使再有经验的领导者也会遇到一些突发事件。

在面对这些事件的时候，领导者以何种态度应对、采取什么样的措施和行动，都和自己的价值观有着密切的联系。这种关键事件为领导者提供了展现领导力的机会，也能让其他人看清楚领导者看重什么、不看重什么，领导者是否能说到做到。

给大家看一个有关长江大学学生的事例。

2009年10月24日，长江大学学生陈某某、何某某、方某等15名同学在长江荆州宝塔湾一带游玩。下午2点15分左右，沙滩上突然响起一阵惊呼："有人落水了，快救命啊！"大家循声望去，只见十几米远的江面上，两个少年在江水中挣扎沉浮。没有丝毫犹豫，17岁的李某某来不及脱下牛仔裤便纵身跃入冰冷的江水中，龚某某、徐某某、方某、张某某、陈某某、何某某等同学也相继跃入江中。经过艰难的营救，落水儿童被成功救上岸，但是陈某某、方某、何某某3名同学不幸被江水吞没，献出了自己年轻的生命。

为表彰他们的先进事迹，教育部授予徐某某等15名同学"全国见义勇为舍己救人大学生英雄集体"荣誉称号，追授陈某某、何某某、方某3名同学"全国舍己救人优秀大学生"荣誉称号。从一所大学涌现出这样的先进集体绝不是偶然的，在弘扬社会主义核心价值体系，以育人为本、德育为先的浓厚氛围中，长江大学就先后涌现出了多个见义勇为英雄模范。正是因为在学校的教育中有了见义勇为价值观的体现，所以在面对落水儿童的时候，他们才能毫不犹豫地出手营救。

在以上的案例中，我们可以看到，长江大学的各位同学面对突发事件时，他们所看重的、内心所抉择的，都通过他们的行为得到了体现。作为旁观者，我们每个人都会有深切的感悟和震撼，我们知道了他们是谁、知道了他们是我们应当追随的对象。

除了突发事件，领导者有时也会有意设计一些事件来表明自己的理念和坚持的原则。

中国国家博物馆曾收藏过一件来自企业的捐赠品，文物收藏编号为"国博收藏092号"，文物名称是"1985年青岛（海尔）电冰箱总厂厂长张瑞敏带头砸毁76台不合格冰箱用的大锤"。

当时的海尔是一家集体小厂，亏空147万元，发不出工资，张瑞敏被派去救急。他在上任的第一天就收到了53份请调报告。刚好此时他的一位朋友要买冰箱，来找张瑞敏，挑了很多台都有毛病，最后勉强拉走了一台。张瑞敏派人把库房里的400多台冰箱全部检查了一遍，发现有76台存在缺陷，于是通知全体职工到车间集合，问怎么办。多数人说，这些冰箱也不影响使用，便宜一点卖给职工算了。当时冰箱的价格是800多元，职工的月工资是30多元。张瑞敏说："我要是允许把这76台冰箱卖了，就等于允许明天再生产760台、7600台这样的冰箱。全部要砸掉，谁干的谁来砸。"于是张瑞敏抡起大锤，砸下了第一锤，随后很多职工也跟着抡起了锤子，他们一边砸一边流泪。

产品质量不行既有人的因素，也有设备的因素。我们相信，在张瑞敏的心中始终有一根狠抓质量的弦。面对76台有缺陷的冰箱，到底应该如何处理？"怒砸冰箱"体现了张瑞敏的价值观，让全体员工看到厂长的态度，看到厂长对质量的重视，以后就不敢在质量上继续疏忽大意。

各位同学，在你的日常学习和生活中，发生过哪些关键事件呢？在这样的事件中你坚守你的价值观了吗？上学从不迟到的你，乘坐家人开的车在上学的路上遇到交通事故，车辆无法通行，你是会给老师打电话说明晚到一会儿，还是会想方设法，改乘地铁甚或跑步到学校从而避免迟到呢？一向自认有担当精神、负责任的你，在同学们郊外游玩、筋疲力尽的时候突遇雷暴大雨时，是否会站出来主动张罗，带领大家群策群力、挑战困难，在最短的时间内给大家找到落脚的地方并安排好就餐呢？……

领导力就在我们的身边，领导力就在你的言行举止中，别忘了，在关键时刻，让你的领导力得到彰显！

## 三、注意平时使用的语言

在第十一章中我们提到，青少年朋友要多使用积极的语言，因为积极的语言是你承担责任的驱动器，便于营造正向、高能的团队氛围，并提升生产力和团队绩效。在那一章中大家应该已经了解了语言的重要性以及语言和承担责任之间的关系。那么，你的语言和"以身作则"有什么关系呢？

卓越的领导者都懂得语言的力量，因为语言不仅能表达一个人的思想和信念，还能唤醒和激发别人按照领导者的期望行动。

正面的词汇能强化大脑前庭，促进大脑的认知功能并增强其弹性。当听到

“六六七七开始干”这句话的时候，你会怎么想呢？

这句话出自李惠森先生。李惠森是百年民族企业李锦记集团第四代成员之一，现任李锦记健康产品集团主席兼行政总裁、无限极（中国）有限公司董事长。他为什么提出这样的一句话呢？大家都知道，中国人做事一向讲究十拿九稳，如同传说中的武林高手，从不轻易出手，出手便有必胜的把握。但李惠森的一条行事原则是“六六七七开始干”——“如果一定要等到十拿九稳才开始，那么机会可能会在你摩拳擦掌的时候悄悄溜走”。正是这样的语言，一方面不断让李惠森先生严守家训“不断创业”，另一方面激励着无限极的员工不断创新。

各位同学，在你的生活和学习活动中，你会使用什么样的语言来鞭策自己、激励他人和影响环境呢？语言能帮助人们建立一个对世界看法的框架，这个框架影响人们看待和理解周围发生的事情的方法和角度。比如，在大学中称呼自己的导师为“老板”，在团队中称呼负责人为“老大”等，这种语言词汇就形成了组织中的等级关系。有的同学还经常说脏话用脏字，这些也都会影响他们自身的形象。为此，注意自己使用的语言已经成为领导者重要的技能之一，因为你要为周围的人如何思考和行动树立榜样。

## 四、讲故事

一项研究结果表明，一线管理者将80%的工作时间用于各种各样的沟通。可见沟通是领导者工作的基本方式。讲故事是传授思想的最好方式之一。人们更愿意在故事中品味道理，而排斥别人给他们灌输道理。

认知心理学家史蒂芬·平克（Steven Pinker）说过，“人们总是借助情境理解抽象的概念”。当领导者在说“以客户为中心”“无边界”“思利及人”等价值观时，很多人的脑海中可能是一片空白，但领导者如果会讲故事，就可以最大限度地调动大家的右脑思维，让大家进入相应的情境中，让大家感悟什么是重要的、什么是不重要的，什么是有效的、什么是无效的，从而引导大家统一思想、齐心协力、努力工作。

名人多是讲故事的高手。中国古代的庄子、孟子、韩非子都是借故事宣扬其主张的高手，他们把要讲的道理埋藏于情境之中。现代的成功领导者和企业家等也是讲故事的高手。

领导者讲给员工听的故事是有讲究的，企业管理专家诺尔·迪奇归纳出了企业领导者讲给员工听的故事的三种类型：

第一种类型是“我是谁，我怎么样”。这种类型的故事是关于个人丰富的经历和成功经验的。讲述的目的是借故事打动人心，调动员工的积极性。

第二种类型是“我们是谁，我们要怎么样”。这种类型的故事是关于团队发展和建设的。讲述的目的是激发团队的协作精神，让员工心往一处想，劲往一处使。

第三种类型是“我们将来会怎么样”。这种类型的故事是描述企业发展之路和未来状况的。讲述的目的是激发员工的工作积极性，为公司和个人的美好未来积极贡献力量。

各位同学，你肚子里装了多少故事？其实，我们原先听过的、读过的故事，如鹬蚌相争、画蛇添足、螳螂捕蝉等都可以成为你领导和管理的有力武器，这些故事可以阐明很多道理，给人不同的启发，让听者换一个角度、换一种方式，重新审视世界，从而作出更好的决策。

本章开篇的孙同学作为学生干部，在组织活动的过程中也会碰到一些困难和挑战，如有的同学会产生畏难情绪；有的同学出工不出力、消极怠工；有的同学不配合工作。孙同学一方面自己勤勤恳恳，以身作则，带头做事，另一方面也会和同学们讲革命先烈的故事，讲铁人王进喜的故事，让大家沉浸在故事的情节中，感受英雄和先进人物的胸怀和人格魅力，从而激发大家、感召大家。

## 五、寻求反馈

各位同学，你曾经主动向别人征求过反馈意见吗？比如，作为班长，你有没有向其他班干部征求过意见，询问大家你近期做得好的地方，还有哪些方面需要改进？作为活动项目的负责人，你有没有向组员询问过你在激励大家、凝聚大家这方面做得如何？等等。可能有的同学会质疑："我都尽力做事了，还用问大家吗？"如果你不向大家寻求反馈，你怎么知道你的行为符合团队的行事标准呢？如果你不知道别人如何评价你，你怎么知道自己是否言行一致呢？通过别人观察你、看待你的视角，你才有机会改进，才有机会变得更加优秀。

江苏省某高中的李同学对其在六年级时一次周末组织完成黑板报的任务特别难忘。当时，学校组织了一次各班级黑板报比赛的活动，要求各班级在周末完成。出于荣誉感和对班级的责任感，李同学担负起了组织工作：首先，她按大家的特长进行了分工，让善于绘画的同学负责绘画，协作能力强的同学负责写稿子，写字好的同学负责抄写；其次，她组织大家充分交流，围绕板报主题，让各位同学发表自己的意见和看法，对好的稿件进行修改和补充，并主动激励大家，让大家充满信心；最后，她组织按步实施，先规划好黑板报的格局、板块，进行画格、描线，接着抄写内容，然后绘图美化。她还用手机拍照，发给没到现场的同学，请他们提供意见，针对这些意见，现场的同学在充分讨论后，会把有价值的建议付诸实施。李同学和板报组同学们的努力得到了认可，她们班级的板报被评为一等奖，得到了校领导的表扬。事后李同学在总结这个活动时，认为："认真听取大家的想法和意见是非常重要的。一个人的力量可能是微弱的，但集体的力量是不可小觑的。将每个人的优点集结起来，就能成就一个完美的整体。"

说实话，向别人主动寻求反馈的确不是件容易的事情，但是如果你想提升自己、变得更加卓越，如果你想和同学或你的团队成员打成一片，让团队关系更加融洽，让他们更加信任你、愿意主动配合你、认同你，你就必须谦虚地、诚恳地向他们寻求反馈，征求他们对你本人和你所做的事情的看法。

在寻求反馈的过程中，你除了要谦虚、诚恳之外，还要认真地倾听，不要轻易打断别人，注意你的肢体动作，眼睛要注视对方，并不断鼓励对方多说一些。谨记，千万不要辩解，不要说"不是这样的""不对"这种字眼。因为反馈者有自己的判断，对于评判你的行为这件事来说，他是"法官"，你不是。你在倾听反馈的过程中或收到反馈之后，要给出你的反应，要不断地说出这样的字眼，"挺好""我明白了""你说得很有道理""谢谢你告诉我这些"，这样，给你反馈的人才能知无不言、言无不尽，否则人们可能就会停止给你反馈，认为你对此毫不在乎，或者非常自负、傲慢。

当然，你也可以在收到反馈之后，就你不清楚或感到疑惑的地方和对方进行探讨，请对方给出改进的方法，而你自己也需要针对别人提出的意见说说下一步改进的措施和计划，表明改善的决心，并表达自己的感谢。

作为青少年领导者，你是学生中的佼佼者，很多同学都会以你为中心，也总会注视你、评判你，你的一言一行其实也是信号，所以，你要充分利用各种方式做榜样，确保你的行为和价值观一致。你要信守承诺、说到做到；你要确保你的学习、邮件、会议、社团活动、课外班、义工活动，以及其他需要花费时间的事情都能体现你看重的东西；在一些关键的突发事件或者刻意设计的事件上，要体现出团队的共同价值观，而不是说一套做一套；你还要学会讲故事，通过生动的、难忘的故事，把核心价值观和信念传达给大家，来让大家感悟和升华；还有别忘了，平时要经常针对自己的行为向大家征求反馈，了解你行为的长处和不足，以及你的行为是如何影响他们的，并根据大家的反馈意见自觉进行改变，否则人们将不会再给你提供反馈，也不愿意再相信你。

## 重点内容

• 理解以身作则的定义：说到做到、言行一致。每一位领导者在自己做和要求别人做之前，都要清楚自己是谁、立场是什么，什么对自己来讲是最重要的，要先找到自己内心的声音、找到自己的价值观，并按这些规则、标准身体力行、率先垂范。

• 学习并会使用以身作则的落地工具：第一，安排好自己的日程；第二，应对关键性事件；第三，注意平时使用的语言；第四，讲故事；第五，寻求反馈。

## 建议行动

• 将自己的五大价值观，用上述落地工具列出具体的措施和行动计划。

## 苏航感悟：践行价值观，就是说到做到

库泽斯和波斯纳在其著作《领导力》中写道："成为卓越的领导者，必须先明确自己的价值观，找到自己的声音。"什么是价值观、如何确定你的价值观，相信大家在前文的叙述中已经明白了，那我在这里就用一个例子来进一步说明以身作则的重要性。

达美航空是一家位于美国佐治亚州的航空公司，2018年12月，在由世界品牌实验室编制的《2018世界品牌500强》中，达美航空公司排名第237。它有着这样的经营理念——"顾客服务：达美的顾客服务一定要做到第一，评估以运输部在顾客抱怨、行李处理及准时等方面的统计数字为标准。高品质的顾客服务能提高公司的收益"。

而其CEO理查德·安德森先生则可谓公司理念的践行者、以身作则的模范。一位名叫Jessie的美国妇人乘坐达美航空的班机前往夏令营接她的女儿，她女儿参加的这个夏令营是专门为患有糖尿病的儿童开设的。但因为天气原因，Jessie的航班被取消了，她排在候补名单中的第8位。在她觉得自己肯定会错过自己女儿的闭营仪式时，地勤人员向她招手——她可以登机了。到达目的地后，Jessie才在广播中得知，是乘坐同一航班的达美CEO 理查德·安德森先生在得知她的情况后主动将座位让给了她。事后，Jessie在推特（Twitter）上对达美航空表示了感谢，而其CEO以身作则的行为，也为公司做了个免费的广告。

对于我们学生干部而言，能从这位领导者身上学到什么呢？结合第十二章和本章的内容，我觉得还是应从以身作则的"则"开始，我们每位学生十部要找到自己的价值观，向团队成员明确自己的价值观及内涵，然后大家一起讨论，确定团队的价值观，把这些价值观的内涵以及行为规范细化，然后做成海报，张贴在社团办公的地方，让大家能天天看到，之后大家照着这些规范和要求去做就可以了。当然，还需要注意的是，我们一定要用文中所讲的工具将价值观落地，这是践行"以身作则"这种卓越行为的高效手段。我特别喜欢的是"日程""关键事件""语言"这三个工具，也是我比较擅长的，另外两个工具我还得进一步学习和实践。总之，以身作则，应该从学生干部做起，说到做到，这样才会有影响力，才能让别人追随你！

# 第十四章　你得知道把团队带到哪里去

哈佛大学心理学教授丹尼尔·吉尔伯特这样说过，“人类是唯一思考未来的动物”。作为学生，你肯定有你的理想、梦想、抱负、愿望或者愿景，这些词的本质都是一样的，都是对未来的打算和规划。作为一名学生，你的梦想是什么呢？作为一名学生干部，你有没有想过要把团队打造成什么样子，要把团队带到哪里去呢？换句话说，团队也得有梦想，作为学生干部，你得知道团队前进的方向，在你卸任学生干部之后，你得给团队留下点什么。

在我们的调研中发现，学生干部在组织活动、开展某个项目的时候，都有他们自己的期望，或者说理想、目标、方向：

——希望我们的班级成为年级最优秀的班级，让我们的集体更加团结向上、积极上进，创造良好的学习氛围和学习生活环境。

——希望能有更多的同学得到帮助，让他们感受到这个世界上依然有人关心他们。

——希望所有后进同学都可以达到他们的理想成绩，并且在自己的能力上有所提升。

——努力付出一定会有好的回报，期望得到好名次；但是只要每个人拼尽全力、全力以赴，那么结果并不重要，过程才更值得我们回味与怀念一生。

——期待我们的每一位成员都能积极参与进来，为班级发出一点光和热。希望所有人都能心往一处想，劲往一处使。凝聚在一起，共同努力、奋斗、拼搏！

我们可以把学生干部的“你得知道把团队带到哪里去”的能力概括成一项叫作“共筑梦想”的技能和行为。“共筑梦想”是蓝色展望型场域对4D全能青少年领导者的技能和行为要求。这一章将和大家分享这样三个话题：一是为什么梦想这么重要，二是如何描述梦想，三是为什么描述梦想要有激情。

## 一、为什么梦想这么重要

你知道芭蕾舞演员在旋转的时候为什么没有眩晕的感觉吗？秘诀就是他们的眼睛始终盯着一个不动的点，身体先转，当达到角度极限时再迅速把头转过去，转身回来时在第一时间找到自己的不动点，参照不动点就没有眩晕的感觉。这个不动点其实就相当于梦想、理想。有不变的梦想、理想才不会晕眩。

那什么是梦想呢？简单地说，梦想就是一个人的方向，是未来要到哪里去，是未来想成为的样子；组织会把这个梦想称为愿景，也就是组织在未来所能达到的一种状态的蓝图，回答的是去哪里的问题。梦想就像远处的一座灯塔，指引我们到达那里；梦想就像GPS导航，引领我们前行。

对于学生来讲，个人有理想、有梦想，就能更加清晰地知道自己的目标和方向，也就给自己找到了学习的动力；对于学校的社团成员来讲，每一位成员都想知道，这个社团将来能发展到什么程度、社团的负责人会把大家带到何处去、自己会有哪些收益。因此，社团的负责人有责任帮助大家找到在团队中的梦想，找到在团队中工作的意义。所以，当你的梦想或愿景清晰时，你就能够更加快速地前进；能看清方向时，你就能够对前方道路上可能出现的曲折和困难有心理准备。

有一个流传很广的、关于美国前总统肯尼迪的传奇故事。

在美国首次登月准备期间，肯尼迪曾去美国国家航空航天局访问。其间去洗手间时，他看见一位清洁工正在拖地板。肯尼迪向他微笑，感谢他把房间打扫得这样干净。那个男人马上回答道：“不，先生，我不是在拖地板，我是在帮助我们的登月。”美国国家航空航天局的领导一定是“画大饼”专家，他能帮助组织里各个层级的人，从宇宙飞行器工程师到拖地板的清洁工，都找到背后那份比自己的工作本身更宏大的意义。

江苏省锡山高级中学校长唐江澎说，“每个人每天都应该给自己留一点做梦的机会”。

我非常恳切地表达这样一个想法，那就是每个人每天都应该给自己留一点做梦的机会，否则那颗照亮我们心灵的明灯就会暗淡下来。

也许你们不经意间的一句话就点亮了学生心中的一盏明灯，而这盏明灯将照亮他整个人生的前程。

哲人说，如果只谈理想就会落于空泛，如果只谈实务就会迷失方向。重要的是把我们脚下的每一步都同我们追求的理想联系起来，只有不让遥远的地平线在我们眼睛里消失，我们的脚才能迈出有意义的一步！

我相信，绝大多数同学都是有梦想、有愿望的，都希望未来的自己更加优秀，更加成功！当我们的脑海中有了这个梦想的画面，我们会兴奋、激动，愿意奋斗和付出。

但领导力不仅关乎你自己想要什么，也关乎其他人想要什么。作为青少年领导，你要理解你的追随者、团队成员的梦想和希望。因此，为了让他们热血沸腾、全力付出、激情澎湃，领导者很多时候需要当梦想家、理想主义者，为他们描绘未来各种可能的画面。如果领导者不承担这样的角色，就满足不了他们的需要。

领导力专家库泽斯和波斯纳的调查数据显示，当领导者“描绘了我们渴望实现的蓝图”和“频繁地描述组织未来的样子”时，在这些行为上投入最多的领导者的直接下属的工作态度是最积极的。例如，在这两种领导行为评分前10%的领导者中，有73%的直接下属表示他们会更努力地工作，如果工作需要，他们可以延长工作时间。而排在最后的10%的领导者的直接下属，只有15%会主动向领导者汇报工作，只有不到8%的下属强烈赞同“团队成员感觉他们在组织中创造卓越”的说法。

梦想和愿景是关于未来的，为个人和组织指引方向，不仅个人要有梦想，组织也得有愿景。通过共筑梦想，青少年领导能够让团队成员们更加积极地学习、做事和工作。

## 二、如何描述梦想

对于个人梦想的描述没有固定的格式，有的同学说，“我想成为一名顶尖的计算机专家”，这可以是梦想；有的同学说，“未来我想开办一家人工智能的公司，让全世界至少10亿人更轻松地工作和生活”，这也可以是梦想；还有的同学说，“我希望20年后能成为亿万富豪”，这个梦想也没问题。

个人的梦想没有固定的格式，而要让企业的梦想——愿景真正地感召员工，为组织的发展做好定位，却是有一定之规的。

给大家举个例子。

1975年，比尔·盖茨在创立微软公司的时候，就为公司确立了愿景：让每个家庭的桌子上拥有一台微软电脑。19世纪末，福特汽车公司的愿景是：为每个人提供一辆买得起的汽车。华为技术有限公司的愿景是：构建万物互联的智能世界。

看了这三家公司的愿景描述，各位同学，你有什么样的感受呢？你有没有一种画面感，在你的眼前马上就能出现一副副景象：有电脑，有汽车，还有纵横交错、万物互联的智能世界。

还有一家企业的愿景是这样说的：

从2019年算起，用2年至3年时间，在现有厂区，实现年均40%至60%的增长，达到年产值×亿元的目标！

这样的描述是愿景吗？它好像是关于未来的，但它不是公司要走向的终极之路，而只是这条路上的一个目标而已。

从以上的对比可以看出，**一个好的组织愿景是一幅关于未来的图画，它是能够给大家带来共同利益的。**

为什么说一个好的组织愿景是一幅图画呢？我通过一组问题进行说明。“各位同学，你们去过法国巴黎吗？”可能很多同学都没去过。不管你去过还是没去过，我的下一个问题是：“巴黎有什么？”你们肯定会回答，“巴黎有埃菲尔铁塔、巴黎圣母院、香榭丽舍大道、卢浮宫等等”。我会继续问：“巴黎的人口有多少？GDP是多少？汽车数量是多少？”相信大多数同学都回答不上来。为什么大家能记住那么多的风景名胜，而巴黎有多少人口却记不住呢？

其实这和人的左右脑的不同功能有关。人的大脑分为左脑和右脑，左脑倾向于逻辑思维，负责语言和逻辑分析、推理等；而右脑倾向于艺术思维，负责身体的协调、运动以及记忆等。人类主要通过图像和联想进行记忆，也就是说，人们对图像记忆深刻。举个简单的例子：同学们在一个大阶梯教室里听一个国外总统的演讲，你认识了某位同学，知道了他的姓名。过了半年之后，又在同一个阶梯教室里碰见了这位同学，你对这位同学可能依然印象深刻，但就是说不出他的名字来。原因就是刚才我们说的，比起对文字、数字，大脑对图像、画面更加敏感。

大家知道了左右脑的工作原理之后，就能明白乔布斯的高明之处了。在介绍苹果手机的存储卡时，乔布斯是这样把数字形象化的：

> 我们今天推出用于手机的首款12 GB存储卡。它拥有500亿个晶体管。如果把每个晶体管想象成一只蚂蚁，那把它们的头尾相连起来，就可以绕地球两圈。这个存储卡对你来说意味着什么呢？可以存6个小时的电影。而如果存音乐，这个容量足够你听着音乐去一趟月球再回来！

听到这里，你的脑海中就会出现蚂蚁、月球这种形象的画面。你可能笑了，现在某奶茶品牌也在用“绕地球两圈”这样的广告语，这个广告语后来也成了经典。

最经典的就是iPod刚刚推出时的广告语：“把1000首歌装进口袋”。各位同学感觉如何？乔布斯在非常巧妙地运用逻辑的左脑构建你的思想，运用感性的右脑呈现你的思想，将它们完美整合在一起，让你在听到这样的演讲或广告语之后，在慨叹经典的同时永远记住它。

再说共同利益。之所以说是共同利益，是因为组织的愿景不是公司老板或团队领导者一个人或者一群人的，而是组织、团队或全体成员共同的理想。愿景不是某位领导者的希望，而是大家的希望。领导者必须告诉员工，他们的利益如何得到保障、他们如何是愿景的一部分，只有这样，才能把大家吸引到共同的愿景中来。

对于学生团体来讲道理是一样的。不论你是学生会主席，还是各个社团的负责人，你都有责任和义务带领大家把学生会或社团的愿景确定下来，这个愿景一定要是能为各位同学带来利益的，一定是大家共同的希望。比如，某公立学校学生会的愿景是：为同学们建设美好的学生家园，为同学们带来实实在在的幸福感！且不论这个愿景文字描述的好坏，至少能让学生会的每位成员，甚至全体学生感受到，大家都在这个愿景之中，它能给大家带来共同利益，这是大家共同的希望和理想，大家知道未来要到哪里去。

那么，作为青少年领导，该如何让大家知道未来在哪里，也就是如何为大家描述共同的梦想呢？

这个描述的过程不容易，很多企业经理人也不一定熟悉这个过程。描述共同的梦想，就像我们之前介绍的建立团队的共同价值观那样，要防止团队领导自己整理了一段文字，在没有征求大家意见的情况下就直接在会上宣布。这样的做法既武断，又打击了大家的积极性，这样的愿景也起不到好的激励作用。

为此，描述共同的梦想需要以下五个步骤。

**第一步是回顾历程经验。**对于一些老的社团组织，如果还没有团队愿景，第一步就是由社团负责人带着同学们一起回顾该社团的发展历程。为什么要回顾过去呢？回顾过去、反思过往，可以让你跳出眼前的局限，帮助你看得更远。当然，这样的会议需要有一些“老人”参加，要么是前任领导，要么就是一些社团老成员。在回顾社团发展的历程中，把社团的高峰和低谷事件都呈现出来，并且最好能够总结一下大家做得好的地方、有哪些失误、收获了什么、对于未来有什么样的指导意义等。

**第二步是发现核心主题。**在这些高峰和低谷事件中，在大家的成功与失败中，有怎样的一些信念、原则、核心价值观在激励大家克服困难，不断前行？把这些正向、核心的主题找到。比如，在我辅导的一个社团组织中，社团负责人提到在过去的一些竞赛和活动中遇到过不少困难，但最后都能够“转危为安”且夺得不错的名次，关键是他们每次都能非常镇定地组织大家群策群力，发动大家运用所学的知识和经验，寻找小的突破口，抓住对方的漏洞，推出新颖的做法和设计，赢得评委和同学们的好评。通过这样的回顾，他们总结出，“创新”是他们社团非常重要的信念和原则，“创新”一直激发着他们的社团在这几年的工作中不断出彩。

**第三步是乐观直面现实。**在现实的工作中可能存在着各种问题、困难和挑战。社团的负责人不要回避这些情况，而是要让大家坦诚相见、充分暴露问题。针对这些状况，领导者既不要悲观，也不要盲目乐观，而要有基于现实的乐观，要发动大家，认真倾听大家的意见、建议和想法。

**第四步是憧憬美好未来。**虽然困难是存在的，但并不妨碍大家畅想未来各种美好的可能。领导者要鼓励大家分享对美好未来的想象，分享他们自己在未来的成长、变化和自己的收获。同时，领导者要花大量的时间谈论对未来的规划，比如你可以引导大家讨论未来要组织什么样的活动、组织哪些竞赛、通过什么样的方式提升大家的能力、将来大家会在哪些方面有收获等等。研究人员发现，关注未来的领导者更能吸引和激发追随者努力、凝聚团队、动员集体行动、最大化地创造个人和组织业绩。在憧憬共同的理想的过程中，同学们都够感受到学习、工作的意义。

**第五步是描绘梦想画面。**最后一步就是共筑梦想，把你们团队未来的梦想或愿景描述出来。实际上就是把这个所谓的未来场景化，让它有画面感，再用激动人心的演说来感召大家。在演讲时，无论你是用形象的文字，还是用比喻、排比等修辞手法，只要能让大家产生画面感、知道未来要到什么地方去，让大家感受到未来的这个梦想中有他们的身影，他们的希望和愿望也都能实现，描绘的这个共同的梦想就是成功的。

描绘未来时，一定要激情澎湃，一定要有画面感。江苏连云港市赣榆区实验中学的杨朔同学，在动员同学们一起成立一个篮球队的时候，这样呼吁大家：

小伙伴们，让我们行动起来，成立自己的“少年篮球梦之队”！

想象一下，在球场上挥汗如雨、奋力拼搏，我们是不是很酷，很man！

想象一下，在球场上眼花缭乱的脚步、闪电般的突破、精准的投篮、凌空而起的扣篮，还有赢得比赛，捧着奖杯的那个耀眼的时刻……我们这些后浪，是不是够翻滚！

想象一下，当我们能够不管春夏秋冬、风吹雨打，都能在篮球场上挥汗如雨，是不是够热血！

也请大家想象一下，当我们能够日复一日，年复一年地训练和比赛，我们会不会更加坚毅，更加团结，也更加成长！

小伙伴们，少年篮球梦之队，期待着你的加入。我们不能保证你能够“成名成家”，但一定会让你的中学时光，感受到“人间值得，未来可期”！

以上就是描述共同梦想的五个步骤。当然，如果你们是一个新的社团组织，那么第一步和第二步就可以省略，直接从第三步开始到第五步，这中间还需要对上级组织（你们是某学院学生会的体育部，学生会就是你们的上级组织）或学校领导、老师的期望和要求进行仔细分析，并融入你们的愿景中。

## 三、为什么描述梦想要有激情

在组织中，领导通常都希望下属热血沸腾、激情澎湃，工作起来全力以赴，因为只有这样才能出业绩，才能让公司稳定地发展下去。在学校社团组织中，作为负责人的你，肯定也希望各位成员都能齐心协力、高效率地完成社团的各项工作。为此，领导者要和大家一起描绘激动人心的未来。在描绘未来的过程中，如果领导者没有精神，甚至无精打采，那么大家会相信他说的话吗？

重要的是要富有激情地表达。那么，什么是激情？百度是这样解释的：激情（Intense Emotion）是一种强烈的、爆发性的、为时短促的情绪状态。这种情绪状态通常是由对个人有重大意义的事件引起的。重大事件之后的狂喜、惨遭失败后的绝望、亲人的突然离世引起的极度悲哀、突如其来的危险带来的异常恐惧等，都是激情。当然，我们这里说的富有激情的表达，更多的是一种兴奋、狂喜、愉悦的状态。

谈到富有激情地表达未来，在你脑海中会出现哪些领导者的画面？当然，经典的有马丁·路德·金的《我有一个梦想》，那真是声彻云霄。优秀的演讲从来都是慷慨激昂的，让你禁不住激情澎湃、热血沸腾。

假如一个领导者缺乏激情，那么他既看不到未来的各种可能性，也激发不了他的下属。展望未来，需要领导者深刻感受内心深处的激情，那种激情是对工作的意义、目的和价值的坚守。当下属感受到领导者所表达出的意义和价值，他们对领导的忠诚和信任会增加，其工作行为也会更加有效！

有研究数据表明，65%以上的人都希望自己的领导者“有激情”。追随者希望领导者能够满怀激情、充满活力地谈论愿景。毕竟，如果你自己都不能激动地谈论你的梦想，又怎能让别人振奋呢？因此，所有的领导者都有必要，也必须学会更好地表达自己的愿景和理念。这是一个需要不断培养和学习的能力。

**那么，应该如何培养激情呢？**“激情不会像顿悟一样突然而至，而需要积极地去发展。要知道，我们早期的兴趣是脆弱且模糊的，需要有力的、经年的培养和研磨。”这是心理学家安吉拉·达克沃思对激情的观点。在网上我看到一篇关于激情培养五步骤的文章，结合我的理解，给各位同学分享一下。

第一步，清除干扰。

生活中有很多干扰。现代社会中，让你分心的一个主要来源就是你的手机，达克沃思认为，“它并没有真正增加任何东西”。众多的分心和干扰，让你没有时间和空间去追求激情。我觉得，这个步骤对同学们的启发就是在学校的学习生活中，要尽量去除各种干扰，少花些心思在“颜值”上，少玩手机（很多学校都是禁止带手机的）等。当你排除了这些干扰后，才能把精力聚焦在一些重要的事情上。

第二，把激情想象成学习。

就像实习一样，激情是可以通过实践学到的东西。达克沃思说：“你无法在纸上解决问题或考虑它们。”你必须在某些事情上反复实践，才能找到感觉。

为了帮助她的孩子培养激情，达克沃思让他们每个人选择一个“硬的东西”，比如跳芭蕾舞或踢足球。因为她知道激情不会在一夜之间发展起来，所以她允许他们选择，防止他们在遇到困难时打退堂鼓。

激情不是凭空而来的，它必须建立在某个事项、某个活动或某个兴趣上。所以，作为团队领导，你需要挽起袖子动手干，并组织大家讨论、开展某项活动、学习某类书籍等，在这个过程中逐步培养出激情。

第三步，耐心等待。

不要指望立竿见影。“激情需要时间发展的一个原因是，在事情刚刚开始时，我们都很笨拙，学习曲线非常陡峭，”达克沃思说，“坦率地说，当你是那个笨拙的业余爱好者时，很难爱上某些东西。”

她的女儿露西选择了中提琴作为她的“硬的东西”。但达克沃思说：“这并不是她在第一年或第二年的激情。我不会说她非常热情，但她一直想要这样做。现在她已经足够好了，并以一种开始时无法实现的方式让她感到愉快……在学习期间，你还要注意持久性，别随意放弃。随着活动的持续开展，你正在培养一种激情，请注意这个标志——你永远不会觉得无聊；事实上，你越来越感兴趣。”

是的，在持续的执行过程中，你们会发现自己的兴趣越来越大，这件事的意义越来越深远。定期组织社团成员去社区进行普法宣传、每学期为山区儿童募捐并让他们每周喝上一杯酸奶、每天早晨雷打不动地组织大家晨跑等等，在这个过程中，大家的兴趣越来越足，每一天都被赋予了崭新的意义。

第四，记住更大的图景，保持动力。

每一种激情都有其不那么激动人心的时刻。为了演奏中提琴，可能要无数次练习音阶；烘烤时，可能需要洗碗。“今天我必须查看我的电子邮件、阅读一堆研究文章、写一篇文章的修订版，如果我把它们视为需要完成的孤立任务，这些可能会令人感到非常麻烦，”达克沃思说，“但是，当我明白它们将帮助我成为一个更好的科学家，并帮助我的孩子茁壮成长时，当我想‘这是我唯一想要的生活——帮助孩子过上更好的生活’时，突然之间，查看电子邮件、阅读文章和修订文章都变得有意义起来。”

这种观点的转变可能看起来微妙，但它可以有效地保持你的参与。达克沃思说：“将短期工作与长期抱负相结合，对那些觉得自己失去动力的人来说非常有帮助。”

正如前面所讲到的，每个人都有梦想，想象着未来的美丽画面、用梦想牵引，就找到学习、工作、生活和做事的意义和价值。

第五步，用一个奇怪的技巧避免倦怠。

人们不可能永远保持激情，有时候也会懈怠。那么，如何尽量避免懈怠呢？达克沃思建议：找一个同样的人，来帮助他。“当你筋疲力尽时，你应该用你的精力帮助另一个人，这听起来自相矛盾，”达克沃思说，“但我们互相帮助。当我们向他人提供建议时，有时我们也能在此过程中为自己提供咨询。它可以引起你自己的注意，是你可以做的事情。在研究中，我们发现它可以增强你的信心，让你感觉到可以取得进步。”

正因为你本身是富有正能量的，是具备正向的价值观的，当看到一个可能无精打采的、浑身懈怠的人时，懈怠的你可能就会打起精神，用你的正能量，用你的经验和故事给对方提供咨询，在这个过程中，你们就可以“抱团取暖”，互相燃烧起来了，你就又可以“满血复活”。

以上就是这一章的内容。无论你的团队、社团有多大，都一定要花更多的时间聚焦于未来，想象哪些激动人心的可能性吧！和你的社团成员或班级同学一起展望，去鼓舞他们，告诉他们未来的目标是什么，完成任务、活动或者项目后，大家会有什么收获，做这些事情有什么重要的意义，然后向着这个目标和理想进发，努力奋斗！

## 重点内容

• 了解梦想的定义：简单地说，梦想就是一个人的方向，是未来要到哪里去，是一个人未来想成为的样子；对于组织来说，这个梦想又叫愿景，也就是组织在未来所能达到的一种状态的蓝图，回答的是去哪里的问题。

• 在描绘团队或组织愿景时，一定要注意掌握愿景的要素：愿景是一幅关于未来的图画，它能够给大家带来共同利益。

• 掌握描述共同的梦想的步骤：一是回顾历程经验；二是发现核心主题；三是乐观直面现实；四是憧憬美好未来；五是描绘梦想画面。

• 学习心理学家安吉拉·达克沃思培养激情的步骤：一是清除干扰；二是把激情想象成学习；三是耐心等待；四是记住更大的图景，保持动力；五是用一个奇怪的技巧避免倦怠。

## 建议行动

• 你自己的梦想或者愿景是什么？请画一幅图画，并用一句话进行描述。

• 和你的团队成员一起回顾一下你们见过的、印象深刻的企业或组织的愿景描述，它们是如何符合愿景的要素的？

• 和团队成员一起，使用描述共同梦想的步骤，把自己所在团队的愿景描绘出来。

• 组织团队成员进行一次《我有一个梦想》演说。

• 回顾一下你自己的培养激情的历程，对照安吉拉·达克沃思的培养激情的步骤，你们在哪些步骤上是吻合的？

## 苏航感悟：展望未来，脚踏实地

在《领导力》一书中有这样一句话："领导者都是梦想家、理想主义者、各种可能性的思考者。所有公司，无论大小，都始于一个信念，坚信今天的一个想象终有一天会变成现实。"

埃隆·马斯克是纯电动汽车制造商特斯拉（Tesla）的总裁，他的真空管道车Hyperloop计划也让世界疯狂。他的梦想是什么？"我要在火星退休。"要知道，特斯拉创立于2003年，在一个2G网络刚刚普及的年代，这句话不亚于痴人说梦，然而，现在的他已经公布了2025年踏足火星的计划。

名人都有高远的梦想，我们学生干部在带领团队的过程中，也要经常和大家说这方面的事情。起初我带领团队时，最多能做到把任务说清楚，然后把分工确定好，但我发现有的同学的劲头也不是很足。后面我会和大家强调任务的目标，也会和大家畅想我们如果成功了会怎么样、会有哪些收获；在做项目的过程中，也会提前告知大家下一步的方向和事项。我发现这样做之后，大家做事的动力和激情都大大增加了。的确，换位思考一下，假如别人带我去做一件事情，只是告诉我去做，也不说将来会怎样，也不告诉我做这件事有什么好处，那我为什么要拼命地干呢？

有梦想和目标是好事，但还得把它落地。在这里我给大家介绍《可复制的领导力》一书中提到的个人管理模型（IMM），它可以帮助我们明确达成目标的阻力和优势。我用我自己的一个短期目标作为演示。

步骤一：把自己的目标写出来。例如，作为策展人于今年内在学校举办一场TEDx演讲。

步骤二：把阻碍条件写出来。例如，学习、升学压力，需要准备很多申请材料等。

步骤三：把有利的条件写出来。例如，老师十分支持，有很多潜在的观众和参讲嘉宾。

步骤四：个人特征。例如，在学校人缘不错，有很多可利用的资源，英语很好。

步骤五：自己需要做的事。例如，申请TEDx授权，写计划、拉赞助、联系场地等。

IMM，让我们把目标落地变得可操作、可执行。当然，除了这个模型之外，本书中的OCOSA目标计划工具、GROW模型、5W2H法以及OPPB的计划分析工具，都是非常好用的落地工具，大家可以学习使用。所以，当我们在心中存有高远的梦想、坚持释放激情的力量，并不断把一个个通向未来的阶段性目标实现了的时候，我们就会发现，未来并不遥远，它就在脚下。

# 第六部分　做青少年领导得会哪些基本功

# 第十五章　用指令和授权的方式分配工作

像企业经理人一样，作为青少年领导者，团队中的很多工作不可能完全由自己一个人做，如果那样，团队就失去了意义。因此，领导者需要把工作委派出去，让别人完成任务。委派工作绝对不像同学们想象的那么简单，把任务交代给别人就行。委派工作涉及指令和授权、告知任务、确定目标、计划保障、跟踪检查等。这些内容本章都会讲解。委派工作这个技能和行为，属于橙色指导型场域对4D全能青少年领导者的技能和行为要求。

## 一、委派工作的两种主要方式

作为团队成员，大家都有自己的岗位和职责。这个职责就好像为大家圈定了“一亩三分地”，表明了各自要完成的工作和负有的责任。但在这块地上种什么、怎么种、何时种，并不完全由任职的同学自己决定，而需要根据团队的战略、目标、工作重点决定。也就是说，由各级负责人层层分解下来，最终为团队成员确定他们要做的事情，这就是委派工作。比如，“某某同学，请你在月底之前招聘到兼职同学20名”。

各位同学，请你回想一下，你在委派工作的时候通常使用什么方式呢?

**一般来说，存在两种委派方式。**

**第一种是指令。**“张力，请你骑自行车，在半小时之内把这两本书送给教务处的王群老师。”“周俊，你找一下我们上次活动的办公用品赞助商，看他们能否给介绍其他有意向的赞助商。一周之内，你要确保找到两家，每家都能赞助一两千元。”这两个例子就是指令性委派工作。指令，就是让某人干某事。指令的方式通常给人的感觉是有点强制性的，是在硬性地要求别人做事。有的青少年领导喜欢用这种方式分配工作，因为它很直接，可以自己作出决定，团队成员只要执行就可以。但是你有没有想到，在什么情境下用这种方式委派工作最好？当团队成员的工作意愿比较高，但能力比较弱的情况下，用这种指令、告知的方式，效率才会更高些。

**第二种是授权。**授权和指令截然相反。授权，简单地说，就是一个人将一项具体的工作或项目委派给另一个人，而被授权者要确保完成这项工作。授权的时候，授权人需要将完成某项工作所必需的一些权力授予部属，这些权力包括用人、用钱、做事、协调等决策权，被授权者有责任按照既有工作标准完成工作。

授权是管理者的重要任务之一，有效授权是一项重要的管理技能。但为什么有很多学生干部在分配工作的时候不授权呢？究其原因，主要是不会授权，只会用指令的方式，或者是对部员不放心，还有的学生干部觉得工作都让别人做了，就体现不出自己的价值了。但在实践中，我们会发现授权的好处多多。

✓ 对于学生干部来讲：它能促进学生干部与团队成员之间的信任和交流，减少自己的工作量和压力，让自己腾出时间做最重要的事情，有助于进一步提升自己的领导能力；大家一起，能更好地完成团队的工作目标。

✓ 对于被授权的同学来讲：它能促进团队内部成员之间的信任和交流，提高个人能力；既能完成个人目标，又能共同努力达成团队目标。

✓ 对于学校或社团组织来讲：适当授权给合适的人可以节约成本；充分利用学校或社团的资源，能提高整体生产力和生产效率。

为此，青少年领导者要把授权当成一项重要的管理任务做。当青少年领导者面临如下情况的时候，就应考虑有效授权，把工作委派给团队成员来做：

✓ 你的收件箱总是满的。你花了太多时间处理“只有你能处理”的事务。

✓ 你的团队成员经常不停问你“这些工作的具体要求是什么”“这项工作要怎么做”。

✓ 团队成员们感觉自己权限不够，不足以完成工作。

✓ 把任务或项目指派给成员后，你不断介入、干涉，他们感觉你总是指手画脚，不放心他们做事。

✓ 社员在你手下工作了一段时间，但士气比较低迷，工作能力没有长进。

那应该如何授权呢？在学习如何授权之前，我们先来了解一下“**授权不是什么**”。

**授权不是弃权**：授权不是将全部事情交代给手下的团队成员后，自己就不管不顾、万事大吉了。授权不能不交代目标、标准等，授权之后不能没有跟踪、检查和辅导工作。

**授权不是授责**：被授权的人有按照工作标准完成任务的责任，这个责任是不能推脱的。“授责”指的是负责人不能把承担后果的责任推给团队成员，意思是当团队成员出现问题、完不成任务、造成损失或影响的时候，负责人依然要承担领导责任。

**授权不是简单的分工**：授权不是把一个工作切割开来，分给部门内的成员，每人各做一份。有效的授权是指被授权人在完成工作任务的过程中有一定的决策权，这些决策权包括：

人事权：人员的聘用、调（借）用、奖惩、任用、考核等权力。当然，如果这个被授权的同学是社团的成员，没有下级，那么他被授予的人事权只能是聘用、调（借）用的权力，考核、奖惩等权力一般不下放给没有下级的被授权者。

业务权：就是事权。一般包括做什么、什么时间做、在那里做、用什么方式做、用什么标准衡量、达成什么样的目标等。

在了解了“授权不是什么”之后，我们一起来看看在委派工作时应**如何进行授权式的沟通对话**。**授权对话一般按照如下的步骤进行**：

✓ 第一步：交代任务内容，明确该项任务的重要性。

✓ 第二步：询问所需要的资源。

✓ 第三步：明确授权的范围。

✓ 第四步：确认被授权人对于授权的认识，明确任务检查时间。

✓ 第五步：授权人与被授权人就任务目标和关键步骤达成一致。

举个例子：最近你们部门工作比较出色，学生会主席给你们部门批了800元经费，让你们组织一个团队活动，激励一下大家。你准备把这个工作交代给担任副职的刘同学。

按照上面的五个步骤，你就可以和刘同学进行这样的授权对话，下面模拟一下，假设A代表的是你，B代表的是刘同学。

A：小刘，现在有个事情和你说。这阶段咱们部门的同学干得非常好，几项活动都完成得很出色。我想在本月底之前组织一个团队活动，让所有同学都参加。一方面咱们放松一下，开心开心，另一方面也是感谢和鼓励一下大家，继续保持工作热情，下个季度还得继续出彩呢。你来负责这件事，怎么样？

B：好啊，没问题，我也在想这事呢，大家是需要放松一下了。

A：那你需要我这边怎么支持？

B：先得给我经费吧！另外再让欧阳同学协助我一下，其他也没什么了。

A：活动经费一共是800元，我最近刚拿了点稿费，可以再支持200元到300元，最多1100元。欧阳同学只能在这两周之内帮你，两周之后我还得给她派其他工作呢。

B：好的，没问题，那就1100元，在月底之前组织完毕。

A：你们俩先一起商量一下。今天是周二，周四中午之前先给我个活动方案，行吗？

B：可以啊，我应该可以提前给你。

A：那太好了。通过这次活动，一定要让小伙伴们彼此之间更加信任，工作配合得更紧密些。活动的形式你来定，文案最迟周四中午给我，月底之前一定要把活动完成。

B：好的，我记住了，一定圆满完成任务！

从以上的授权对话步骤可以清晰地看到，**授权其实就是告知被授权人具体的要做的事情、要达成的目标或工作标准、完成的时间，但采取何种方式、如何完成由被授权人自己决定。**

但在实际的委派工作中，有的青少年领导会用“半授权”的方式。比如，“佳怡，你抽空把我们部门这个季度的文案资料整理一下”。这种半授权虽然没有限制被授权人如何完成，但是关键的内容——完成时间、完成标准都没有告知对方，就会给被授权人造成困惑。因此“半授权”是一种错误的授权方式。

我们来总结一下指令和授权两种方式。好的指令和有效的授权，都应该告知下属做什么工作（完成什么任务）、完成的时间、要达成的目标或者衡量的标准；最核心的一个区别就是，指令的方式告知对方如何做，而授权的方式不说具体方法。

讲到这里，一个新的问题出现了。各位青少年领导，你是如何理解任务和目标的区别的呢？你在委派工作的时候，可能把任务说清楚了，但有没有说清楚目标呢？

## 二、理解任务和目标的区别

任务和目标是有区别的。任务指的是做什么，比如“你下午下课之后，带各组组长把教室打扫一下”，而目标指的是做到什么程度，达成什么结果。把打扫教室这个任务转化成目标，就是“你下午下课之后，带各组组长把教室打扫一下。做到地上没有任何纸屑，桌上不能有灰尘”。从中可以看出任务和目标的差别，**任务只是要求你做一件具体的事情，但目标却给出了标准，便于衡量和验收。**

如果你喜欢体育运动就会发现，运动员都是有目标的：篮球运动员尽力每场平均得20分，棒球运动员争取击中来球，橄榄球的四分卫要争取传球成功率达到50%。和运动员被目标激励一样，经理人会被自己的目标激励，青少年朋友也不例外。

在委派工作的时候，如果仅仅委派任务，而不说明具体的目标，就会让接到工作的人抓不住重点，只是做事，而忽视了最终要完成的结果。确立一个好目标，会给最终考核提供明确标准，也能激发大家的工作主动性，接到工作的人的能力也能得到提升，也有助于他们的进一步发展。

那么，在委派任务的时候，应该如何把目标说明白呢？也就是说，如何才能给团队成员设定一个好目标呢？

目标有定量和定性之分。定量目标指的是可以用数字明确下来的目标。比如：

✓ 这次数学竞赛，我们学校一定要拿下前两名。

✓ 在6月30日之前，完成1000名中学生的问卷调查工作。

可以量化的指标，包括：销售额增长的多少、新生参与人数、费用降低的多少、满意度的高低值、赞助商的数量等等。

定性目标指的是叙述性地描述目标，不使用数字进行说明。比如：

✓ 月底完成某方案的撰写。

✓ 年底前更新学生会竞选条例。

定性目标在一定程度上，和我们前面说的任务差不多，都是指做什么。比如，“制度制定”“方案撰写”“文档的规整、改善”“食堂的饭菜质量改善”等，都是定性的描述。

对于定量目标，大家一看就明白，也比较好确定；但对于定性目标，常会出现一些误解。在企业中，很多经理人认为，定性目标只能定性，无法定量，因此也就无法衡量。各位学生干部，你们也这样认为吗？大家要记住很重要的一点：不能量化的不等于不能衡量，定性的目标完全也可以像定量目标那样衡量，只不过你需要给定性的目标确定工作标准，明确的工作标准会给同学们提供工作的方向，激发他们的工作积极性。

给大家举一个定性目标的例子：学生会秘书处需要在今年12月底之前制定出各社团负责人的考核办法。如果学生会主席给秘书处的秘书长分配了这样一个任务，到了年底的时候，秘书长拿了一份考核办法方案给主席看，主席看完之后可能会说：“你怎么写成这样了？这根本不是我想要的。”那么，学生会主席想要的考核方案是什么样子呢？只有他心里明白，但是分配任务的时候没有说明白，秘书长不知道具体的标准，就只能按照自己的想法撰写了。如果在分配这个任务的时候就把目标的标准说清楚，秘书长在写的时候就能做到有的放矢了。

上面的这个定性目标，应该如何改写才符合规范、便于衡量呢？如果我们把这个定性目标当成一个任务来分派，那可以这样说：

学生会秘书处需要在今年12月底之前制定出各社团负责人的考核办法。考核办法需要包括以下重点内容，并且要经主席团会议全票通过。

第一，确立各部门、各社团分别考核的原则。改变过去笼统考核的方式，需要针对各部门、各社团负责人采取不同的考核办法。

第二，设置不同的考核表格和考核要素。改变之前全部按照统一的考核表格、统一的考核要素进行考核的模式。要根据各部门、各社团的工作重点设置考核要素。

第三，把奖惩和考核结果进行挂钩。要写明不同等级的考核结果的奖惩办法。

以上三条重点内容，再加上“要经主席团会议全票通过”，就形成了撰写考核办法的衡量标准。这样，就把定性的目标变成了可以衡量的目标。

在委派工作时，不论你是使用指令还是授权的方式，都要把要完成的任务及达成的目标说清楚，这样被授权的同学就知道该干什么。但有可能这位同学在执行的时候还是走了样，不是执行能力不行，而是做事的意愿不高，这就需要青少年领导者在委派工作时事先说明为什么要做这项工作。**所以，委派工作的时候，要把三个重要问题说清楚：一是工作任务是什么；二是工作目标是什么；三是为什么要做。**

## 三、说明为什么要做

在委派工作的时候，要和下属说明为什么做，其实就是说明做这件事的好处。德国社会学家、经济学家、政治学家马克斯·韦伯说过：“人类是悬挂在自己编织的意义网上的动物。”这句话是什么意思？人们做事，是被重要性、意义和价值驱动的。如果接受你分派工作的同学感觉做这件事对他本人来讲没什么作用和价值，那么他做事的动力就会减少，就可能会影响工作的质量及结果。

当然，有的青少年领导也会站在学校、学院、学生会的角度给团队成员讲道理，目的是让同学们理解这项工作的重要性和价值，也会从荣誉感、团队精神等方面激励团队成员，这是非常好的做法。但要明确很重要的一点，那就是完成这项工作对团队成员本人有什么好处，如学习、发展、晋升、待遇等。

比如，可以这样说："你不是一直想要一个提升个人管理能力的机会吗？这个活动就是个好机会。如果你把这个活动组织好了，绝对会提升你的协调能力、组织能力和沟通能力。"

或者说："你下学期不是想竞选部长职位吗？这次的工作会给你奠定一个很好的基础。把这项工作做好了，学生会的各部门、各社团的负责人你也都熟悉了，关系也就建立起来了；另外，你对学生会所有的工作也都熟悉了个遍，更有助于你下一步带领部门开展工作。"

在说明好处的时候，注意不要把一些不现实的、短期内无法达到的结果，或者"假大空"的东西"忽悠"给团队成员，比如这样告诉刚加入学生会的干事："把这个活动做好了，你的各项能力肯定会得到提升，你下一步做我们市的学联主席都没问题。"听到这样的话，团队成员肯定会感觉上级在"满嘴跑火车"，缺乏诚意。

所以，在说明好处的时候，先要表明对团队成员的期待，然后再把不远的未来、比较现实的目标或他本人的强烈愿望与当前这项工作任务结合起来，向他阐明做这项工作给他本人带来的好处。这样，就能让团队成员乐意接受并以更高的积极性和主动性来开展工作。

至于如何达成目标，就必须谈到落实具体的计划，有了完美的计划和实施，目标的达成才有保障。

## 四、确定好计划，确保目标达成

但在现实的工作中，有的同学没有工作计划，他们说："老是变来变去的，计划都赶不上变化，还要什么计划？"所以就不喜欢制订计划。也有同学说："我们不制订计划，不也把工作完成得挺好的嘛。"还有人认为可以"在问题出现的时候再定计划"。这样的说法和想法其实都存在问题。"计划赶不上变化"

的情况的出现，主要原因还是计划制订得不好、考虑得不周全，所以计划老是变。有人不制订计划，也能把工作完成，但是如果事前制订计划，就可以让他们更有针对性地开展工作，提高效率、事半功倍。“在问题出现的时候再定计划”会因为事情紧迫、时间紧张、大家压力太大，而造成不能聚合最好的资源和整合最好的创意来高效地完成任务的问题。

每个学生组织都有很多工作，但有很大一部分是日常工作，这些都可以通过日常的计划、工作规范完成。对一些经验和能力不足的同学来讲，如果既缺少上级的指导，又没有具体的实施计划，就会感觉到无从下手。而对于一些有经验的社团“老人”来讲，他们则能很快地领会团队负责人的意图，能够自己独立开展工作，觉得没有计划也完全可以掌控事情的进展，但可能会因为掌握的资源不够全面、有些事情没有事前考虑和规划，而在做的过程中出现很多问题，从而影响做事的效率和成果。

除此之外，还可能因为缺少工作计划，对于资源、人员和时间不能合理分配，造成部门与部门之间、成员与成员之间无法有效配合，造成沟通成本增大、效率下降等问题，对团队的士气也会造成很大的影响。

由此可见，确定工作计划至少有这样一些好处：

一是能指明工作的方向，协调各项行动，提高工作效率。

二是计划前的讨论、商定过程，能加强成员之间的信任、提升团队精神。

三是确定好计划，有助于过程中的监督、控制和跟踪。

四是有了计划之后，便于根据客观情况、内外部环境的变化适时调整，更为轻松地处理突发事件和问题。

**那么，确定一个好的计划应该包括哪些步骤呢？**

**第一步：描述要完成什么任务。**写明在某个时间之前要完成的具体的工作、项目等的名称。

**第二步：确定定量或定性的目标。**写明要达成的具体的量化指标，或者具体的衡量标准。

**第三步：列明目前的情况。**写明目前已经完成或者正在做的工作。

**第四步：确定具体的行动计划。**每项行动计划都要包括具体的负责部门

（人）、完成事项、完成时间等。

**第五步：预估预算费用。**列明行动计划中涉及的具体的支出费用。

举例：校学生会准备组织一次全校义卖活动。

第一步：描述要完成的任务。

于某年第一季度组织一次全校的义卖活动。

第二步：确定定量或定性的目标。

具体要达成下列目标：一是所有班级都能安排同学参加；二是每班参加人数至少10人；三是义卖收入不低于3万元。”

第三步：列明目前的情况。

第一，已经向校团委进行了书面汇报，校团委同意给予大力支持；第二，已经组织学生会各部门负责人开会，并做了具体分工，各部门对口负责具体的年级和班级；第三，有3个部门负责人承诺拿到外部单位的一些义卖物品赞助。

第四步：确定具体的行动计划。

第一，各对口负责人在某月某日之前，和各年级的各班班长进行对接，说明具体的义卖要求。

第二，在某月某日之前，某某部等3个部门要拿到外部单位赞助的义卖物品，并完成登记和义卖价格确定。

第三，各对口负责人在某月某日之前，把对口班级的义卖物品清单（包括义卖价格）交到学生会秘书处。

第四，活动部在某月某日之前确定好场地（操场或者室内篮球馆）。

第五，宣传部在某月某日之前将义卖活动宣传稿拟定并确认完毕；于某月某日之前在校学生会微信公众号上进行刊登。

第六，广播台在某月某日之前，每天进行两次广播宣传。

第七，活动部和秘书处在某月某日之前，将义卖场地所需要的设备、物料准备齐全。

第八，秘书处在某月某日之前联系好学校保安处、医务处，届时派人维持秩序并做好医疗保障工作。

第九，活动部和秘书处在某月某日之前，负责将义卖场地布置完毕；其他部门派员支持。

第十，活动部和秘书处在某月某日之前，要求各年级各班将义卖物品送至义卖场地，并规整到位，安排义卖人员到位。

……

第五步：预估预算费用。

第一，横幅（若干面）：若干元。

第二，旗帜（若干面）：若干元。

第三，矿泉水（若干箱）：若干元。

第四，打印费用：若干元。

第五，价签牌（若干个）：若干元。

以上就是有效计划所包括的内容，在第十七章中，本书将和大家分享确定行动计划的5W2H法，以及OPPB计划分析工具，大家可以一起结合着学习。

确定计划，是保证目标落地的第一步，最关键的还是要实施行动计划。在第十七章中，我还提到在实施行动计划时要在四个方面多加留意：

第一，聚焦在最重要的工作事项上。

第二，设立一块记分牌。

第三，设置一定的奖惩措施。

第四，定期跟踪检查。

青少年领导者在委派任务之后，即使把目标定得很清晰，也便于衡量，行动计划制订得也很详细、很完美，但如果在实施的时候缺少定期的追踪，也可能会前功尽弃。因此，还要做好跟踪检查工作。

## 五、工作跟踪与检查

这项工作主要是从下面四个方面进行的。

**一是工作进度：**是否都在按预定进度实施，有无脱离进度的现象发生；阶段性工作的结果是不是都按时间进度达成了。

**二是工作质量：**产品质量、服务质量和工作质量是否符合要求。比如，在上面的组织义卖活动的例子中，就需要在过程中对供应商提交的旗帜、横幅样品的质量进行检查，当所有旗帜、横幅制作完毕后，要和样品的质量进行比对，万一不合格，可以退回重新制作，确保义卖当天不影响使用。

**三是工作均衡：**检查各项工作进度是否均衡，有没有进度相差悬殊的现象。如果有滞后情况，要分析原因、提供支持，确保各项工作都在正常进度上。

**四是团队协作：**是否涉及多人或多个部门的目标，是否需要配合和辅导。该给予配合和支持的，要安排到位；对于存在能力问题的同学或部门，要给予辅导，提升他们解决问题的能力。

以上无论哪个方面出现了问题，都要检查措施的针对性、有效性，然后根据客观情况和需要，采取必要的纠正措施，或者变更计划。

从本章的内容来看，委派工作作为青少年领导者一项非常重要的技能，绝对不能忽视。因为委派工作能使接受任务的个人和团队对组织产生承诺、归属感和参与感，提升其工作价值和对组织的贡献度，同时能把青少年领导者从日常事务中解脱出来，致力于那些更重要和更有价值的核心工作。

## 重点内容

• 了解委派工作的两种主要方式：指令和授权。

• 理解指令和授权的定义：指令就是让某人干某事。授权，简单地说，就是一个人将一项具体的工作或项目委派给另一个人，而被授权者要确保完成这项工作或项目。授权的时候，授权人需要将完成某项工作所必需的一些权力授予部属。

• 理解授权不是弃权、授权不是授责、授权不是简单的分工。

• 学习授权沟通对话的步骤：一是交代任务内容，明确该项任务的重要性；二是询问所需要的资源；三是明确授权的范围；四是确认被授权人对于授权的认识，明确任务检查时间；五是授权人与被授权人就任务目标和关键步骤达成一致。

• 理解任务和目标的区别：任务指的是做什么，而目标指的是做到什么程度、达成什么结果。

• 理解定量目标和定性目标的区别：定量目标指的是可以用数字明确下来的

目标；定性目标指的是叙述性地描述目标，不使用数字进行说明。

• 掌握委派工作要交代的三个重要问题：一是工作任务是什么；二是工作目标是什么；三是为什么要做。

• 一个好的计划的确定步骤：一要描述要完成什么任务；二要确定定量或定性的目标；三要列明目前的情况；四要确定具体的行动计划；五要预估预算费用。

• 掌握工作跟踪和检查的四个方面：一是工作进度；二是工作质量；三是工作均衡；四是团队协作。

## 建议行动

• 回顾一下你目前已经委派给部员的工作，哪些用的是指令的方式，哪些用的是授权的方式？授权时的沟通对话包括上面说的重要内容了吗？

• 自己在纸上把最近需要做的工作全部写下来，看看哪些是必须自己做的？哪些是可以授权给团队成员做的？

• 你们团队近期的工作任务有哪些？请写下来。然后把这些任务的目标用定量或定性的方式描述清楚，并使其符合SMART原则。

• 和你的团队成员一起为你们的团队目标确定行动计划，可同时参考第十七章中的5W2H法、OPPB计划分析工具。

• 反思一下：对于最近的团队任务，你都采取了哪些跟踪和检查的方式？

## 苏航感悟：正确表达需求，使用工具跟进

作为学生干部，要相信自己的部员能够完成任务，但是只有正确地表达自己的需求，才能让团队成员正确、高效地执行。那么，我们应该如何做到这一点呢？

**第一，正确表达需求。**

理解对方的难处：换位思考，给予其适当的自由和宽限。

表明优先级：要做到这一点，就要先弄清自己想要什么，哪些要今天完成，哪些这周完成即可，哪些根本不重要，可以顺手就做了。这可以利用前面我提到的四

象限法则实现。

5W2H：布置任务时要讲明截止日期、拥有的资源、预期效果，如果能提供样本自然更好。只有正确地描绘目标，才能实现效率最大化。

**第二，过程跟进。**

前面提到，在领导风格中，一味给予自由并不是好事，所以领导者也应该及时沟通，了解进度。这在学校的同学合作中更加重要，因为你并不是真正意义上的上级，而只是整个工作的协调者，要让所有成员按时完成任务，及时跟进成果就是你的责任。

**第三，给予正向反馈。**

团队领导者应该及时肯定部员的工作，在过程中、在公开场合、在成员的上级领导面前。在给予反馈的时候，要具体说明事项和行为，也要详细并具体，还要说出其行为反映出的品质和能力，最后给予真诚的赞美和欣赏。

另外，我想在这里介绍一种时间管理工具——甘特图（Gantt Chart），它不仅可以令领导者更加清楚团队的工作进度，在分配任务、设立时间节点上也有很大作用（如图15-1所示）。

| | Week 1 | Week 2 | Week 3 | Week 4 | Week 5 | Week 6 | Week 7 |
|---|---|---|---|---|---|---|---|
| 一手调研 | ■ | ■ | | | | | |
| 二手调研 | | ■ | | | | | |
| 草稿1 | | | ■ | ■ | | | |
| 修改 | | | | ■ | | | |
| 草稿2 | | | | | ■ | ■ | |
| 终稿 | | | | | | | ■ |
| 提交 | | | | | | | ■ |

图15-1　甘特图（举例）

Investopedia（一家汇集投资教育、个人理财、市场分析的贸易资源网站）上这样定义甘特图："甘特图是对项目进度的图形描述。它是一种条形图，显示项目的几个要素的开始和完成日期，包括资源、里程碑、任务和依赖关系。"美国机械工程师亨利·甘特开发了甘特图。下面我用一个实际的例子解释一下。

例如，我们要写一个小组报告，研究某公司在现金流上遇到的问题。报告需要在7周内写完，那么我们就可以在甘特图的最上方以一周为间隔列出时间节点，并把完成任务所需要的步骤列在左侧。如在第一、二周内进行一手调研（采访、问卷等），并在第二周同时进行二手调研（在网上收集资料）。由于没有足够信息，我们需要在完成调研时，即第三周时开始写作。我们可以利用这种工具厘清项目的先后顺序，并借此分配任务。同时，我们还可以使用这张图表，告诉组员不能按时上交任务的后果是拖慢整组的节奏，以此管理团队工作，让团队有条不紊地运作。

# 第十六章　学会用不同的方式领导团队成员

在学校的各种学生组织里，不论平时工作是多还是少，都需要学生干部带领团队成员完成。在领导团队成员的过程中，学生干部领导方式的好坏，不仅关系到团队成员的感受，也会影响他们的工作表现。

举个例子：一个转学过来的、在航模竞赛方面很有经验的同学，被你指派组织一次航模竞赛，他是这方面的高手，而你不是。但如果你给予这位同学很多干预和指令，他是不是会感觉很“不爽”啊？此时正确的做法就是给他足够的信任和授权，让他主抓这件事，你在关键的节点和结果上给予跟踪、检查，在过程中给予大力的支持和配合即可。

在领导团队成员的过程中，学生干部其实有两项非常重要的任务：一是会判断——要会评估被委派同学的发展阶段及需求；二是有弹性——灵活自如地使用不同的领导风格。只有这样，才能让团队成员在需要的时候，用合适的手段为他们赋能、帮助他们成长。

我们把这种用不同的方式领导团队成员的能力称为“赋能领导”，赋能领导属于绿色培养型场域中的重要的领导技能和行为。在企业中，传统的管理者通常会把工作的重心放在绩效的增长上，而赋能型领导者会把更多的精力放在关注员工的成长上，通过支持、辅导、教练下属取得成功，因为只有员工成长了、成功了，组织的绩效才能提升。诺埃尔·蒂奇说：“成功的领导者会教导他人成为领导者。”杰克·韦尔奇也说：“在你成为领导者之前，成功的概念只局限于你自己，是指你在职权范围之内所表现出来的业绩、贡献度和问题解决能力等。但是，在你成为领导者之后，你的成功就取决于如何帮助他人成功了。领导者的成功指的不是你在做什么，而是你领导的团队能取得什么样的成果。”

因此，要成就团队中的成员，各位学生干部就必须给其他同学足够的授权，给他们尊重、信赖，给他们支持、辅导和教练，让他们成长，让他们有成就感。本章将从四个方面具体谈谈青少年领导应该如何赋能他人。

## 一、评估被委派同学的发展阶段及需求

人们对于接受的工作任务或活动，是否能够很好地完成，主要取决于两个方面：能力和意愿。能力指的是人们当前具有的知识、经验和技能，表明一个人了解、做过类似的事情，知道如何去做；而意愿指的是人们的信心、承诺和动机，表明了一个人能做、会做和想做某件事情。但能力和意愿又是相互影响、相互作用的，它们之间的相互作用又因人而异。所以，青少年领导者的任务之一，就是要从能力和意愿两个方面判断被委派任务的那个团队成员到底处于什么样的发展阶段。

从能力和意愿上看，同学们往往处在这样的四个发展阶段中的一个（如图16-1所示）：D1、D2、D3和D4。D是Development（发展）的首字母。

| D1 | D2 | D3 | D4 |
| --- | --- | --- | --- |
| 工作能力弱<br>工作意愿高 | 工作能力弱至平平<br>工作意愿低 | 工作能力中等至强<br>工作意愿不定 | 工作能力强<br>工作意愿高 |

图16-1 同学们的四个发展阶段

D1阶段的同学属于能力弱、意愿高的，是热情高涨的初学者。比如，你刚刚被吸收为学生会的成员，这时候的你往往意愿特别强烈，很兴奋，也很激动，但能力不是很高，很多东西没有做过，需要学生会的“老人”来教你、带你。再如，你高中毕业了，可以学开车了，报了个驾校，刚开始学习的时候（D1阶段）特别兴奋，觉得等了18年终于可以自己亲自开车了，但是能力明显不行，不知道踩刹车、看后视镜。在D1阶段，这些同学通常有下面这些需求：

✓ 希望饱满的工作热情被认可。

✓ 希望别人相信他们能够在一定的时间内提高各种能力。

✓ 希望获得明确的目标和做好工作的具体标准。

✓ 要把任务和组织的相关情况向他们介绍清楚。

✓ 希望能在能力方面得到指导和训练。

✓ 希望在行动计划方面获得详细的指导，并被告知具体的做事步骤。

✓ 对于工作范围、权限、责任和工作优先顺序也要介绍清楚。

D2阶段的同学，能力虽有提高，但还是很弱的，是憧憬幻灭的学习者。还举刚才那个例子，被吸收为学生会新成员的同学，在学生会工作了3个月，经历了一些事情，做了一些工作，比如知道怎么开会了，知道如何写文案了，但是工作意愿有可能降低。这是怎么回事呢？可能的原因包括：一是工作比原来想象的困难——写一个文案有这么多要求，又要了解需求，又得做调研，还得注意文字的风格，等等。二是没有人在其有困难时给予帮助——大家平时的学习和社团工作都很忙，在请求帮助的时候，可能因为这样或那样的原因，没有人及时站出来，其"幼小"的心灵可能就受到了伤害，有了挫折感。三是越学越意识到要学的东西太多——学生会是个组织，其中的组织架构设置、职责定位、工作规划、任务分派、组织协调、执行实施等，都有一定之规，在短时间内学到很多知识和技能不是容易的事，而上级给自己的要求又很多，就产生了一定的压力感。因此，各位团队负责人要了解清楚D2阶段同学的需求，否则D2阶段的同学可能被吓跑、压垮。D2阶段同学的需求通常是：

✓ 希望团队负责人能把目标进一步明确，并把远景规划描绘清晰。

✓ 希望在工作中经常得到团队负责人的指导和反馈。

✓ 希望在进步时得到赞扬。

✓ 要允许出现错误。

✓ 希望在遇到挫折和困难的时候，能有和团队负责人讨论顾虑、解决问题的机会。

D3阶段的同学，能力发展到了中等并较强的阶段，是有能力但谨慎的执行者。还是举上面学生会成员的例子，如果这位同学在学生会工作了一年，那估计大大小小的活动都经历过了，对学生会的工作流程也都熟悉了，各方面的能力也都得到历练了，比起刚入学生会的“菜鸟”，能力已经大大提升了。但这时候为什么在意愿上会出现不定的情况呢？设想一下，这个阶段的同学，在学生会一年的时间里能力得到提高，眼界得到开阔，对自己手上的工作已经非常熟悉，缺少新鲜感；他在职务上可能已经做到了副部长、部长，但要竞选学生会副主席、主席，还有一定的难度；他可能对学生会之外的一些活动产生了较大的兴趣，如有的同学想参加登山活动，有的想搞摄影，有的想组织乐器比赛等，自己就产生了一种“另立山头”的想法，也就是说可能想自己组织一个新的社团。所以这时候，他待在学生会里，意愿就会忽高忽低。D3阶段的同学，通常有下列需求：

✓ 希望身边有平易近人的良师或教练。
✓ 希望有机会和身边的良师及教练表达顾虑。
✓ 希望增长解决问题能力并得到支持和鼓励。

再举一个例子，可能你看别人打乒乓球，大汗淋漓、英姿飒爽，于是你兴致很高，也想学打乒乓球。刚开始的时候，也就是在D1阶段，你的意愿高、能力弱。学了一段时间，你会发现自己的水平有所提高，知道了如何发球、如何接球，正、反拍也都会打了，但是自己也累得腰酸背疼，练习了那么久，还是接不住教练的“弧旋球”，有点气馁。但是通过几个月坚持不懈的学习和练习，你发现自己的球技进步很大，教练的球也基本能接住了，扣杀球打得也很“凶猛”，和其他球友比赛时也能胜多负少了，于是你信心大增。但这时你发现，还有其他一些球类运动也需要尝试一下，于是就有点意愿不定、犹豫不决了，是继续打乒乓球呢？还是抽出时间也学习其他的球类运动呢？这就属于典型的D3阶段的状态。如果这时候你坚定立场，要在乒乓球运动方面继续精进，你会发现，如果你每天打两个小时的乒乓球，而且有机会和高手过招，2年至3年后的你，肯定就进入D4阶段了，能力高，意愿也强。这时候的你，不仅乒乓球实力力压群雄，你也通过锻炼改善了身体素质，通过打比赛拿到了很多奖项，也收获了无数“粉丝”。

从上面的例子中我们可以看到D4阶段的特点，那就是工作能力强、工作意愿高，属于独立自主的完成者。依然举学生会的那个例子，当你在学生会里任职两年或更长时间，因为工作出色信心大增，又通过竞选成为学生会主席、副主席或某一个部门的负责人时，你就可以在自己的“一亩三分地”里自由驰骋，实现自己的很多规划，这时候的你，不仅能力得到了很大提高，而且信心满满，有了很强的自豪感和成就感。因此，D4阶段的同学往往有下面这些需求：

✓ 希望有变化与挑战。
✓ 需要良师或同事型的领导，而不是一位“老板”或“管控者”。
✓ 希望受到尊重，希望其贡献得到认可和感谢。
✓ 希望拥有自主权、信赖和授权。

以上就是同学们在能力和意愿方面因为高低不同而形成的四个发展阶段，作为团队负责人，在委派工作这个阶段要做的就是：

✓ 明确你要委派的工作的任务和目标是什么。
✓ 确定被委派的同学在此任务上的工作能力如何。
✓ 确定被委派的同学在此任务上的工作意愿如何。
✓ 判断被委派的同学处于D1/D2/D3/D4哪个阶段。

在这里给大家举两个例子，大家看看他们分别处于什么阶段。

案例一：

李华是某校学生会体育部的高一学生，刚刚加入学生会。人很聪明，做事也非常用心，和大家的沟通配合也非常好。为了锻炼她，体育部的部长交给了她一项工作，就是为一个较大型的体育活动项目设定预算，该项目对体育部非常重要。为了及时完成任务，李华必须经常加班加点，造成她没有什么时间复习功课和参加学校乐队的排练。

她觉得事情太多忙不过来，而部长又要求她独自完成此工作。她很担心自己对整个项目理解不足，希望能得到他人的指导和帮助，然而时间已经很紧迫了，这令她相当苦恼。

案例二：

郭同学是校学生文艺部主持日常工作的副部长，担任副部长有一年半的时间了，工作努力，活动组织经验很丰富，业绩显著。他自己在唱歌、小提琴、钢琴方面天赋都很高，假期时做过乐器店的兼职销售，还做过驻唱。

今天，学生会主席找到他，说一个联谊学校的学生会主席希望一起合作搞个联谊文艺活动。主席就把这个工作交给了郭同学。郭同学接受任务后高兴地说，“他们学校文艺队水平挺高，我一直想着有这么个联谊的机会呢，太好了，没问题”。郭同学又问了主席几个相关的问题，然后就开始工作，与对方学校的文艺部长联系。过了两天，郭同学见到主席，汇报了他的思路和计划，以及正在进行的事项。主席听了以后感到很满意。

这两个案例中的李华和郭同学分别处于哪个阶段呢？从前面四个阶段的特点及需求看，大家应该能很容易地判定前者处于D1阶段，属于那种典型的意愿很高，但能力很弱的；而后者则处于D4发展阶段，能力强，意愿也高。在这里，大家要记住很重要的一点，**判定被委派任务的同学处于哪个阶段，一定要针对具体的工作任务**。比如，上面案例中的郭同学，在组织跨校文艺活动这件事上处于D4发展阶段，但假如让他去组织个全国大学生的文艺节，相信郭同学刚开始的时候肯定是处于D1阶段——意愿极高，但能力还不够。

如果团队领导清楚工作任务的难易程度，也能够判断手下的成员处于哪个阶段，就知道把工作交给谁最合适。当然，处于D4阶段的同学是最好的委派工作的对象，但在具体任务面前，不可能人人都处于D4阶段，处于D1到D4发展阶段的同学都会有。这个时候，领导者就要采取合适的领导风格，只有这样，才能让接受任务的同学感觉到被指导了，且指导有方、督导适当。

## 二、匹配适当的领导风格

领导风格指的是他人感觉到的领导者的行为模式（包括语言和行动），根据领导者在他人眼中的表现确定。这与领导者如何看待自己无关，而与他们想要影响的被领导者的看法有关：影响他们行为的是他们对你的看法，而不是你自己的看法。也许你认为自己是个有人情味、关心他人的人，但你的下属可能认为你顽固且专横。

决定领导者风格的主要是其身上表现出的两种行为：一种是指导行为，指的是领导者要清楚地向被委派的同学说明个人或组织的责任程度。这种行为包括告诉被委派的同学要做什么、如何做、什么时间做、在哪里做以及由谁来做，并且要密切监督工作的进度和成效。另一种是支持行为，是指领导者进行双向或多向沟通的程度。这种行为包括聆听、鼓励、协助、提供工作说明以及给予社交方面的支持，让被委派任务的同学参与决策，支持该同学独立自主地解决问题。这样就形成了四种领导风格（如图16–2所示）。

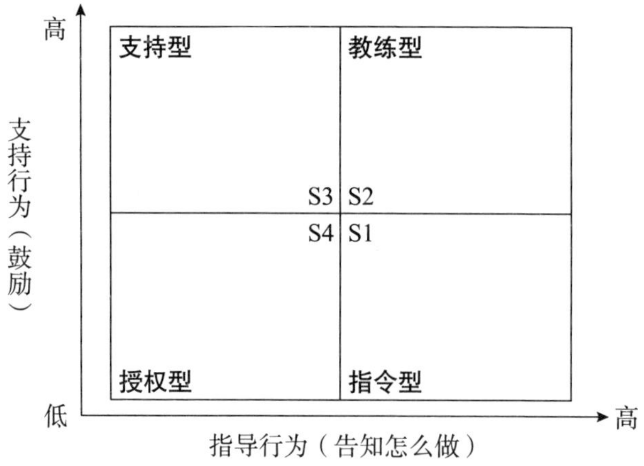


图16–2 四种领导风格

S1风格：又称指令型风格，这种风格针对被委派的同学使用高指导、低支持的方式。通常是单向沟通，青少年领导说得多，被委派的同学主要是听，最终由青少年领导来做决定。S1风格的领导对被委派同学的做法是：

- ✓ 表扬被委派同学对工作的热情。
- ✓ 说明所期望的成果、目标及时限。
- ✓ 告诉被委派同学用什么方法评估好坏，评估的标准是什么。
- ✓ 由团队负责人确定行动计划。
- ✓ 团队负责人决定做什么、怎样做、跟谁做。

S2风格：又称教练型风格，这种风格针对被委派的同学使用高指导、高支持的方式。通常要和被委派的同学进行双向沟通，但最终由青少年领导者做决定。S2风格的具体做法是：

✓ 让被委派的同学参与设定目标。
✓ 给予支持、再确定，以及赞扬。
✓ 认真倾听被委派的同学的想法和意见。
✓ 与被委派的同学商定工作的成果并确定用什么方法评估。
✓ 讨论被委派的同学的顾虑。
✓ 提供反馈。

S3风格：又称支持型风格，这种风格针对被委派的同学使用的是高支持、低指导的方式。通常要和被委派同学进行双向沟通，并且共同做出决定。S3风格的具体做法是：

✓ 让被委派的同学参与进来，营造一种宽松的气氛。
✓ 请被委派的同学主导行动计划的确定。
✓ 鼓励被委派的同学提问，和他共同做决定。
✓ 鼓励被委派的同学讨论他的意见并提供支持。
✓ 在评估被委派的同学的表现时听取他的自我评价。
✓ 开会时喜欢群策群力、集思广益，大家共同做决定。

S4风格：又称授权型风格，这种风格针对被委派的同学使用的是低支持、低指导的方式。通常在和被委派同学沟通时主要是同学说，青少年领导听，最终由被委派的同学自己做出决定。S4风格的具体做法是：

✓ 将决策权完全交给被委派的同学，让他主导目标与行动计划的确定。
✓ 让这位同学自己发现问题并纠正工作中的错误。
✓ 促使这位同学自行承担责任。
✓ 允许这位同学进行创造性的工作。

✓ 要让这位同学进行自我评估。

✓ 肯定这位同学对团队的贡献。

✓ 向这位同学提出更高的要求。

现在，大家对以上的四种领导风格的特点已经有了进一步的认识，前面我们解释了同学们的四个发展阶段，那么，它们的最佳匹配方式就应该是：S1风格匹配D1阶段，S2风格匹配D2阶段，S3风格匹配D3阶段，S4风格匹配D4阶段（如图16-3所示）。

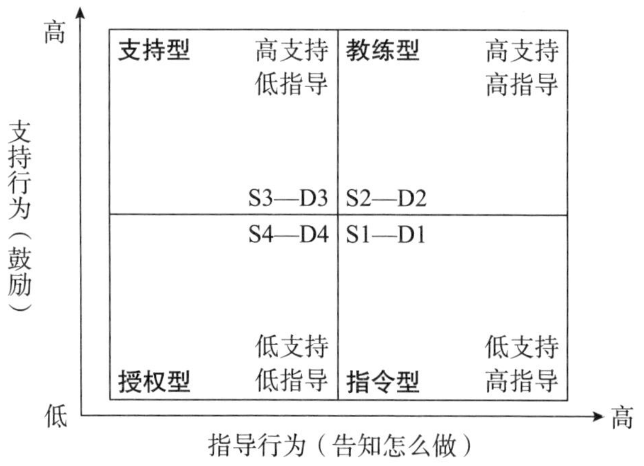


图16-3　四种领导风格与同学们的四种发展阶段匹配图

在委派任务的时候，如果你的领导风格和同学们的发展阶段没有匹配好，就会让他们有一种“督导过度”的感觉，这就可能是你对处于D3或D4阶段的同学用了S1或S2的风格；如果同学们感到“督导不足”，这就表明你可能在用S3或S4的风格对待处于D1或D2阶段的同学。所以，正确的做法就是要匹配得当。

其实，无论哪种领导风格，都要向被委派任务的同学明确所期望的结果并设定目标，在过程中要给予适当的检查，且要根据工作进展给予反馈。这四种风格的区别在于领导者给予下属的指导和支持多寡不同、沟通方式不同，以及下属参与决策的程度不同。

这里给大家举个例子，大家来判断一下，团队成员处于哪个阶段，其领导应该用哪种领导风格和做法。

你最近竞选成了一个社团的负责人，在了解社团成员的过程中，你发现其中一个缺乏经验的社员对自己的任务不能坚持到底，但她对这份新工作很有热情，并且希望成为社团中的领头羊。

第一，与她讨论不能坚持到底的原因，并探索其他可以解决这个问题的方法。

第二，确定完成任务所需要的步骤，并经常监督她的任务完成情况。

第三，告诉她完成任务具体必须做什么，但是接纳她提出的任何建议。

第四，让她知道她对工作不能坚持到底，给她更多的时间提高她的绩效。

以上案例中描述的这位同学应该处于D1发展阶段，属于那种意愿很高，但是能力明显不足的，因此你需要用S1的领导风格来对待她，最佳的就是上述的“确定完成任务所需要的步骤，并经常监督她的任务完成情况”。

使用合适的领导风格匹配处于不同阶段的同学，不仅适用于委派任务时，在带领同学们完成任务的过程中，更要注意这一点，该指导的指导，该支持的支持，该教练的教练，该授权的授权。否则，学生干部会把很多“猴子”（工作中的问题）背到自己身上，致使自己很累，既让自己缺乏成就感，又无法赋能团队成员。所以，学会赋能的领导，用合适的领导方式领导处于不同阶段的同学，会让同学们感觉被督导得适当，并在愉悦的学习和工作中快速成长，也便于建立相互信任的同学关系，彼此成就、相互赋能。

## 重点内容

• 在领导团队成员的过程中，学生干部要明确两项重要的任务：一是会判断——要会评估被委派的同学的发展阶段及需求；二是有弹性——灵活自如地使用不同的领导风格。

• 学会识别同学们的四个发展阶段：D1阶段的同学能力弱、意愿高，是热情高涨的初学者；D2阶段的同学能力虽有提高，但还是很弱的，是憧憬幻灭的学习者；D3阶段的同学能力发展到了中等并较强的阶段，是有能力但谨慎的执行者；D4阶段的同学工作能力强、工作意愿高，属于独立自主的完成者。

• 了解决定领导者风格的主要是其身上表现出的两种行为：一种是指导行

为，另一种是支持行为。

• 掌握四种行为风格的特点：S1风格，又称指令型风格，高指导、低支持；S2风格，又称教练型风格，高指导、高支持；S3风格，又称支持型风格，高支持、低指导；S4风格，又称授权型风格，低支持、低指导。

• 学会在委派任务和领导团队成员的时候，领导风格和团队成员的发展阶段匹配好，也就是说S1匹配D1，S2匹配D2，S3匹配D3，S4匹配D4。如果督导过度，就是你用S1或S2的风格错误地对待了D3或D4的同学；如果督导不足，就是你在用S3或S4的风格对待D1或D2的同学。

## 建议行动

• 对你的团队成员进行盘点，依据成员的四个发展阶段，你觉得总体上从做事的意愿和能力上讲，他们分别处于哪个阶段？

• 反思一下，你平常使用的指令、教练、支持、授权领导方式，哪几种偏多？偏多的原因是什么？

• 尝试着在你下一次委派工作的时候，判断一下你的部员在这项工作上处于哪个阶段，然后用合适的领导方式分配工作。

• 观察一下其他青少年领导在委派工作的时候是否使用了合适的领导方式与处于相应发展阶段的同学相匹配。

## 苏航感悟：活学活用4种领导方式

学习了本章内容之后，我结合在学校社团的管理经验、感受和看到的父母对子女的教育方式，以及观察到的老师对学生的管理方式，谈谈下面两点感悟。

第一，根据社团建立时间的长短应采用不同的领导方式。

学校里有各种各样的学生社团，社团组织一般都归学生处或团委管理，归团委管理的比较多。当然，还有没有管理部门的。但一般来说，社团都有挂名的指导老师，但是指导老师们有的就像“顾问”一样，“顾得上就问，顾不上就不问”。再加上社团组织负责人的能力、时间、兴趣等原因，有的社团组织发展得不是特别好。学习了“赋能领导”之后，我觉得指导老师们是否可以针对处于不同发展阶段的社团采用不同的管理方式?

刚刚成立的社团，尤其成员是从没有干过社团工作的同学，大家的兴致都特别高，但能力很弱，都处于D1的“菜鸟”发展阶段，他们面临着诸多问题，比如组织架构的设置、岗位的设立、社团制度的建立、活动的设计和开展等。这时，指导老师就应该对他们使用S1的领导方式，一方面对他们表现出信心，相信他们会越来越好，另一方面要“手把手”地教他们，包括如何设计组织架构和岗位、如何开会、如何发通知、开展活动时应考虑什么问题、如何做好各种计划等。这样，新社团的成员才会感觉到温暖和指导老师的一番用心。

针对成立了1年至2年的社团，可以采用教练型和支持型的领导方式。这类社团已经慢慢成熟起来，人员比较稳定，信任感增加，活动组织也走上正轨了，但是有的负责人又有了其他兴趣，希望成立其他社团，还有就是有的骨干成员没有得到重用，有可能“跳槽”到其他社团。这时，指导老师可以更多地通过教练的方式引导大家探讨如何把活动做得更加具有影响力、如何通过活动提升大家的能力，鼓励大家自我管理、自我决策。在这个阶段，指导老师也要给予各方面的支持，倾听大家的顾虑，做大家的良师益友。这个阶段的社团组织负责人虽然有了一定的信心，也表现出了雄心壮志，但还是要虚心向指导老师请教，指导老师也要表现出足够的真心和诚心来教练和支持大家。

成立3年的社团组织应该已经进入了成熟的阶段，大家经过3年的活动积累，经验已经非常丰富，能力得到了很大的提升，心智也已经更加成熟，处于D4阶段。此时，指导老师就可以对他们采取授权的方式，放心地让他们开展各种活动，给予他们充分的自由、尊重和信赖，但指导老师依然需要在方向上给予把握、在过程中给予监督，处于D4阶段的社团的负责人也要注意在关键节点上向指导老师进行汇报。处于这个阶段的社团组织，可以在活动的创新发展、社团的美誉度、人员的素质培养上进一步下功夫。

当然，因为我只有3年的社团组织经验，针对成立4年或以上的社团组织应该如何管理，指导老师应该扮演什么样的角色、发挥什么样的作用还没有经验，希望在上大学之后能提升这方面的认知。

第二，父母对子女尤其要注意使用不同的教育方式。

作为父母，都是望子成龙、望女成凤的，希望我们学习成绩优秀，素质全面发展。作为子女，我们也都能理解。但有时我们的感觉是，父母唠唠叨叨，说教太多。如果我们还是个处于D1阶段的孩子，父母给我们细枝末节上的指导，我们很愿意倾听和接受；但是如果我们对某些事情已经发展到D4阶段了，比如学习英语，我托福都能考110分了，如果英语刚过四级的父母还在指导我如何背单词、如何提升口语，我可能就不爱听。最好的做法是，父母给我们提出更高的学习目标，让我们自己承担责任，给我们足够的信赖和自主权。

处于青春期的孩子其实更不喜欢父母说教，一件事情说上无数遍，不但搞得子女很烦，父母也不开心。当然，这中间肯定也有我们做得不对的地方。那么，我们喜欢父母以什么样的方式对待我们呢？S2教练和S3支持的方式就很好。在和我们沟通的过程中，父母不要过多地说教，而应该多用启发、引导的方式，让我们自己思考、自己进行判断和选择，他们多倾听、多给我们赞扬、多和我们讨论我们的顾虑。在和我们讨论之后，父母可以帮我们做决定（毕竟我们有考虑不周或不成熟的地方），但更多的时候，父母应当和我们共同做决定。决定做出之后，就不要老是不放心、不停地检查，而应该在我们需要的时候提供支持。

总之，“赋能领导”引发了我很多思考，我觉得这4种领导方式在很多地方都可以使用，如班主任对班级的不同活动也可以采用不同的管理方式，社团对新老合作伙伴也可以用到这4种方式。你觉得呢？你还有哪些方面的应用呢？分享出来，我们一起学习和应用。

# 第十七章　带领大家一起解决问题

前两天我到朋友家去，朋友家一个准备申请美国大学的孩子告诉我，在平时的考试中，有的课程她能考6分左右（满分7分），有的课程却只能考4分左右。一般来说，我们把能考6—7分的课程称为这位考生的优势课程，4分及以下的课程称为弱势课程。孩子就问我：哪门课程更容易挖掘潜力？是优势课程还是弱势课程？

如果是你，你会怎么回答这个问题呢？这个问题可以用什么思路解决？现在我们先不探讨如何解答，我想说的是，在平时的学习、生活、工作中，我们每天都会遇到大量的问题，比如：

✓ 今天中午我是到学校的A食堂还是B食堂吃饭？

✓ 我最近迷上了打游戏，我该如何安排学习和打游戏的时间呢？

✓ 我如何在这次SAT考试中考到1520分以上呢？

✓ 昨天在开运动会的时候，有个同学突然晕倒了，大家手忙脚乱地找校医诊治，下次再碰到类似的情况，我们该怎么办？

✓ 目前手头正在做一个项目，我该如何给大家分配任务并做好具体的执行呢？

……

你看，这些问题都需要你来做决策，而用什么样的方法来解决这些问题，的确考验着大家的智商和能力。我们每天都会遇到大大小小的问题，遇到问题，我们既不能不管不顾，也不能一筹莫展，而是要学会分析和解决，否则，你每天的生活和学习都无法进行下去。当然，这里有简单的问题，也有很多复杂的问题，而能科学、有技巧地分析和解决问题，是同学们需要培养的一项重要技能，这也是领导力的重要体现。在第一章中我们就提到过，“领导力就是解决问题”。具备了一定的问题解决能力，同学们将来踏上职场之路、走向管理岗位，也会更加顺畅。

全球杰出的CEO、美国通用电气公司原董事长杰克·韦尔奇先生说过：“未来的领导者提出问题、加以讨论，然后解决它们，他们依赖的是互信而非控制，因此，领导者要做的是真诚、坦率地沟通，领导者要成为下属的教练而非牵绊者。”所以，带领大家一起解决问题，是青少年领导者重要的工作之一，也是青少年领导者要掌握的重要的技能，这项技能是橙色指导型场域的要求。

本章将和大家分享三方面的内容：一是培养思维的优势；二是利用大家的智慧，带领团队解决问题；三是解决问题的工具和方法。

## 一、培养思维的优势

两家世界500强公司的缔造者、亚洲著名的企业家稻盛和夫先生曾说过这样一段话：

我没有杰出的能力。正因如此，我必须具备超出常人的热情，必须付出不亚于任何人的努力，同时，掌握比常人更优秀的“思维方式”，也就是优秀的哲学、卓越的思想、高尚的人生观、正确的判断标准。为此，我努力学习中国古代典籍，并努力把这些圣贤的哲学根植于自己心中。

我们在生活和经营中，需要进行各种各样的判断。这个时候，我们会依照自己的“思维方式”和“思想”进行判断，因此，作为判断基准的“思维方式”及“思想”正确与否、卓越与否，将极大地影响判断结果。

什么是思维？思维就是人用头脑进行推导的属性、能力和过程。人类文明的一切成就，都离不开人类思维能力的提高，当然，也离不开实践能力的提高。解决问题就是人类思维过程的一种很具体的体现。那么，什么是问题呢？简单地说，它就是现状与预期目标之间存在的差距，并已形成不利或潜在的不利，必须加以解决。而目标就是想要达到的程度，比如上面问题中的SAT考1520分。在这个需要达到的程度中，还包括应有的状况、需要的状态、期待的结果。现状指的就是已经做到的程度，包括实际的情况、目前的状态、未料到的结果。

那么，解决问题有哪些思维方式呢？一般来说，有3种思维方式。

**一是形象思维，**主要用直观形象和表象解决问题，它是通过对事物形象的概括产生的。举个例子：用四根筷子（不许折断），能否搭出一个“田”字？

**二是直觉思维，**是指对一个问题未经逐步分析，仅依据内因的感知而迅速地作出判断，猜想、设想，或者在对疑难百思不得其解之中，突然对其有了“灵感”和“顿悟”，甚至对未来事物的结果有“预感”“预言”等，都是直觉思维。

**三是逻辑思维，**也叫流程思维。在解释流程思维之前，我先说一种现象，这种现象在职场上比较多见。在开会的时候，领导说现在要决定一件事情，请大家商议一下，大家都大眼瞪小眼，谁也不说话，最后还是领导拍板做了决定，这整个决策的过程，就是“三拍”的过程：拍脑袋、拍胸脯、拍屁股。领导拍脑袋，决策了；经理们拍胸脯，保证了；最后因为决策失误，完蛋了，干活的人拍拍屁股走了。总体来说，现在有些单位还存在这种情况，以任务为导向、以人治为驱动，很少或者不擅长进行科学决策，这也是某些企业的决策方式亟待提升的地方。作为青少年领导，也要避免这种情况，减少这种拍脑袋乱做决定的情况。与这种拍脑袋作决策相对应的就是，充分地分析问题，然后使用各种流程方法创造性地解决问题，这就是逻辑思维。逻辑思维是人的理性认识阶段，是人运用概念、判断、推理等思维反映事物本质与规律的认识过程。

组织是由各种流程组成的，比如战略规划流程、目标计划流程、销售流程、采购流程、招聘面试流程、转岗流程等。设想一下，如果组织缺少了流程和流程管理，将是怎样的一番景象？所以，流程管理是组织成功的关键之一，我们必须加大对流程管理的重视及执行。按照之前讲过的4D系统，流程管理属于企业的橙色文化，企业中的四种文化——培养文化、包容文化、展望文化、管控文化（流程管理），缺一不可。

你在思考问题的时候，思考的深入程度、全面性，其实就来自思维流程的设计、管理，这是由很多因素决定的，如你的知识、技能、天赋、经验和灵感等。举个例子：一个社团的同学平常表现挺好的，有一天社团开会迟到了，因为他的迟到，大家没有及时把他的报告拿到手，致使开会时间延长，并且耽搁了下个会议的进行。请问，如果你会后要和这个社员聊聊，你会怎么说呢？没有标准的谈话方式，但是每个人说话时都会有自己的“框架”和“套路”，其实这就是流程，先说什么，再说什么，最后如何结尾，这和每个人的经验、技能、知识、灵感等都有关系。好的谈话，会让人深刻地认识到问题，积极地确定改进方案，让人感觉很温暖，也备受激励；而不好的谈话、没有章法和艺术的谈话，则可能会引起冲突，也会让人备受打击。

所以，掌握科学的思维方法和工具，并能够进行清晰的、系统性的思考，这是对职业人的职业素质要求。而作为将要走向职场的学生来讲，掌握思维方法和工具，就能更好地进行有计划的学习、生活，在感性思考的同时增加理性思维，提高解决问题的质量，增加自身的成就感和价值感，更好地拓宽自己的视野，提高自己思考的层次和境界，也能为未来作出更大的贡献！

对待问题的态度及改善思考是企业和个人竞争的起点；企业最终决胜的关键不在科技，也不在产品，而在每一位员工的思想中。思维的优势是唯一能够保持竞争的优势，所以，只有学会主动管理，培养思维的竞争力，才能让自己在激烈的竞争中保持头脑清醒，更加游刃有余！一个好的学校、一个好的社团，之所以能够出类拔萃，也是同样的道理，它在于每一位同学的主动学习、主动管理，在于每一位同学的积极思维以及优秀的解决问题的能力。

## 二、带领团队解决问题

去过美国加州的同学应该都见过当地最雄伟的植物——红杉。成熟的红杉差不多有90米高，相当于30层楼。大家都上过生物课和地理课，知道越高大的植物的根扎得越深。但是，加州红杉的根只是浅浅地扎在地面而已。理论上，根扎得不深的高大植物应该非常脆弱，一阵大风就能将它连根拔起。但是加州红杉为什么能长得如此高大且屹立不倒呢？研究发现，没有一棵红杉是独立存在的，它们是成林生存，一大片红杉的根彼此紧密相连，一株接着一株，结成一大片。因此，就算再大的飓风，也无法撼动由几千株根部紧密联结的红杉形成的红杉林，除非飓风强到足以将整块地皮掀起。

这种现象告诉我们一个简单的道理：一个人无法只靠自己的力量取得成功，

成功离不开他人、团队的帮助，只有借助他人的力量，我们才能让自己更强大，才能获得成功！

人是这样，组织也是这样。世界已经发展到了“互联网+”的时代，任何一家公司都不可能靠一种模式、一种产品持续取得竞争优势。在复杂多变、激烈竞争的市场环境中，唯一能让企业保持核心竞争力的就是企业的创新优势以及解决问题的能力。单靠公司老板或公司高管、资深人士让公司持续成功已不可能。个体的视野不够全面，个体的经验也在贬值，企业的问题需要更多的人从更广阔的视角，以更多维的思考、更新颖的手段，群策群力解决。

20世纪90年代，杰克·韦尔奇就曾说过：

一个经理人要有一颗更开放的心，过去人们总是认为经理人理应比下属知道得多一些，这种老观念已经不合时宜了。未来的领导者提出问题、加以讨论，然后解决它们。他们依赖的是互信而非控制，因此，领导者要做的是真诚、坦率地沟通，领导者要成为下属的教练而非牵绊者。世界前进得如此之快，以至于控制成了一种限制。

但是，一些经验较少的青少年领导者往往觉得如果靠大家才能解决问题，会让老师或者辅导员觉得自己的能力有限，所以常常喜欢单打独斗，完成具体的任务。这造成了什么问题呢？一是让自己特别累。在繁忙的学习之余，还要从事学生工作、社团工作，时间只有那么多，所以会让自己筋疲力尽。二是挫伤了其他同学的积极性。作为社团组织，大家加入进来，就是想通过活动、任务、工作等找到自己的价值感，提升自己的能力。如果发现很多工作都被领导“承包”了，根本不需要也不让自己插手，即使参与进来了，也是做些鸡毛蒜皮的事，根本体现不了自己的价值，那么对参加社团活动，有的同学也会慢慢失去兴趣。三是因为只有青少年领导一人在承担和操作具体的工作，完成任务的质量也不高，最后还得不到上级或者老师好的评价，自己也很郁闷。

领导是做什么的？就是带领大家一起解决难题、达成目标的。而担心由于别人参与具体的工作体现不了自己做领导的价值，这本身就是对团队的一种误解。团队的要素之一就是大家共同承担责任。俗话说，“一个篱笆三个桩，一个好汉三个帮”，即便你个人能力再强，你的能力、精力和时间也总是有限的，要想出色地解决问题，必须靠更多的人形成一个团队，大家分工协作，共同承担责任。

作为团队负责人，要明白一个简单的道理：你是在带领团队解决问题、完成任务，在这个过程中，大家的成绩就是你作为团队负责人的成绩，反之，大家的失败也就是你的失败。因此，作为青少年领导，你给出方向、提出问题、带领大家群策群力完成任务，既锻炼了大家，又给自己减了负，其乐融融，何乐而不为呢？比尔·盖茨说："大成功靠团队，小成功靠个人。"那些我们羡慕的成功人士之所以杰出、之所以卓越、之所以成功，不一定是因为他们个个是天才、个人能力技压群雄，而是因为他们有着出色的合作意识，遇到问题善于借助团队的力量解决，而不是一个人"独挑大梁"，把众人扔在一边。

所以，作为青少年领导，一方面要有培养人才的意识，要通过各种任务，透过通力合作、群策群力解决问题的方式让大家都能得到锻炼和提高；另一方面要营造一种宽松的合作氛围，这样才能让大家高质量地解决问题。大家都有这种感觉，人在紧张、有压力的时候，大脑的"内存"就变得有限了，解决问题的水准就会明显降低，也无法形成合力。正如在之前对4D系统的讲解中提到的，创造积极的正能量的场域，是提升团队绩效最重要的因素。

## 三、解决问题五步法

前面介绍了思维的3种方式：形象思维、直觉思维和逻辑思维。逻辑思维也称为流程思维。流程思维就好比公式，要找到合适的解决方案，就必须使用公式。在这里我就和大家讲解一下这样的公式，和大家分享一个解决问题的五步法。

### （一）识别和界定问题

识别和界定问题是分析问题、解决问题的第一个环节。但我们对问题的认知往往是模糊的，并不能清楚地说明它到底是一个什么样的问题，为此，清晰地描述问题是重中之重，这等于解决了一半的问题，否则我们就会被表面的问题所迷惑，深陷其中，也就无从解决问题，找到真正的答案了。

给大家举一个例子：

在一次班主任和班长的例行沟通中，班长提到，本班有的同学对学校的满意度较低。班主任就问，是对哪方面的满意度较低？班长告诉班主任主要是对现在学校食堂的伙食满意度较低，还有就是对新来的数学老师的教学方法不是很满意。班主任继续问班长，其他班的满意度是什么情况呢？班长就回答不出来了。班主任就建议班长去隔壁几个班了解一下他们对食堂伙食以及数学老师的满意度，然后再向她汇报，如有必要，她会向学校反映来解决这两个问题。

从班长汇报的这两个问题来看，描述是比较模糊的，仅仅说了对食堂不满意和对数学老师的教学方法不满意，既不具体也不全面，既缺少了量化也缺少了对比。描述问题其实就是对信息的收集。信息一定是可以观察到的事实，而不是主观的臆测和推论，并且一定要尽可能把所有的事实都了解清楚。当把这些事实和信息收集齐备，就可以重新界定问题。重新界定后的问题一定还要包括要达到的目标或者要达到的程度，而目标的描述还要符合SMART原则：

**Specific——具体的**：要把问题写具体，写明白，写明最终要完成的是件什么事情。

**Measurable——可衡量的**：要写清楚要完成的这件事情该如何衡量。

**Achievable——可以达成的**：要完成的这个目标是具有挑战性的，但不是遥不可及的。

**Related——相关的**：这个目标要和设立目标的同学的学习/工作、他所汇报的负责人及所在的班级或社团的工作相关。

**Time-bound——时间性（完成时间）**：要写明该项工作应该在什么时间完成。

后来，这名班长向其他班级的班长做了问卷调查，涉及很多内容，包括大家感到食堂存在问题的时间长短，食堂菜品的数量、质量、口味，餐厅人员的服务态度，餐桌椅子的数量，食堂师傅的着装、态度等；针对数学老师的调查，涉及老师的经验、知识丰富度、授课技巧、情绪和态度、肢体语言丰富程度等。

最后形成了问卷调研汇总，并形成了两个问题，再向老师汇报：第一个问题是，今年第一、二季度高中二年级学生对学校食堂的满意度明显偏低，低于去年学校设定的标准5个百分点；大家希望食堂经过改善能让满意度在第三季度结束时重新回到学校设定的92%的标准。第二个问题是，截至上周末，高中二年级三个班对数学老师的满意度是75分（满分100分）；如果按照一般、较满意、满意、非常满意四个级别总体评价，大家的整体满意度是“较满意”。大家希望在两个月之后对数学老师的满意度评估分数能提高到85分，使整体满意度达到“满意”。具体存在哪些方面的问题，在班长向班主任的满意度调研汇总报告中也有详细的说明。

从上述例子可以看出，这位班长重新定义问题，把问题说得更加具体了，问题也清晰了很多；把问题转换成符合SMART标准的目标，下一步的问题解决也就有了非常明确的方向，否则只停留在感觉层面，解决起来也只能靠拍脑袋了。

同一个问题换一个角度看就会不一样，对同一客观事实的不同描述，给人的感受也会完全不同。我再给大家举一个经典的例子。

有一座山，山上有座庙，只有一条路从山上的庙通到山脚。每周一早上8点，都有一个聪明的小和尚去山下化缘，周二早上8点从山脚上山，回到庙里。小和尚的上下山速度是任意的，请问：在每个往返中，小和尚会否在同一时刻经过同一个地点？

当你听到这种描述时，是不是感觉有点绕？其实，如果把这个问题重新描述一下，从另外的角度来看，问题就是这样的：

两个小和尚，一个从山顶，另一个从山脚，沿着同一条路同时出发。请问两个小和尚在路上能否相遇？答案是肯定的，他们肯定会在路上的某个点相遇。即在每个往返中，小和尚肯定会在同一时刻经过同一个地点。

重新定义问题可能出现在任何领域。很多同学都看过大胃王比赛，有的人对此不屑一顾，这比的就是谁的胃口大，好像没有什么技术含量。但是，连续6届赢得国际吃热狗大赛的日本大胃王小林尊就是个聪明的大胃王。史蒂芬·列维特和史蒂芬·都伯纳在《魔鬼经济学3:用反常思维解决问题》中介绍了小林尊是如何研究比赛策略的。

选手们的比赛方法都很相似——从热狗的一端吃到另一端，比拼的是速度。而小林尊发现，香肠和面包由于密度不同，并不利于同时咀嚼和下咽。于是，他尝试了不同的方法：把香肠和面包分开，一手把香肠掰断、送入口中，另一只手把面包放在温水里浸一下，然后把水挤掉，再吃下去，这样，既节省了喝水的时间，又可以有水润喉。

当别人思考“如何吃得更多”时，小林尊思考和解决的是“如何让热狗更容易下咽”的问题，因此，得到的解决方案和效果也不一样。重新定义问题、使用新的策略手段，使他在2001年美国举办的国际吃热狗大赛中一举夺魁，在12分钟内吃下50根热狗，远超此前25又1/8根热狗的比赛纪录。

大家在学习、社会活动中，会碰到各种各样的问题。有时仅从一个人的角度来观察、描述，会比较片面，甚至可能一叶障目；而动员大家的智慧，群策群力，从不同的角度看，借助大家的不同经验重新审视问题，通常能把问题识别和界定得更加清晰和到位。

（二）进行原因分析

把问题描述清楚、确认完问题就完成了第一步，之后就进入第二个步骤——原因分析了。对于原因分析，仁者见仁，智者见智，每个人都有自己的经验、知识、技能，也都有自己的感悟，领导者这时往往要带着大家进行头脑风暴，穷尽各种原因。一个做法就是“上墙”：给每位同学发便笺，在规定的时间内，比如在3分钟之内，大家尽可能地在便笺上写出3—5个原因，然后把便笺贴在墙上或书写板上。领导者对大家所写的原因进行归类，将写着类似原因的便笺竖着贴成一列，形成若干列，也就形成了几类原因。矛盾的背后总有主要矛盾和次要矛盾，而主要矛盾对问题的解决起着关键作用。同理，要从这几类原因中找出主要原因，剔除不相关原因，对于被筛掉的内容，还要重新问一次："为什么这一条不重要？"所有重要原因都必须经过核实。然后聚焦在重要原因上，优先处理它们。有同学会问，次要原因要不要去处理呢？你可以优先解决主要矛盾，次要矛盾可以先放放，有时间、有精力把它解决那是最好不过了，这样可以防患于未然，或等到某一天，有些次要矛盾转化成主要矛盾了，再带领大家群策群力解决它也不晚。因为事物总是在发展中的，今天的主要矛盾说不定到了明天就是次要矛盾，而矛盾和问题又是层出不穷的，领导者要勇于挑战困难和解决问题。

**除了这种"上墙"的群策群力的原因分析法，还有一种较常见的原因分析法叫5W2H**。5W2H是What、Who、Where、When、Why、How、How much的首字母组合，也就是说，从做了什么（What）、谁（Who）、在哪里（Where）、什么时间（When）、为什么（Why）、怎么样（How）、什么程度（How much）七个角度发问，找到问题的答案。

5W2H可以用来分析很多种类的问题，对于不同的问题，分析的侧重点可能不同。在这里给大家举两个例子。

第一个是用在情境分析中，比如事故、突发事件或其他特殊情况。

第二个是用在同学们的学习和工作中，比如，你要分析一个你们做的市场调研活动，就可以这样用5W2H法：

What：具体要做哪些市场调研？主要内容是什么？

Who：谁是调研对象？

Where：被调研的人在哪里？重点调研区域是哪些地方？

When：准备从什么时间开始调研？每天调研多少小时？哪一天结束调研？

Why：为什么要做这样的分工？为什么要按这样的调研策略进行？

How：具体怎么做？行动步骤是什么？

How much：如何衡量这个调研活动是否成功？

而丰田公司的**"5个为什么"**分析法**也是一种特别适合在实战中探索深层次原因的工具**。日本丰田公司曾面临着诸多困难：年汽车销量急剧下降、工人罢工、资金短缺、原材料供应不足、与美国汽车的生产效率差距巨大。在严酷的现实面前，时任丰田汽车公司副社长的大野耐一带领大家日思夜想，最终形成了一套

"准时生产"体系，这就是影响了全世界的"丰田生产方式"。丰田生产方式的核心就是，"必要的产品，只在必要的时间以最低的成本生产必要的数量"。为了达到这样的目标，就必须持续改善。而在改善的过程中，解决实际问题时也经常会使用"5个为什么"分析法对问题的起因进行初步分析。它可以带你追根溯源，接近问题的根本原因。比如，一台机器不转了，你就要问：

"为什么机器停了？"
"因为机器超负荷，保险丝断了。"
"为什么超负荷了呢？"
"因为轴承部分的润滑不够。"
"为什么润滑不够？"
"因为润滑泵吸不上油来。"
"为什么吸不上油来呢？"
"因为油泵轴磨损、松动了。"
"为什么会磨损呢？"
"因为没有安装过滤器，其中混进了铁屑。"

追问上述"5个为什么"，你就会发现，问题的根本是需要安装过滤器。而如果"为什么"没有问到底，换上保险丝或者换上油泵轴了事，那么，几个月以后还会发生同样的故障。

用同样的方法，我们还可以分析学习中的问题。比如，一位同学最近的一次考试没有考好，你就可以这样连续追问：

"为什么这次考试没考好呢？"
"因为有好几道大题不会做。"
"为什么不会做呢？"
"因为这几道题目的类型没有接触过。"
"为什么没有接触过？"
"因为这种类型题目的练习做少了。"
"为什么做少了？"

“因为课后时间不够用。”

“为什么时间不够用？”

“因为除了做老师布置的作业，我还想玩会儿游戏，所以就没时间做练习了。”

通过这样的连续追问，就知道了这位同学这次考试没有考好的根本原因——花在打游戏上的时间过多。所以问题也就可以被重新定义为“如何控制好每天玩游戏的时间，增加做练习的时间”。可见，分析问题的根源是解决问题的基础，也是解决问题非常重要的一环。

（三）探索解决方案

什么是方案？这里的解决方案可以被定义为策略、措施和手段。针对具体、确定的问题，应该用哪些手段、策略和措施来解决，是第三步骤重点考虑的。

举个简单的例子，对于“如何减肥”这个问题，各位同学很快就能想到的措施可能有加强锻炼、控制饮食、保障睡眠、调整心态等，但对于如何加强锻炼、控制饮食等，那是下一个步骤——确定计划要考虑的问题。

所以，方案可以被看作我们做事的一个目标或方向，有了方向，下一步的计划才可能有更好的针对性。好的方案可以提升下一步执行的力量，不好的方案则会导致最终执行错位。

**那么，在确定方案的时候，要遵守哪些原则呢？**

**第一，邀请你的团队成员参加并赋予大家权限和责任。**作为团队领导，你要邀请大家都参加，并且告诉大家关于问题的所有细节，另外把大家的职责和权限说清楚，这样便于大家各司其职，并且找到主人翁的感觉。

**第二，放宽方案的要求。**刚开始的时候，如果你把方案的要求定得过高，而有的团队成员可能考虑得没有那么深入，他们就不敢说或者就干脆不说了。所以要放低要求，这有助于大家敞开心扉，能把大家所有的想法都收集起来。比如，社团组织学校同学义捐，如果你把要求定为“如何让大家自觉自愿地进行义捐”，这样的要求就比较高，可以考虑先降低要求，比如“如何让每个班的班干部带头义捐”，这样就便于大家讨论了。

**第三，不要止步于第一个方案。**大家绞尽脑汁之后，终于确定了一个方案，很多人恨不得马上执行，快速地解决问题。但第一个方案往往不是最优的，它通常是大家习惯思维下的方案，往往未经过深思熟虑。所以，大家要尽力探索更多的解决方案，这样才能增加最佳方案出现的概率。当有了第二、第三方案之后，还要不断地问“还有呢”“还有什么”，用启发、引导的教练式提问不停地激发大家的创造和思考。

**第四，鼓励大家进行健康的冲突。**在大家群策群力发表意见和观点的过程中，要允许大家争论，要敢于质疑，只有这样，才能去伪存真、精雕细琢，把真正好的方案保留下来。

**第五，学会使用“第三只眼”看问题。**当团队成员在一起讨论方案的时候，大家往往更多地在采用“内部视角”看待问题、思考方案。也就是大家可能都在从自己的角度、本团队的角度看问题，但外人是如何看的呢？所以可以经常自问：“如果是外部的某某某，会有什么建议呢？会如何考虑呢？”换位到“外部视角”，就是从局部换到了全局，说不定就能碰撞出更加有创造性的方案。内部成员想不出解决方案，原因可能是“只因身在此山中”，所以也可以请“外脑”一起，共同探讨解决问题的方案，比如你们可以请老师、其他年级的同学，甚至同学的家长来参加，这都有益于更加有创造性的方案的产生。

讲一个酒店电梯的故事。

一家酒店的顾客抱怨电梯等待的时间太长，酒店安装了镜子也无济于事。于是，酒店考虑增建一部电梯，但如此就难免要拆除一部分客房，而这将直接影响收入。当管理层和工程师在酒店大堂讨论如何安装电梯的时候，酒店的门童好奇地问：“为什么不在酒店外面建个电梯？这样就不影响客房了。”显然，因为门童大多数时间站在酒店外面，容易从外部观察，所以提出了内部不容易看到的解决方案。

遵守这些原则，大家就可能探讨出很多方案，这些方案的数量多少和优劣，又和团队成员的数量以及能力水平密切相关。但所有的方案都重要或者可行吗？未必。所以大家还需要倾尽智慧，选出团队认为最优的几个方案来。尽管这几个方案可能还是不够全面、系统，也可能存在缺陷，但其已经是全体成员在现有条件下最佳的智慧体现，那就先按照这几个方案往前推进，在执行的过程中不断地调整、完善。“没有完美的方案，只有有效的执行。”

（四）确定行动计划

当方案确定完毕，下一个步骤就是确定行动计划。简单地说，行动计划应该包含5W2H中的几个要素，在之前的原因分析中也用到了这个方法。而在行动计划中，要保证可落地、可执行，就必须说清楚谁（Who）、在什么时间（When）、在哪里（Where）、做什么事情（What）、为什么要做（Why），以及如何做（How）、达到什么程度（How much）。还是用前面的例子，从“如何减肥”的一个方案——“加强锻炼”出发，确定行动计划，好的行动计划应该包括5W2H的几个要素，具体如下：

✓ 为了能顺利地在期末体育达标，从今天开始，我要在每天早晨6：30准时起床（周六、日除外），6：50开始锻炼。

✓ 周一至周五，每天晨跑6公里。

✓ 每周一、周三、周五16：30—18：30，和同学们在西操场的羽毛球场打球2小时。

✓ 每周二、四19：00—21：00在学校游泳馆游泳2小时。

✓ 每周六参加学校“登山俱乐部”的活动。

✓ 周日下午在学校体育馆的瑜伽室，跟教练学习2小时的瑜伽。

✓ 通过以上锻炼，在某月某日之前将体重从120斤减到100斤。

在以上计划中可以清晰地看到5W2H，当然，在How的环节上，如果有需要，你还要说明具体的步骤，这样就更具体，更清晰，也更有可操作性。行动计划是用来执行的，很多时候，计划完成得不好，很重要的一个原因是错把方案当成了行动计划。比如，前面讲的“加强锻炼”就不是行动计划。各位学生干部在给同学们布置任务的时候也一定要记住，你的团队成员要确定具体的行动计划，如果在他的行动计划中没有清晰的5W2H，行动计划就无法保障。

下面的表格（如表17–1所示），各位同学在布置任务和自己做行动计划时都可以参考使用。

**表17-1　计划表格**

| 序号 | 解决方案 | 关键任务 | 时间 | 标准/成果 | 负责人 |
|---|---|---|---|---|---|
| | | | | | |
| | | | | | |
| | | | | | |
| | | | | | |
| | | | | | |
| | | | | | |

依然以上面的减肥举例子，“加强锻炼”可以写进“解决方案”一列；“跑步”“游泳”“学瑜伽”等都可以是“关键任务”；对于“跑步”的关键任务，可以在“时间”栏写上“周一到周五”；在“标准/成果”栏写上“6公里”；在“负责人”栏写上“自己”。其他项目以此类推，写进表格中就可以。于是，表格中的“关键任务”“时间”“标准/成果”“负责人”就一同构成了行动计划的内容。

除了以上的5W2H法之外，在这里再和各位同学介绍一种OPPB计划分析工具。**OPPB工具重在分析，它是一种思维方式：通过事先分析一个流程或者项目，让你在问题出现时作出有效的反应；计划分析的对立面是“救火”，要防止一下进入被动的局面；计划分析重在对计划进行分析而不是确定一个计划**。在计划分析的过程中，要确定两种措施：一是预防性行动措施，也就是减少问题发生概率的行动方案；二是应急性行动措施，也就是当问题发生时，减轻其影响后果的行动方案。先举一个简单的例子：要建造一座高层楼房，潜在的问题是火灾，那么，应该有哪些解决方案呢？你可能脑洞大开，很快想出如下方案：

1.安装烟雾探测器。

2.预留紧急出口。

3.放置灭火器。

4.安排紧急情况培训。

5.安排预防火灾培训。

6. 发布不准吸烟的规定。

7. 保障水的供应。

8. 为大楼购买火灾保险。

9. 使用防火材料。

10. 放置降落伞。

若将以上几条方案进行分类，其中第4、5、6、8、9条就是预防性措施，第1、2、3、7、10条就是应急性措施。从这些措施可以看出，“安排紧急情况培训”等预防性措施可以降低火灾发生的概率，“安装烟雾探测器”等应急性措施可以降低火灾发生后的影响程度和范围。所以，预防性措施和应急性措施缺一不可。

OPPB计划分析工具，就是按照预防性措施和应急性措施全部具备的框架来设计。OPPB是四个单词首字母的缩写，它们分别包括下列计划内容：

O——Objective（目标）：这包括三部分内容，一是描述问题的目标是什么，二是确定行动步骤，三是选出关键环节。

P——Problem（问题）：一是找出这些关键环节可能存在的问题或机会，二是分析可能的原因。

P——Prevention（预防）：确定预防性行动方案。

B——Back-up（备份）：一是要确定应急性行动方案，二是要设计预警系统，三是要根据具体情况调整计划。

了解了以上的OPPB计划分析工具的具体内容，借助下表（如表17-2所示），就可以把行动计划写完整，这样的计划分析工具既科学，又具有可操作性。同学们在进行具体的目标落地时，可以尝试使用OPPB工具。

表17–2　OPPB计划表

| 目标： | | | | | | |
|---|---|---|---|---|---|---|
| 行动方案 | | 潜在问题/机会 | 可能原因 | 预防性措施 | 应急性措施 | 预警 |
| 行动步骤 | 关键环节（从左边的行动步骤中选出，打√） | | | | | |
| | | | | | | |
| | | | | | | |
| | | | | | | |
| | | | | | | |
| | | | | | | |
| | | | | | | |
| | | | | | | |

（五）实施行动计划

到了实施行动计划阶段，就等于已经把复杂的问题转化成执行问题。而执行的好坏直接决定了问题解决的成功与否。但往往有时会出现“虎头蛇尾”的情况，前面将问题转化为目标、原因分析、确定解决方案、确定行动计划阶段都进行得很完美，但到了最后的执行阶段，却因为各种各样的问题，如因时间管理原因导致计划没有按节点完成、因缺少跟踪检查环节造成错误没被发现、因没有盘点致使对执行的好坏没有太多感觉、因缺少奖惩措施导致执行缺乏动力等。

所以，为了把行动计划实施好，需要在以下4个方面多加注意。

**一是聚焦在最重要的工作事项上**。每个人都事务繁多，不仅上班族是这样，就连学生每天也忙得不可开交。人类天生就只能在一段时间内把精力很好地集中在少数几件事上，为此，你需要对工作计划中的事项进行盘点，找出最优先要解决的2—3个事项，在一段时间内全力完成。当然，如果是团队项目，有很多人分工协作，那就各司其职，但同样会碰到类似的问题，在自己分工的事项中也有轻重缓急，不妨按照史蒂芬·柯维的时间管理四象限的做法，优先完成那些不紧急但重要、紧急并重要的事项。

**二是设立一块记分牌**。很多同学都使用微信运动吧？微信运动因为能记录每个人每天走路的步数，还能看到自己的运动量在朋友圈中的排名，所以客观上成了一种激励、督促人们运动的工具。学习、工作也是如此。在学校的社团活动中，也可以用同样的方式，把阶段性目标、衡量标准、主要任务、负责人、完成时间、完成状态这些内容做成板报，形成一个记分板，如果是团队竞赛，还可以将不同团队的内容记录在板报中，不仅在一定程度上把工作游戏化了，还增加了工作的趣味性。

**三是设置一定的奖惩措施。**人们做事都是有一定动机的，如果能了解他们的需求，设置一定的奖惩措施，把这个动机给激发出来，人们做事的动力就更强。比如，你现在的体重是160斤，当体重减到120斤时就给自己奖励一双新款价值×××元的球鞋，减到110斤时就奖励自己一块价值×××元的运动手表；而如果无法达到110斤的目标，将会被惩罚请同学们吃一顿×××元的大餐。设置这种奖惩措施，会不会让自己更有动力呢？当然，如果是团队计划，团队负责人则要对团队成员分别或者集体设置奖惩措施。

**四是定期跟踪检查。**对于团队行动计划，团队负责人要把跟踪检查工作做到位。

每个人的事情都很多，团队负责人作为行动计划的总负责人，就要有责任、有意识地进行跟踪和检查，跟踪和检查的注意事项如下：

- ✓ 是否在时间节点准时完成了相应工作？
- ✓ 完成的情况如何？原因是什么？
- ✓ 如果完成得好，给予表扬、鼓励和相应的奖励了吗？
- ✓ 如果完成得不好，有没有安排具体的辅导？
- ✓ 对于在时间节点上连续不能完成的，有没有给予批评？
- ✓ 要不要调整行动计划？

问题分析与解决的重点内容，就给大家分享到这里。最后，回到思维意识层面上，要想把问题分析好、解决好，除了掌握工具之外，最重要的是要有“主动管理”的意识，问题出现之后，要保持平和的心态，在行动之前要先思考，“三思而后行”；若问题不清晰，要重新定义问题，把目标确定好；在分析和解决的过程中，要实事求是，重视各种数据、信息和事实；要有开放的头脑和眼光，不要局限在自己的学识领域之内，要学会利用“外脑”，利用团队的智慧，求得最优解；在解决问题的过程中，要不断地发问，可以自我提问或者向别人请教，要敏而好学、不耻下问。提升解决问题的能力，最终靠的是主动思维和思维的能力。

## 重点内容

• 了解人的3种思维方式：形象思维、直觉思维、逻辑思维。

• 理解掌握科学的思维方法和工具的重要性。

• 掌握解决问题的五步法：第一步，识别和界定问题；第二步，进行原因分析；第三步，探索解决方案；第四步，确定行动计划；第五步，实施行动计划。

• 学习目标确定的SMART原则：Specific——具体的；Measurable——可衡量的；Achievable——可以达成的；Related——相关的；Time-bound——时间性（完成时间）。

• 掌握原因分析的3种方法：“上墙”法、5W2H法以及“5个为什么”法。

• 在确定方案的过程中，要遵守以下原则：邀请你的团队成员参加并赋予大家权限和责任；放宽方案的要求；不要止步于第一个方案；鼓励大家进行健康的冲突；学会使用“第三只眼”看问题。

• 学习制订计划的两种方法：5W2H法、OPPB计划分析工具。

• 为了在行动计划实施环节执行好，需要在4个方面多加注意：一是聚焦在最重要的工作事项上；二是设立一块记分牌；三是设置一定的奖惩措施；四是定期跟踪检查。

• 掌握解决问题的核心：加强主动思维的意识，提升思维的能力！

## 建议行动

• 先回顾一下，你之前在解决问题的时候，都用过什么样的方法？这些方法如果不是现成的流程工具，你可以把它总结成具体的步骤吗？

• 将目前你在团队中面临的问题，使用五步法进行解决，把每一个步骤写下来，最终形成问题解决方案。

• 也可以单独使用本章中介绍的工具，比如使用5W2H法进行某个问题的原因分析；针对目前团队的一个目标使用OPPB计划表格，列出具体的行动内容。

• 为你的团队目前正在开展的一个项目或活动设置记分牌，把关键事件、行动计划、时间节点、衡量标准、完成状态写进记分牌，让团队成员能时时看到。团队负责人也要在每周开会时针对记分牌上的事项组织大家进行讨论，然后对没有按照进度执行的行动事项进行改善和进一步落实。

## 苏航感悟：使用魔力平衡轮来解决问题

解决问题不是件容易的事。这就像我们解数学题一样，如果缺乏好的思路和公式，你就会大费脑力。

但当你不惧怕问题，主动出击，并尝试着动手，遵循一定的“套路”，也就是我们说的工具和方法去解决的时候，就会发现其实并没有那么难，慢慢地，解决方案就有了，我们的信心也会随之大增。这就是本章强调的两点，一是主动思考，二是要有解决问题的工具。

我在学校里学过思维导图，思维导图就可以用在问题的分析和解决上。我知道，现在很多学校里都会给学生教授这种方法。在这里我就不单独讲如何使用思维导图了，我想重点讲讲如何使用“平衡轮”这种问题分析与解决工具，以及如何将它和思维导图进行结合。

“平衡轮”这个工具是我跟父亲学的。在我上初二那年的元旦，父亲组织我和母亲一起做年度总结，用的就是这种工具，当时我只是被动地跟随父亲的要求，按照流程走了一遍，而现在我对这个工具已经非常熟悉了，我也把它称为“魔力平衡轮”，因为它可以用在很多地方。不信，你在我讲完之后看看是不是有这种感觉。

什么是平衡轮？简单地说，就是将一个圆平均分成若干份（我通常把它分成8份），然后对问题或目标进行分析，把解决这个问题或达成这个目标的相关内容或要素填写在圆周外面，接下来对每个要素的现状打分（满分10分），以帮助人们厘清现状，觉察到平时忽略的部分，找出希望有所改变的内容，最后确定计划、采取行动。

大家都知道，目标的实现是需要很多关键要素的，是需要相关方面的支持的，就像一个轮子需要里面的辐条支撑一样，我们要先找到这些要素，对这些要素的现状进行打分，并把这些分数的大小用不同颜色表示出来。要实现目标，就必须均衡发展，如同轮子的辐条要长短一致、强度一致，这就需要我们针对短板（也就是打分低的项）进行改善，确定行动计划。

我以我在2018年元旦做的2017年总结为例，说一下平衡轮的具体使用步骤。下面这张就是我的2017年平衡轮总结图（如图17-1所示）。

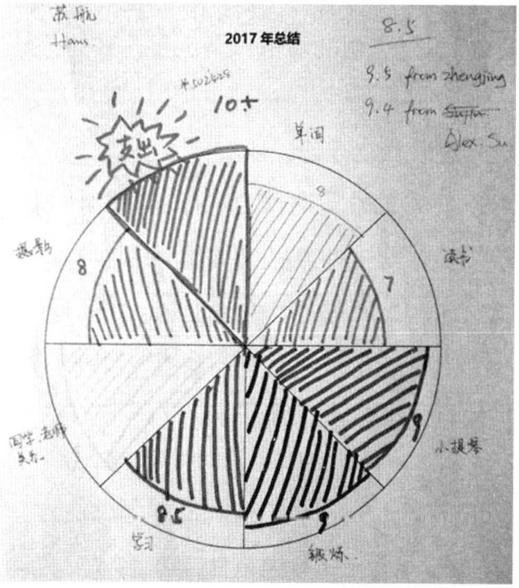


图17-1　我的2017年平衡轮总结图

**第一步：确定目标。**

我当时的目标很明确，就是做“2017年的个人年度总结”。

**第二步：找出8个方面/要素。**

这一步就是找到达成目标的8个方面或者8个要素，又或者是支持目标实现的8个关键领域。我做的是个人年度总结，那么我就需要考虑从哪8个重要的方面做总结。最后我找到了我认为重要的8个方面：单词、读书、小提琴、锻炼、学习、同学/老师关系、摄影、支出。

**第三步：对每个方面/要素打分，并涂上不同的颜色。**

这一步就是针对这8个方面或者要素的现状进行打分。比如，对我来说，如果按照当年给自己定的单词量来看，我给自己打的是8分，然后在8分的位置上把那个区域涂上颜色。这样就能很明显地看到我在这一项上的得分状况，其他项按照同样的方式进行打分和涂颜色。

**第四步：找到优势项和短板。**

打完分、涂完颜色之后，父亲就会问我："看看这张图，你觉得哪几项是你还比较满意的？哪几项是弱项，是明年需要提高的？"平衡轮图会给人带来一种视觉"震撼"，很容易就能找到自己的优势项和短板。我找到之后，父亲就会继续带我进入下一个步骤。

**第五步：针对最想改进/关键的短板，确定要达到的分数。**

我希望在"读书"这一项上进行改进，在2018年从目前的7分达到8.5分。

**第六步：为改进此短板确定行动计划。**

在这一步，就可以使用思维导图做出具体的行动计划。我当时在纸上用思维导图列出了具体的行动计划，可惜现在我找不到这张图了，无法给大家分享。我记得自己在思维导图上写明了具体的行动计划，包括2018年读多少本书、每周每天的哪个时间段读书、每天读多少页、利用哪些碎片时间在什么地方读书，以及阅读的形式，我都画在了思维导图上。

我分享完了，你有没有感觉到它的"魔力"呢？我个人的体会就是，一个问题或者一个目标，只要能分成8个（当然也可以多一些，或者少一些。多不能多于10个，少不能少于4个。这是因为如果太多，就说明它们都重要，如果都重要，那就没有最重要的了，所以要选取最重要的。如果太少，又不足以支撑解决问题或者实现目标）领域、8个方面或者8个因素，都可以使用"魔力平衡轮"解决。我现在已经把平衡轮当作一个常用的工具了，因为它的视觉感特别好，便于操作，也便于记忆，是一种很好的整合形象思维和逻辑思维的工具。欢迎大家尝试着使用它来解决问题！

# 第七部分　如何在你的青少年领导生涯留下印记

# 第十八章　辅导团队成员，帮助他们成长

社团的负责人、学校的学生干部，有责任帮助所在团队的成员、各位学弟学妹学到各种知识、技能和经验，帮助他们进步和成长。这就需要青少年领导抽出时间，对他们进行辅导和教练。辅导和教练都属于绿色培养型场域对学生干部在领导技能和行为上的要求。

辅导通常发生在工作场合。第一种情况是在日常的工作场合，也就是在工作过程中给予团队成员辅导。比如，在青少年领导发出指令时、团队成员汇报工作时、部门开会时、检查工作时、工作结束时、开会结束时、通知工作时、讨论工作时、内部沟通时、处理冲突时等。第二种情况是专门安排时间和场合进行专门的辅导。这种辅导可以针对同学们的问题、困惑或要达成的目标，抽出时间、安排场合进行专门的辅导。

教练，也可以理解为一种辅导形式。本章将先把通用辅导技巧的一些内容和大家讲明白，再看看如何对学弟学妹进行教练式的辅导。

## 一、辅导的5个原则

在辅导的过程中，要把握好下面5个原则。

**原则一：要了解团队成员的辅导需求。**团队领导要采用走动式管理的方式，关心团队成员的工作进展，询问有什么困难和问题，如果发现该同学在某方面不懂、不会，并且想改变，则这就是该同学显而易见的想被辅导的需求。当然，也存在团队成员不懂、不会，也不想改变的情况，那就表明其在能力和意愿方面都

存在问题。在学生组织中也会碰到这样的成员，他可能是被动加入学生组织中的，进来之后还不想做事，做事也是问题频出、质量不佳。如果团队领导从技能入手进行辅导，效果不会明显，这时首先要做的是了解他的意愿为什么不强，采用教练式的对话方式较好，这在后面的内容中会讲到。

**原则二：辅导团队成员解决特定的问题。**同学们在各种学生组织的工作内容是非常丰富的，也会面临各种各样的问题。而作为青少年领导，没有必要为他们解决所有问题，这是因为有的问题并不重要也不紧急，应该让他们学习自己解决；还有就是团队领导如果看这个问题不顺眼、看那个事情上火，那就抓不住工作的重点。团队领导应该针对团队成员当下发生的比较紧急、重要的问题，或者经常发生的特定的问题，协助他们、辅导他们解决，否则团队领导就会忙得团团转，不但自己的核心价值发挥不出来，团队成员还需要花时间应付领导，导致大家都手足无措。

例如，某团队成员为活动拉赞助，工作进行了一周还没有任何眉目。这时，团队领导就要和这位同学进行面谈了，重点围绕锁定目标赞助商、寻找目标赞助商的渠道以及如何突破来展开辅导。

**原则三：始终要做到言传身教。**团队领导要用自己的言语和行动来影响学弟学妹，也就是说，在工作中只要发现可以辅导的机会就一起讨论，指导他们改正和完善。比如，当社团负责人在会议室里听到某同学在电话邀请一嘉宾参加会议时觉得电话沟通有问题，就可以在她打完电话之后和她进行如下沟通辅导。

“我听到你刚才给嘉宾打电话了，感觉如何？”

“一般。感觉他听我电话兴致不高。我们只聊了两分钟，他就急匆匆地说还有事，让我再和他联系。”

“为什么会这样呢？他那边是还有事情吗？”

“嗯。他说还有事情。”

“我刚才听你打电话时，在问候了对方之后，就直接说邀请他来参加会议的事。对吗？”

“是的。这样不对吗？”

“你设身处地想一下，如果别人给你打电话，赶上你这边正好有个急事，你愿意和对方多聊吗？”

“有道理。那你的意思是，我在电话接通之后，要先问他是否在忙，是吗？”

“是的。一般情况下，对不太熟悉的人，或者比较重要的人物，在电话接通之后，要先问候对方，再问对方现在接听电话是否方便。如果方便，就直奔主题；如果不方便，就问对方什么时候给他电话方便。”

“太好了，又学了一招。”

“好的。那你再给名单上的另外一个嘉宾打电话试试。”

“好的。这次保证没问题了，谢谢‘头儿’！”

**原则四：辅导是为了让团队成员能自己独立做事。**作为团队负责人，辅导团队成员的目的在于让他们学到本领，然后自己上场踢好球，而不是由你代替他们上场。当然，有时需要你上场临时补位，但你不能为他们踢全场，否则你和他们的价值就都无法得到发挥。

**原则五：根据团队成员的不同发展阶段开展辅导。**第十六章讲到，团队成员在不同任务面前，是处于不同发展阶段的，领导者要使用合适的领导风格来领导他们，并进行有针对性的领导。这个有针对性的领导，也可以狭义地理解为对学弟学妹的辅导。所以在对他们进行辅导的时候，先要识别他们当下处于哪个阶段，是需要被告知具体的做事步骤，还是需要言传身教、得到反馈和讨论顾虑的机会？是需要具体的支持和鼓励，还是需要被给予足够的信赖和授权呢？然后再使用不同的领导方式进行辅导。

那么，如何辅导团队成员呢？有哪些辅导方法呢？

## 二、辅导的4种方法

### （一）我指导，你试做

要点如下：

✓ 在团队成员碰到一些不会做的问题的时候，团队负责人可以先给出一些总体原则，或者把一些关键的步骤告诉团队成员，然后再让他开始试做。

✓ 在试做的过程中，团队成员难免会信心不足，或者出现一些小错误，这时候先要给予鼓励，增加其自信。如果错误不是太大，可以等他做完之后再给他指出来。

✓ 做完之后，要带着团队成员做总结并给其反馈。先让他总结他做得好的地方，再总结做得不好的地方，最后总结解决此问题的关键所在；紧接着，团队负责人要给其反馈，做得好的地方给予表扬，做得不好的地方要指出来。可以让这位同学把做错的地方改正一下，若时间允许，让他再做一遍。

✓ 当团队负责人指导完毕，但团队成员因为各种原因不能当场试做的情况时，一定要要求他之后在试做完毕后，向团队负责人反馈试做的结果；或者团队负责人在工作跟踪中检查，一定要一追到底。否则，如果这位同学不做或者负责人不跟踪，这种辅导就将以失败告终。

举例如下：

樱花诗社负责活动组织的陈宇同学遇到了难题，最近这半年，在诗社组织的几次活动中，参加的同学都非常少，他不知道如何解决这个问题。诗社的社长张静就给陈宇介绍了一种解决问题的OCOSA模型。

“陈宇，我给你介绍一个解决问题的OCOSA模型，你可以参考一下，它能帮助你解决问题。你先要把这个问题转化成目标，也就是说，你希望什么时间能把参加活动的同学增加到多少人。比如，到第三季度，参加活动的同学能达到每场150人。这就是这个模型的第一个要素：Objective，目标。第二个要素C，指的是Critical successful factors，即关键成功要素。要想达成刚才说的150人的目标，你觉得应该具备哪些要素？你想一想，是否可以从宣传、场地或其他方面考虑。第三个要素O，指的是Obstacles，即障碍、困难。实现刚才说的这些关键要素，有什么困难或者障碍呢？分别列出来。下面一个要素是S，即Strategy，策略。对每一个障碍或者困难，你有哪些策略和解决方法呢？最后一个要素是A，即Action，在每一个策略之下，你准备采取哪些行动呢？写得越详细越好。这个OCOSA模型你掌握了吗？你现在可以在白板上用它来演示一下，完成之后，我们再来一起看看。”

之后，陈宇在白板上用思维导图把整个要素内容都写画了出来，张静给予了他极大的肯定，并就几处进行了探讨和修正。

（二）我示范，你观察

要点如下：

✓ 在辅导之前，先告诉被辅导的同学，要认真观察，注意各个步骤的要领。

✓ 团队负责人要从头到尾把过程示范一遍，过程中要注意对重点部分进行充分的演示和讲解。

✓ 有些团队负责人在辅导部员时，常会在讲到一半时开始训练部员，这样会让部员感觉无所适从。

✓ 当团队负责人把整个任务完整、具体、详尽地示范并且讲解完之后，可以让部员“照猫画虎”，再做一遍，团队负责人在旁观察，给予指正，直到部员完全掌握为止。

举例如下：

新加入学生会的干事小贾同学不会使用PPT中的动画技巧。他的学姐——学习部的副部长王林，就在电脑前给小贾一步一步地演示，并对重点部分进行了强调。小贾同学一边看着王林演示，一边对自己认为重要的地方做了记录。王林演示和讲解完之后，又让小贾同学做了一遍，王林又把几个小地方给修改了一下，并强调了为什么这样修改会更好。

（三）你试做，我指导

要点如下：

✓ 在和团队成员一起拜访赞助商、合作方、家长，或撰写报告、指导部员处理打电话以及时间管理等方面的问题时可以使用这种方法。但是对于需要部员单独外出和谈判类的工作则不适合用这种辅导方法。

✓ 在部员试做的过程中，团队负责人切忌指手画脚，因为这样会让部员手足无措，做也不是，不做也不是。

✓ 在部员试做的过程中，团队负责人尽量不要发表意见，在其试做完之后，先给予鼓励和认可。

✓ 部员试做完毕，团队负责人给予指导的时候，要把每个步骤的关键点说清楚，并说明为什么要这样做。

✓ 如果部员在试做的过程中受挫、停止尝试，团队负责人要让他解释原因，如没有其他特别的原因，可以鼓励他再次尝试。

举例如下：

学生会生活部的新干事小林同学从部长那里领了一项工作——完成本部门月度工作总结报告。小林同学有自己的思路，但不知道是否可行，正在纠结时，路过他办公桌的副部长陈可同学问他怎么回事，小林同学就说是为了写总结的事。陈可说他正好空闲，可以帮小林参谋参谋。陈可告诉小林："这种工作总结虽然没有完全固定的格式，但也是有一定之规的。要不你先用思维导图给我画个大纲，我再给你看看？"小林同学说："太好了。"然后用了15分钟就把大纲内容用思维导图画出来了。

陈可同学看完之后，很高兴地对小林说："都说你思维导图画得好，还真是如此，今天见识了，几个主要的内容也都包括了，相当不错。我再给你理一理写总结的套路，一般来说，有这样4个主要部分：第一部分是感谢的内容，即感谢相关部门、同学的支持；第二部分写成绩和不足，要把这个月取得的成绩和存在的不足都列明；第三部分写对未来的展望，也就是在下个月当中，要达成哪些目标、准备在哪些方面有所创新；第四部分要谈具体的行动计划，也就是下个月要开展哪些具体的工作。刚才在你的框架中，主要少了下个月的目标这部分。行动计划和目标是不一样的，目标是要达成什么结果，比如我们下个月要进行食堂伙食满意度调查，我们希望满意度提升5个百分点，这就是目标。"

（四）你汇报，我跟踪

要点如下：

✓ 对于那些有一定的社团经验的同学可以采取这种方法。在开展某项工作之前，先让他们拿出想法或书面计划，团队负责人不发表意见。当然，对于一些非常重要的工作，还是需要针对可能出现较严重问题的地方，和他们进行商讨和修改。然后让他们自行完成，给予他们充分的信任，不要干涉。

✓ 在部员执行的过程中，要让其定期汇报和反馈，方便团队负责人知道进展，并在关键节点上进行把控。

✓ 除了让部员定期汇报之外，团队负责人还可以采用观察、阅读部员提交的报告和报表，以及和部员协同工作等方法进行跟踪检查。

✓ 在一个阶段结束后，团队负责人可以根据总体的观察和跟踪情况，给部员一个集中反馈。反馈面谈时，可以让部员先进行自我评估，谈成绩、不足、感悟和体会，然后再由团队负责人给予评估、提出建议。

举例如下：

院学生会准备组织一个迎新晚会，学生会主席韦华同学把这个工作交给了新任活动部部长肖波同学。肖波同学去年是活动部副部长，协助部长组织过迎新晚会，有一定的经验。韦华同学嘱咐肖波，今年的迎新晚会在组织上要有创新。他先让肖波提了一个方案，韦华看了之后觉得不错，就让肖波着手筹备去了。但是他和肖波做了约定，每3天在学生会碰个面，了解进展。韦华还在筹备期内抽空旁听了肖波主持的会议，也去看了她是如何协调、指导各个小组进行物料准备和节目排练的。在迎新晚会开始的前3天，韦华和肖波进行了一个小时的沟通。肖波同学汇报了目前已经完成的主要事项，95%的筹备工作都已完成，剩下的非重点工作在这3天内都将按时间节点完成，她还谈了这次全权负责迎新晚会的体会。韦华对肖波的辛苦工作表示了感谢，强调了对重点事项的保障，并把在这段时间内他观察到的还需要注意的几点都和肖波同学进行了交代，肖波也表示了认同。最后，韦华同学对于节目的顺序给出了自己的建议和理由，肖波也心悦诚服地采纳了。

以上几种辅导方法，在操作上都不复杂，但同学们需要多多尝试。在这几种方法中，我们会注意到，青少年领导都需要和团队成员进行面对面的沟通交流，而什么样的对话方式才能让同学们有更多收获呢？我相信，各位同学都有感触，在学校里，一些老师的填鸭式的教学最让人反感，之所以让人反感，是因为这些老师在不断地灌输、不断地告知。告知的方式虽然也能让大家学习到知识，但它很少让你思考，而且记忆不深刻。某个老师的教学如果能让你难忘，要么是讲得真精彩，既有干货又非常风趣；要么就是课堂互动效果好。而课堂互动的方式有很多：师生互抛问题、互相激发，深入思考，探索出新鲜的思路和结论，都是特别好的手段。这也就是我下面想和大家分享的一种能够深度对话的技术——教练式的辅导技术。

当我们提到教练这个词的时候，你会很自然地想到运动场上的教练、驾校的教练等。的确，我们要感谢美国著名的网球教练蒂莫西·加尔韦（Timothy Gallwey），他成功地把体育教练引入企业当中。

企业教练这个行业源于20世纪80年代后期的美国，正是美国从信息型社会转型到知识型社会的年代。企业的经理们发觉以传统的作业模式已无法解决企业的新问题，而且企业的商业环境每天都在快速变化，知识的更新速度和信息的泛滥使企业在管理知识型员工方面遇到了诸多障碍，传统的顾问式管理、教导式管理已无法提升企业的竞争力。

为适应知识经济的快速变化，并让知识型员工及团队更有活力、创造力，一些国际化的企业把从体育教练中受到的启发移植到了企业中。

以教练的理念及哲学为指导思想，以愿景为导向，以目标为方向，以成果为核心及检视点，通过有效对话及系列教练工具、策略、架构激发团队智慧，提升知识型员工的主动性、创造性，从而简单、轻松、持续地将目标转化为成果，形成企业核心竞争力的这套新管理模式，就是企业教练技术。

简单地说，教练就是一门对话的流程或技术。

✓ 它在本质上是一种对话，是教练与被教练者之间的建设性、以结果为导向的深度谈话。

✓ 教练运用各种教练技术，支持被教练者自我检视和自我成长，是一次心智模式改变之旅。

✓ 教练犹如一面镜子，镜子不教你如何穿衣服，也不会告诉你穿得怎么样，但镜子会让你有所觉察，促使你自己作出选择和行动。

✓ 教练是利他的、抽离的、启发的；教练是上善若水，是无形的。

✓ 教练是使人们释放出他们的潜能，以使其获得最大的成就；教练是通过提问的方式让人们自己找到答案、达成目标，而不是教他们如何做。

既然教练是一门对话的技术，那么青少年领导在辅导团队成员的过程中，就可以使用这种方式，通过不断地提问，引发被辅导同学的思考，自己找到答案。这比传统的灌输、告知更能令团队成员有触动、有觉察，也更容易为自己的目标确定切实可行的行动方案，从而在执行的时候更加有动力。

如果我们的青少年领导要做一名教练式的领导，**就必须掌握下面的5个教练原则**，否则就只能停留在传统的教导、告知的层面上。

## 三、教练的5个原则

### （一）每个人本来的样子都是很好的

我们可以这样理解这个原则：我们所面对的这些同学不管成绩好坏，能力强弱，不管长得帅气靓丽还是相貌平平，你都要接纳他。因为他现在的样子都是由过去决定的——过去的选择、经历、环境、父母的基因等等，如果你对过去耿耿于怀，那你就是消极的、负面的、抱怨的。你无法改变过去，只能接纳当下，这样你就是轻松的、愉悦的、正面的，你也就超越了批判，可以支持我们的同学看到更多的新选择。

### （二）人们内在已经拥有实现目标所需要的资源

我的导师玛丽莲·阿特金森女士是加拿大埃里克森教练学院的创始人、院长，她和我们在课堂上分享过这样一个故事。

有一次，催眠大师米尔顿·艾瑞克森到一座小城讲学。行程结束之后，一位当地的同事邀请他去看看自己年迈的姑母。这位同事说他的姑母不仅年迈，而且患有抑郁症，人又很固执，孤独地住在一幢死气沉沉的大房子里，状况令人担忧。他已经试过很多方式，但都没办法让姑母走出来，融入社会生活。

米尔顿·艾瑞克森答应了。他和同事非常有礼貌地去拜访这位姑母，被请进门后，他发现这位老太太的情况比预先估计的要糟糕得多——整个房间的光线非常暗淡，厚厚的窗帘挡住了阳光，家具的摆放毫无生气，让人心情压抑。米尔顿非常亲切地请求老太太带他们参观一下房子。姑母虽然很不情愿，但还是带他们四处参观了一下。米尔顿此举并非心血来潮，他在寻找一些东西。在阳台上，他看到了几盆小花。这几盆小花让米尔顿睁大了眼睛，他用充满热情的语调跟老太太说："天啊！你养了几盆珍贵的非洲紫罗兰！这种植物非常珍贵，而且非常难养活，这一盆居然开花了！"老太太听到这话，露出了困惑的表情。她迟疑着说："这几盆小植物确实是我一直在照顾的……"

米尔顿提高了声调："这太珍贵了！镇上的其他人值得分享这种珍贵的兰花！这样吧，如果镇上的家庭有什么喜事，你就送一盆非洲紫罗兰给他们，以示祝贺，怎么样？"老太太答应了。

许多年之后，镇上的报纸登出大幅消息《痛失我们的非洲紫罗兰皇后》。原来，在艾瑞克森离开之后，老太太确实开始更加用心地培养那两盆小花，并培育新的植株，在她认为特别的场合里，分送给邻人。而在这个过程中，孤独的老太太走出了自己昏暗的世界，有了朋友，变得受欢迎起来，融入了社区，甚至变成了小镇上的名人。而所有的改变都源自米尔顿·艾瑞克森的那段话。而那段话之所以这么神奇，正是因为米尔顿找到了老太太晦暗生活里唯一有生命力的部分——两盆小花——并且让老太太聚焦在了内在资源之上。

故事讲到这里，各位同学都应该明白了，我们每个人的内心都是一片丰饶之海，关键在于，我们的注意力是不是聚焦在此！各位青少年领导在辅导其他人的时候，也要相信他们，相信他们既然能"制造"问题，就一定能解决问题，你需要通过提问的方式，让他们不断找到解决问题的资源。比如，当你的同学想提升托福成绩，向你请教的时候，你就可以和他展开这样的对话：

"你觉得要想提升你的托福成绩，可以从哪些方面入手呢？"

"上课时好好听讲，下课时复习好，把课上内容全部消化掉。"

"很好呀，先从课堂听讲以及课后复习入手。那你觉得还应该做点什么？"

"我觉得每天按计划背单词、阅读英文原版书籍很重要。毕竟这个得靠平时积累。”

“你说得很对，这些基本功得扎实。还有吗？”

“还有就是我平时可以和你们这些英语好的同学多练习练习口语，口语也是我的一个弱项。”

“太厉害了，你已经找到了4个办法。假如这些还不够，你还需要做点什么呢？”

“我觉得在托福考试前的3个月，我得报个强化班，冲刺一下。毕竟托福班的老师对题型和内容的把握更专业。”

“太好了。这5个办法，你觉得够还是不够？”

“我如果能把这5个方面做好了，托福考个110分不成问题。”

“那就先预祝你旗开得胜！这些方法，你愿意去尝试吗？”

“愿意啊，这些都是我想出来的，也是我认为非常重要的。”

“好的，那就去做吧。有什么需要我帮助的，尽管和我说。”

### （三）人们总会在当下作出最好的选择

举个简单的例子，当你在网上买球鞋的时候，你看了那么多品牌、那么多款式，最终决定买某款的时候，是不是已经在当下作出了你自己最好的选择呢？是的，对于你来说，这就是最好的选择。对于做父母的来讲，可能认为那款鞋看起来太笨拙，但穿鞋的人不是父母，而是能够独立作出判断的孩子们。那有没有可能你的选择有问题呢？这个时候，教练要做的工作就是提问：你觉得A和B哪个更好？你刚才选了A，假如选B，会有什么好处呢？不选B，又会有什么坏处（或影响）呢？这样，通过更多角度的提问，让被提问的人从更多的视角思考，从而作出在当下自己认为最好的选择，因为是自己认为最好的选择，他就会为这个选择负责并且付诸行动。

### （四）每个行为的背后都有当事人正面的意图

这个原则应该很容易理解，每个行为的背后都有当事人认为的正面的意图。比如，张同学和李同学吵架，李同学踢了对方一脚。李同学是错误的吗？站在你的角度上看，李同学不应该踢人，这样就把争吵升级了。但对于李同学本人来讲，对方用脏话侮辱他，就会觉得忍无可忍，踢了对方一脚，从李同学自己的角度出发，他肯定是对的。

所以，当我们看到同学们的表现时，不要马上下结论、作出自己的评判，然后把自己的结论强加给对方，一定要了解清楚行为背后的原因以及意图，否则你就会犯一种“归因错误”。**归因错误讲的是：我们相信他人做坏事，是因为他是个坏人；而自己做坏事，是因为所处的坏环境。我们通常把别人的成功归于环境，而把自己的成功归于个人。**

上面的例子用归因错误的理论理解就是：李同学踢了张同学一脚，李同学就是个坏人；但如果是我踢了别人一脚，一定是因为别人惹了我，原因在于别人。说到成功，举个例子：某企业家成功是因为当时的时代好，天时地利人和；而你之所以成功，是因为个人的努力。这就是把原因归错了。别人成功难道不是因为个人努力吗，你成功难道不是因为现在这个时代好吗？

因此，在进行教练式辅导时，要经常问被辅导同学其行为背后的原因，不要擅自下结论。比如，你可以这样问：“当初你没有这样做，是因为什么呢？”“你当时奋起反击，请问你当时考虑的是什么？动机是什么？”

### （五）变化一定会发生

这条原则其实是让大家有积极的信念，相信一切都会变得更好，改变不可避免，变化是永恒的。作为青少年领导，要对你所辅导的对象抱有积极乐观的期待，相信在他身上一定会发生变化，这种改变可能很小，但这些都是积极的信号，未来会更加美好！但这世界上有很多人是悲观的、消极的，容易对别人产生极端的看法。比如，“这个同学不可能把学习搞上去”“他天生就很懒，没救了”“这个活动他没有组织过，也没有类似的管理经验，如果让他组织，肯定会出问题”等等，这样的话，你就很难给别人做教练。作为教练本人，在看待人和事的时候，一定要是正面的、积极的、信任的，相信别人一定会有改变，相信变化一定会发生。

从以上原则可以看出：教练式的辅导相信别人是“有”的，相信他们是有资源、有思路、有想法的，因此教练更多的是“引发”而不是“给予”。通过提问的方式，可以让被辅导者更多地“向内”而不是“向外”思考，也就是更多地考虑自己的内因，而不是“归因于外”“归罪于外”。教练式的辅导可以让同学们更多地“自下而上”而不是“自上而下”地做事，也就是让他们自发地做事，而不是听候指令，“拨一拨动一动”。教练式的辅导更多的是让同学们“突破”而不是“限制”，通过提问，让他们更多地去创造，想出更多的可能，为此确定行动计划并去执行。

要求你掌握以上原则，其实就是让你拥有正确的教练心态，心态决定你提问的方式，而只有使用合适的提问方式，才能让被辅导者更有触动和收获，才能陪伴着他们取得更大的成功。

**那么，什么样的问话句式才是符合教练的原则呢？**给大家介绍下列7个问话技巧。

## 四、7大问话技巧

### （一）多用开放式少用封闭式的提问

开放式问题就是没有预设选项，回答者可以根据自己的理解和认知自由回答的问题。这种问题的答案可能有很多。比如：“你对目前学生会开展的活动有什么评价？”开放式的问题会引发被辅导者进一步思考，使你们对问题的探讨更深入。而对于封闭式的问题，回答者只能回答是或者不是、对或者不对，被辅导者没有发挥的余地。比如：“你觉得和你搭档的那位女同学的表现是一般还是较好？”因此，在用教练式的提问进行辅导的过程中，可以尽量多地使用开放式问题，让被辅导的同学不断挖掘、探索，找到更多的资源、方法、可能性，最后再用封闭式问题让他选出最优方案。

### （二）少用建议型提问

如前面提到的，教练在对话的过程中，要更多地进行引导式的提问，是不给答案的，也就是不给建议，原因是直接给人建议很容易引起对方的心理防御，会让对方感觉他做得有问题。比如：“既然那个同学的工作能力不行，态度也不好，你为什么不把他调离你们小组呢？”而实践中往往是当局者迷、旁观者清，如果教练忍不住给出建议，被辅导者就会产生逆反心理，有一种独立意志被胁迫的感觉。那有没有一类句式，既能给出建议，又能让对方感觉容易接受呢？

教练可以尝试以下这些句式。

✓ 我很好奇……

✓ 我不知道……

✓ 我相信你……

✓ 我在琢磨，如果你……

✓ 我在问自己……

✓ 我不确定你能不能……

✓ 不知道你还能不能……

比如，青少年领导在教练式的辅导中，可以按照以上句式这样问话："我很好奇，如果你在开始做这个项目的时候，做了另外几个班级的需求调研，会把你的方案进行哪些方面的调整呢？"还有，"我不确定你能不能每天在上课之余背100个托福单词"，等等。

这类句式的好处是问话者在前半句上软化了语气，让被辅导者易于接受，并且激发了他的好奇心；后半句则有指明方向的作用，让被辅导者在潜意识里开始探索。当然，如果你不用这类句式，很生硬地给出建议，被辅导者也可能会接受并继续对话，但教练要记住的是，要快速地转回教练式的提问中，让被辅导者重新感受到平等对话和正能量的激发。

### （三）不问反问句

反问句通常是这样的："难道你觉得就应该这样做吗？你不觉得这样很过分吗？"

"你怎么知道他不愿意？""你难道不想和同学们和睦相处吗？"当你听到这样的问话时，作何感想？是不是感到了一种居高临下、责备和压迫？所以，在教练式辅导中，不要使用这种句式。

### （四）不要诱导性发问

所谓诱导性发问是指提问者为了获得某一回答而在所提问题中添加暗示被询问者如何回答的内容。比如："如何形容你比赛后的那种感觉，是灰心丧气吗？"还有："你想留在一个特别有意思的社团里吗？"这样的问题，其实是另一种类型的封闭式问题，被辅导的同学因为被给予了诱导性提示，所以基本上是顺着问话者的意思回答，从而限制了他的思维。

### （五）多问 What 少问 Why

意思就是多问“是什么”，少问“为什么”。因为“为什么”的提问，会给人一种责备、质疑的味道。比如：“今天你为什么坐在这间教室里？”特别是如果加重了语气提问，给人的感觉更加不好。如果把上面那句话改成：“你今天坐在这里的原因是？”就会让被辅导者少些纠结和自我辩护。少问“为什么”，也不是不可以问。如果你用轻柔的语气来问，也能让被辅导者接受。

### （六）多问未来导向型问题

未来导向型提问是含有“未来导向”型词语的提问，这种提问方式更注重对方在未来付出的行动和可行性，是帮助对方获得希望的提问。聚焦于过去的提问，过于注重过去的事情和负面体验，容易引起辩解并激起对方的防御。比如：“上个月你的考试成绩不理想，你觉得是在哪些方面做得不够好呢？”

未来导向型问题的例句如：

✓ 为了让这个月的考试达到理想的成绩，你觉得在学习上应该有哪些改变？
✓ 你的目标达成之后，会怎么样？
✓ 如果你能持续每天学习 6 个小时的英语，一个月之后会有什么不同？
✓ 你希望未来达成什么结果？
✓ 你所期待的高中之后的理想目标是什么？

### （七）问积极的问题

积极的问题会让被辅导者往积极的方面思考，因为内心正向、愉悦，就会创造出更多的答案。而消极的问题会让被辅导者纠结、郁闷，很难走出来，也不容易开放地探索更多的可能。

写个积极的问题：“让你的时间管理更加事半功倍，你觉得哪些方式对于你来讲是合适的？”把上面的例句改成消极的问题就是：“你之前的时间管理毫无章法，给你带来了很多麻烦，哪些方式对你来讲是不起作用的呢？”听到这种消极的问题，你是不是有一种无奈、无助的感觉？所以，在教练式提问中要借用积极心理学的理念，用积极的问题激发被辅导者。

各位同学，当你掌握了以上的5大教练原则、7大问话技巧的时候，你就可以用教练式的对话辅导你的同学了。但有的同学还会有困惑：在提问的时候，应该从哪些维度入手呢？

## 五、提问的框架

在这里给大家介绍一个提问的框架，也是我非常喜欢使用的NLP大师罗伯特·迪尔茨(Robert Dilts)的逻辑层次模型（如图18-1所示）。逻辑层次是指人类所体验的各种要素之间的等级层次关系。无论是实物还是概念，大脑都用自己的等级层次对它们进行了分层和分类。高层次的功能都是在综合、组织和指导其下层次的相互关系。在高层次上发生的改变必然向下“辐射”，从而在低层次上产生相应的改变。但在低层次上发生的改变则不一定能影响到高层次。

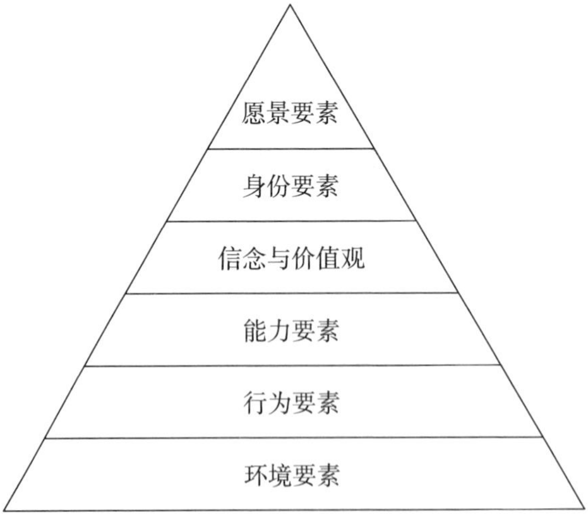


图18-1　逻辑层次模型

**环境要素：**人的活动总是在特定的环境下进行的，环境给人们提供了支持，它回答的是行动和关系发生在何时（When）和何地（Where）的问题。

**行为要素：**指的是人在特定环境下所采取的行动步骤，它回答的是做什么（What）的问题。

**能力要素：**涉及通往成功之路的策略、技巧和能力，它回答的是怎么做

（How）的问题。

**信念与价值观：**是指对自己、他人和周围世界的基本判断和评估，为支持或阻碍特定的能力和行动提供了强化过程，它回答的是什么最重要、为什么（Why）这么重要的问题。

**身份要素：**关系到人们对自己的角色和使命的定位，它回答的是我是谁（Who）的问题。

**愿景要素：**指的是人们对未来蓝图的描绘，它回答的是未来是一个什么样子、什么状态，未来要到哪里去（Where）的问题。

逻辑层次模型给教练提供了一个非常清晰的提问框架，让发问者心中有底并提供了路线图。教练可以根据被辅导者回答问题所在的层次，进行自下而上或者自上而下的提问。

给大家举个例子。

当邵月同学和你说“我和小余同学昨天把学生会的档案都整理完毕了”时，邵月同学的这句话是行为层面的表达，你可以上推，问一个能力层面的问题：“那真是辛苦你俩了。你俩是怎么做的，这么快就整理完了？”邵月说了具体的做法之后，你可以接着问：“你来总结一下，档案整理需要一个人的哪些能力？”邵月回答说：“需要学习能力、计划能力、分工能力、执行能力等。”能力的上一个层次是信念和价值观，所以你就可以继续上推，问这个层面的问题：“你在学生会工作一年以来，觉得在做工作的时候最看重什么？为什么这么看重？”邵月说她最看重的是合作和守诺，因为她觉得很多工作很难一个人完美地完成，而需要借助同学们的力量一起完成，配合协作好，扬长避短，把团队的合力发挥到最佳；另外，之所以看重守诺，是因为她相信“人无信不立，业无信不兴”，诚实守信是做人做事之根本。听了邵月的说明之后，你可以先夸赞她一番，再继续问她：“当你通过团队协作和信守承诺高质量地完成工作任务之后，你觉得大家会怎么评价你呢？”邵月自豪地说：“他们肯定会说我是个说话算数、靠谱、做事细致的人，也肯定会说我有领导的‘范儿’。”最后，你可以把问题上推到最上面的愿景层面：“你希望在学生会工作两年后，能做到什么程度？带来哪些变化？”邵月表示希望能通过竞选成为学生会主席，希望能和大家一起把学生会打造成一个明星社团，通过各种活动凝聚大家，提升大家的领导能力，希望当大家说起学生会的时候，都会竖起大拇指。

以上这个案例，就是根据提问逻辑框架自下而上的提问，当然，也可以自上而下地进行“下切”。比如，当你面试一个想加入学生会做干事的新同学时，就可以这样问：

“你现在应聘的是干事，在学生会的任职时间只有两年，你对自己有什么规划吗？”

“对于做好一名干事，你对自己的定位是什么样的？如果在学生会获得了你想要的，你觉得你的同学会怎么评价你？”

“我看过你的简历，你之前在高中时担任过学生会副主席，在学生会工作中，你最看重哪些东西？”

“你觉得秘书处的秘书得具备哪些素质和能力？”

“你刚才提到的一个很重要的能力是协调能力。你能不能举一个在你的高中学生会工作中一个做得非常好的、能展现你的协调能力的例子呢？”

“你提到的这个困难发生在活动的哪个阶段？你是怎么克服这个困难的？主要地点都是在哪里？”

就这样，把逻辑层次当成一个提问框架，需要被辅导对象思维收敛的时候就进行“上推”，需要对方思维发散的时候就“下切”。用“上推下切”的策略，可以使被辅导者进行更高层次的思考，直至思考到精神层面，也就是愿景、使命和价值观的层面，明确自己做事的意义、重要性和价值；也可以把精神层面的东西落到实处，确定具体的策略和行动计划，便于落实和执行。

逻辑层次模型不仅可以作为一个提问框架，还可以当作培养人才的一个框架，也就是针对你社团中的同学，应该进行分层次培养：有的人可能是理想、愿景不明确，缺乏目标；有的人可能是对自己的定位不明确，在学校里不好好学习、提升能力，相反却做着不符合这个年龄段的一些事情；还有的人的价值观存在问题，在读书求学阶段热衷于赚钱、玩乐；也有的人是能力不行，缺乏解决问题的手段；还有的人在一些活动的执行中，不知道如何入手，也不知道该抽出合适的时间，利用各种场合做点该做的事情。在明确了这些同学的问题之后，就可以按照逻辑层次模型具体培养了，缺什么就“补”什么。

逻辑层次模型既是一个提问的框架、培养人才的框架，也是一个教练工具，也就是说，当你对团队成员进行辅导的时候，可以使用这个框架进行教练。当然，教练的工具绝不止这一个，下面再向大家介绍国际教练协会推荐的一个非常适用的教练工具——GROW模型。

## 六、GROW模型

GROW模型是个简单易行的、能够引领人们更好地作出决策、达成目标的教练工具，它分成以下4步。

**确定目标（Goal）：**想做的事情在一定时间内要达成的结果。

**厘清现状（Reality）：**目前的状况，存在的困难、问题和挑战。

**探索方案（Options）：**从现状到目标，有哪些方案和手段。

**采取行动（Way Forward）：**要采取的具体行动计划。

其实，任何一个决策都会经历这4步。这4个步骤可以帮助人们更加专注于目标，减少干扰，找到最合适的路径，以切实可行的行动计划提升表现。

现在我们就具体来说说，在使用GROW模型时的一些关键点。

### （一）确定目标（Goal）

**关键点**

✓ 协商确定需要讨论的主题。

✓ 确认教练目标并使其符合SMART标准。

✓ 明确期待的效果。

**问题列表**

✓ 今天你想聊点什么呢？

✓ 你真正想要的结果是什么？

✓ 听起来，你想要的是……，我理解得对吗？

✓ 这个目标对你来讲有多重要？

✓ 如果这个目标现在就实现了你会怎么样？

✓ 实现这个目标对你有什么价值和意义？

- ✓ 如果不能实现目标会给你带来什么损失呢？
- ✓ 你的目标实现的标志是什么？
- ✓ 当你看到什么、听到什么，你就知道目标实现了呢？

## （二）厘清现状（Reality）

**关键点**

- ✓ 掌握与主题有关联的各种要素。
- ✓ 收集案例和事实。
- ✓ 掌握被辅导者对案例和事实的感受。

**问题列表**

- ✓ 说说你现在的情况是怎样的？
- ✓ 请多说说你现在的情况。
- ✓ 除你刚才说的……外，还有什么呢？
- ✓ 为了实现你的目标，你都做了些什么？
- ✓ 阻碍你实现目标的是什么？
- ✓ 为了有效实现这个目标，你认为你还欠缺些什么？
- ✓ 你对现在的这些情况有怎样的看法？

## （三）探索方案（Options）

**关键点**

- ✓ 确认被辅导者拥有的各种资源。
- ✓ 探讨达成目标所需要的资源是什么。
- ✓ 确认可遇见的或以往出现的障碍是什么。
- ✓ 制定能够辅助行动的策略和方案。

**问题列表**

- ✓ 你有哪些解决方案/方法呢？
- ✓ 你在这一问题上拥有的最具创造性的想法是什么？
- ✓ 如果你的时间不是很多，那么是什么促使你去尝试的呢？
- ✓ 如果你完全有能力独自解决它，你会选择做什么呢？
- ✓ 针对你说的这些方法/策略/解决方案，你如何排序？为什么这样排序？

### （四）采取行动（Way Forward）

**关键点**

✓ 让被辅导者确定具体的行动计划，并坚决按行动计划进行。

✓ 确定被辅导者行动之后的反馈方法。

✓ 询问被辅导者的执行意愿。

✓ 结束教练过程。

**问题列表**

✓ 针对你说的方案，我们逐一看看应该如何行动。针对第一个方案，你要如何行动呢？

✓ 你打算什么时候做？在哪里做？

✓ 如果你的方法不奏效，你还会采取什么其他行动？

✓ 针对第二个（N个）方案，你的行动计划是什么？

✓ 通过刚才我们的对话，你有什么收获和启发吗？

✓ 现在就去做，如果满分是10分，你的意愿有多大？

上面给出的关键点，也就是每一步骤要重点解决的事情，以及问题列表应该非常清晰了，大家只要按照这4个步骤来，一步步地进行就可以了。

现在给大家分享一个我使用GROW模型的案例。这个案例的背景是苏航2017年第一次考托福，成绩不够理想，我在和他的一番对话中，使用的就是GROW模型。

**确定目标（Goal）**

苏进：儿子，这托福成绩出来了，有啥感想啊？

苏航：不是特别理想，比我预估的分数低。

苏进：你这是第一次考，能考这么多分已经不错了。

苏航：哈哈，谢谢老爸鼓励，我还得加油，争取下次考好！

苏进：信心还是蛮足的嘛！那你下一步的目标是多少分？

苏航：我想明年3月再考一次，至少得考个105分吧。

苏进：嗯。有志气。那咱就说定了：2018年3月的托福成绩达到105分以上。

苏航：肯定没问题。

苏进：假如你考到105分以上，对你的好处有哪些？

苏航：至少能给我腾出更多时间进行SAT准备啊。如果托福考不好，SAT基本也没戏。老师也一直强调标化成绩的重要性。美国名校除了看重其他国际竞赛和活动奖项之外，最看重的就是标化成绩。我从师哥师姐的录取中已经看明白了。我得向他们学习！

苏进：嗯，很好啊，认识很到位！那我们一起来看看，怎样才能达成105分的目标，咱得计划一下。

**厘清现状（Reality）**

苏进：你来说说你现在的托福学习的情况吧。

苏航：我现在的情况你是知道的啊。在学校里每天就是上课，各门课都是英文授课，这肯定对我考托福有好处；我每天自己还背两页的托福单词；每天都会看一会儿英文新闻。

苏进：还有什么其他方式吗？

苏航：其他就没有什么特别的了。

苏进：这次托福考试过后，你有没有总结哪方面是强项、哪方面是弱项啊？

苏航：从各部分成绩可以看出来，我在听力这方面挺好的，但在口语和写作这两部分丢分蛮多的。

苏进：那就是说接下来这段时间得在口语和写作这两部分加强了，是吗？

苏航：是的。

苏进：除了这两部分成绩需要提升之外，在学习上还有什么其他困难吗？

苏航：有啊。学生会最近活动也挺多的，活动一多，我这每天背单词的任务有时就完不成。还有就是在写作这部分，我还需要老师给我专门指导一下。

苏进：行，我明白了。

**探索方案（Options）**

苏进：那我们一起看看怎么解决这些问题吧。你是怎么考虑的呢？

苏航：我觉得也没有什么特别的难处，反正就是那些套路。

苏进：那你说说看。

苏航：一是把学校的一些资源用好；二是我自己要抓紧时间；三是我觉得我还是得报个托福补习班，最好是一对一的，针对我的弱项强化一下。

苏进：呀，思路很清晰嘛。还有其他要注意的，或者要做的吗？

苏航：没有了，我觉得我把这3方面做好了，就应该没问题。

苏进：那你觉得刚才说的那3个方面，也可以说是3个方案，哪个应该排在第一位，哪个次之？

苏航：我觉得最重要的还是要把学校的资源用好，我毕竟每天都待在学校里。其次就是我得抓紧在学校里和周末在家的空余时间，利用一切碎片时间学习英语。至于报补习班，我觉得可以排在第三位，在下次考试之前的1至2个月安排在周末进行就可以了。

**采取行动（Way Forward）**

苏进：行。你这套路也有了，排序也有了，咱就得落实，得有具体计划，这样105分才有保障。

苏航：好啊，没问题。

苏进：那我们先看看，你怎样才能把学校的资源用足？

苏航：那就上课之前预习，上课时踊跃回答问题，只要回答得足够多，就可以帮助我提高口语。

苏进：很好，你既锻炼了口语，又掌握了知识，老师还会觉得你上课积极主动呢。除了把这方面做好，还要做点什么呢？

苏航：上次我们辅导员也说过，要我们经常找外教聊聊天。我觉得在这方面，我也得再多做点。

苏进：又想出了一招，那你有啥计划？

苏航：那我就每天找我们的外教，每天至少和他们聊个15分钟。

苏进：你原来说过，你们外教来自不同国家是吧？那这样对你锻炼听力有好处，不同口音的英语，你也都能熟悉了。你还有什么资源可以利用呢？

苏航：学校图书馆里有好多英文原版书，我这段时间也得多去看看。我听说SAT考试也要考美国历史，这方面是我的弱项，正好可以把历史补一补。

苏进：这得表扬你，为将来的SAT考试也做打算了。那你计划每周去图书馆几次、每次待多长时间？

苏航：我们下午有个大课间，我准备从下周开始，每周去至少三次吧，每次1小时。

对话的最后还有其他内容，我在此就省略了，这些内容包括苏航提出的每天在学校几点休息、背多少单词、看多少页外文书，以及在家里的哪些空余时间可以利用、周末在坐班车的路上如何背单词等，还有就是针对托福一对一补习班的落实情况，我们都形成了计划。这样，我就用一个GROW模型，和苏航同学把目标落地为具体的行动计划，在后期的执行当中，一方面他尽力按照这些计划去做，另一方面我和苏航母亲也时常督促和提醒，因此在2018年的第二次托福考试时，苏航的成绩超过了当时定的目标，成绩是107分。之后我们也有谈话，依然是用这种启发引导的方式，我们让他在2019年再考一次，争取超过110分。

从我上面的分享中各位同学应该可以感受到，GROW模型是个非常好用的、能启发人思考并找到解决方案的教练工具，大家可以尝试着用这个GROW模型对他人进行辅导。

其实，GROW模型不仅可以用在一对一的辅导当中，也可以用来解决团队的问题。如果团队能有效使用这些教练式的提问进行激发和探讨，将极大地提升问题的分析与解决的效率。

下面是团队使用GROW模型的问题列表，与个人问题的清单略有不同，大家可以参考：

**确定目标（Goal）**

✓ 这次我们要讨论的议题是什么？

✓ 通过这次讨论，我们想得到什么结果（我们的SMART目标是什么）？

✓ 如果今天的讨论达不成目标，会有什么后果和影响？

✓ 大家想达成目标的意愿有多强？

**厘清现状（Reality）**

✓ 我们目前的情况怎样？

✓ 到目前为止，我们做了哪些工作、取得的成果有哪些？

✓ 我们现在存在哪些困难和障碍？

✓ 别人或别的部门有困难和障碍吗（如果还有其他相关利益人或部门的话）？

✓ 我们的目标可行吗？要改吗？

**探索方案（Options）**

✓ 要达成目标，我们有哪些可行方案？

✓ 还有哪些创造性的方案？

✓ 在这些方案中，哪些是优选方案？

✓ 如果根据这些方案行动，我们应该怎么做？

**采取行动（Way Forward）**

✓ 在执行这些方案的时候，我们可能面临的困难是什么？

✓ 我们应该如何克服这些困难？

✓ 我们下一步做什么？什么时候开始？具体由谁来负责？

✓ 以上的这些行动计划足够吗？应该还有哪些？

当然，除了我前面和大家分享的逻辑层次提问框架、GROW模型等，还有很多教练工具。各位同学如有兴趣，可以购买教练类的图书来丰富你的工具库，让你把教练的方式用得更加得心应手。

其实，无论是使用辅导的方式，还是教练技术，目的都是培养团队成员，帮助、促进他们成长。作为青少年领导者，当你有了培养的意识时，你就已经升华到更高的境界了，因为领导力的最高境界就是让你身边的人都具有领导力。愿我们每个人都能成为身边人的“贵人”——成己达人，达人成己！

## 重点内容

• 掌握辅导的5个原则：一是要了解同学们的辅导需求；二是辅导同学们解

决特定的问题；三是要始终做到言传身教；四是辅导是为了让部员自己独立做事；五是根据同学们不同的发展阶段开展辅导。

• 学会辅导的4种方法：一是我指导，你试做；二是我示范，你观察；三是你试做，我指导；四是你汇报，我跟踪。

• 了解指导和教练的重要区别：指导更多的是告知，告诉别人如何做；而教练更多的是提问，不给答案。

• 理解教练的5个原则的内涵：一是每个人本来的样子都是很好的；二是人们内在已经拥有实现目标所需要的资源；三是人们总会在当下作出最好的选择；四是每个行为的背后都有当事人正面的意图；五是变化一定会发生。

• 学会使用7大问话技巧：一是多用开放式少用封闭式的提问；二是少用建议型提问；三是不问反问句；四是不要诱导性发问；五是多问“What”少问“Why”；六是多问未来导向型问题；七是问积极的问题。

• 掌握提问的框架，也就是逻辑层次模型，从上往下依次是：愿景要素、身份要素、信念与价值观、能力要素、行为要素、环境要素。

• 掌握GROW模型，学会使用4步法进行教练：确定目标（Goal）、厘清现状（Reality）、探索方案（Options）、采取行动（Way Forward）。

## 建议行动

• 社团中你的社员最近有无辅导的需求呢？或者你认为哪名同学需要辅导？尝试着使用辅导的4种方法中的一种，对他进行辅导。

• 对于教练的5个原则，你的感悟是什么？请写一篇心得体会。

• 从逻辑层次模型看，你所在社团的社员分别在哪个层次上需要被更多地辅导和培养？写出具体的辅导和培养计划。

• 试着使用GROW模型，针对你的社团中的某位同学的某个问题进行教练。在教练的时候，进行关键词的记录，并在征得对方同意后进行电话录音，之后对教练过程进行文字整理（参考我和苏航同学就托福学习进行教练的案例），反思整个过程中的优点和不足。特别是看一下自己的提问是否符合“7大问话技巧”。

• 本章中的逻辑层次模型、GROW模型，以及之前讲过的OCOSA工具、苏航同学提到的“魔力平衡轮”，都是非常好用的教练工具。各位同学可以在辅导部员、团队工作探讨、与人沟通中，将这些工具活学活用。

## 苏航感悟：从4个方面，让团队成员获得更多成长

辅导和教练在我们日常的学习、工作以及家庭生活中，到处都需要，也到处都能用到。本章讲的4种辅导方式，我在社团带人时、在项目上与同学配合的过程中，都会用到一些，但还没有用得非常熟练，我需要继续操练。一个原因是有时项目团队的搭配是随机的，不可能分配到水平相当或志趣相投的同学，因此当时间比较紧张的时候，可能就得亲自上阵，也就没有给团队成员授权的机会了，可能就没有时间辅导别人。

我来新学校已经有两年半的时间了，大大小小参加了不少学校的甚至国内及全球的项目。现在回想起来，在4个方面，如果我们能做得更好些，我们的收获就会更大，团队成员也能获得更多成长，团队就会更加成功。

**一是要让队员多发表意见和观点。**

当我们给队友更多的建议和指令的时候，他们就不思考了，只是听令执行，而不会贡献他们的想法和意见，这样，很多真知灼见可能就会被埋没。如果我们能多问他们的意见和想法，多引导他们思考，就会使我们的方案更加丰富，因为只有让他们参与方案和计划的设计，他们在执行的时候才会更加有动力。其实，这种方式也符合本章中的教练精神，教练就是要相信别人是“有”的，我们要不断地去挖掘。

**二是要给队员足够的授权。**

如果说辅导和教练是培养人才的方法，那么授权也是很重要的培养手段。有时，我们会错误地认为我们的队友能力不行、完不成指定的工作，所以我们会越俎代庖，把本该让他们做的工作都自己做了，但是，我们做的就一定最好吗？未必。结果就是把我们自己累得够呛，而队员们乐得清闲，参与的兴致也不高，团队也没真正发挥出合力。所以，我认为要给他们多授权，在这个过程中，我们可以结合4种辅导的方式，给他们必要的指导、检查、支持或教练。

**三是可更多以分享经验的方式辅导队友。**

在社团或项目中，大家都是同学，是师兄师弟、师姐师妹的关系，也不是严格的上下级，所以要像在企业中那样做正儿八经的上下级的辅导和教练，在

时间和空间上都不太方便，但我们可以借鉴这些做法，尝试着用。有一种方法，我认为可能更加方便些，那就是在开会的时候，大家分享经验。比如，分享学习的经验、做计划的经验、时间管理方面的经验等。这看起来好像不是直接的辅导或教练，但其实其他队友都可以在听讲中有所感悟、有所学习，他们会把他们认为有用的点用到自己的学习和工作中。在经验分享的过程中，因为都是活生生的案例、真实的事情，大家也愿意听，避免了直接的大道理灌输。当然，我觉得这其实也符合教练的原则，我相信他们是“内在已经拥有实现目标所需要的资源”的，以及“人们总会在当下作出最好的选择”。

**四是要更多地通过学习和使用工具解决问题。**

我们做项目、做活动，就是在不断地、一个个地解决问题。而如果我们能使用这些工具和大家一起解决问题，这本身就会成为对队友的一种支持和帮助。虽然素质教育是我们很重要的教育内容，但我们对工具的掌握还是不够多，感觉手中还是少了些“武器”。工具能给我们更多力量。在和父亲学习领导力的这几年中，我的确能感觉到一个个工具让我解决起问题来更加容易，也越发让我感受到了领导力的内涵：领导力是一组可以观察到的行为模式，是一套可以定义的技能。

“领导力的最高境界就是让你身边的人都具有领导力”，让我们一起学习并使用这些辅导和教练工具，带着一颗善良的心，帮助我们身边的朋友们一起成长！

# 第十九章　激励人心，让大家动力十足

在学校的社团组织中卓有成效地完成工作是一件困难的事。学生干部要带领大家一起完成工作，就必须鼓舞大家、激励大家，这样才能让大家动力十足。

李艳同学在小学六年级组织大家周末完成黑板报任务的过程中就遇到了一些困难：在同学们发表各自的建议时，有些同学就产生了分歧，互不认可对方的意见；大家对能否按时、完美地完成任务，信心不足。为此，李艳同学首先让大家对自己有信心，要认可自己的特长；其次让大家知道班级与个人的关系，让大家产生班级荣誉感；最后让大家感觉到被理解和尊重。针对分歧，找共同点和有益的部分，让大家在活动中感受到快乐。李艳认为，碰到困难时，“作为学生干部，一定要充满活力与激情，鼓舞大家，让每个人都乐意行动”！

“激励人心”这项技能和行为属于蓝色展望型场域对学生干部的重要要求，这一章将主要从4个方面和大家分享：一是从调研结果看激励的重要性；二是激励的一般原理；三是对不同个性的同学的激励方式；四是激励人心的5项原则；五是低成本但非常有效的4种激励办法。

## 一、从调研结果看激励的重要性

盖洛普是世界著名的民意与咨询调查公司，在多年的企业调研中，提出了著名的“Q12”理论。Q12是关于员工敬业度以及团队工作环境的理论，它的12

个主要问题如下：

1.我知道对我的工作要求吗？

2.我有准备好我的工作所需要的材料和设备吗？

3.在工作中，我每天都有机会做我最擅长做的事吗？

4.在过去的7天里，我因工作出色而受到表扬了吗？

5.我觉得我的主管或同事关心我的个人情况了吗？

6.工作单位有人鼓励我的发展了吗？

7.在工作中，我的意见受到重视了吗？

8.公司的使命/目标使我觉得我的工作重要了吗？

9.我的同事们致力于高质量的工作了吗？

10.我在工作单位有一个最要好的朋友了吗？

11.在过去的6个月内，工作单位有人和我谈及我的进步了吗？

12.过去一年里，我在工作中有机会学习和成长了吗？

这个理论主要说明的是，如果在一个企业或团队中，员工在这12个问题上的打分高，并且在盖洛普的数据库中对标处于高分位，就说明这家企业或者团队的员工敬业度高，而且大家的工作环境、企业的文化氛围是积极向上、团结协作的。各位同学可以来看一下，这12个问题哪些是关于激励的呢？

以上第4、5、6、7、8、9、10个问题，都是和激励相关的。大家可以看到，激励的内容包括工作出色给予表扬、关心个人情况、鼓励发展、意见得到重视、用目标激励等。这些虽然都是企业中的激励内容，但各位同学是否觉得照样可以在学校组织中用到呢？也就是说，各位青少年领导也可以从以上的题目中得到启发，因为盖洛普Q12理论揭示的是：如果一线员工的业绩不好、敬业度不高，70%以上的原因是由其直线经理决定的。各位社团的青少年领导们，这对你们是否也有刺激和震撼呢？你们社团的那些成员能力不行、态度不好、不敬业，70%的原因会不会也是你们这些青少年领导造成的呢？如果从这12个维度入手，加强对团队成员的目标管理，增加对他们日常学习和生活的关心和支持，加强团队氛围的建设以及团队成员发展的规划，增强和他们之间的信任关系，我相信，每位社团青少年领导都将是称职的领导，你们的社团也一定是朝气蓬勃、业绩突出、人人称赞的。当然，借用Q12理论，我在本章想强调的是如何做好激励人心的工作，因为大家可以注意到，在Q12的12个问题中，至少有7个是和激励内容相关的。

领导力专家库泽斯和波斯纳在30多年的研究实践中也得出了类似的结论：员工的动机、承诺度、团队精神和生产率的水平是与他们从领导者那里得到的自信心有显著的联系的。领导者越频繁地对员工表达自己的信任，员工就越信任他们的领导者。

从以上的两个调研结论中各位同学能够看出，激励对企业的经理人来讲是一项非常重要的管理技能，缺少了激励，员工的业绩、敬业度和忠诚度就都将大受影响。虽然企业人和学生是两个不同的群体，但从“人”上讲，大家有同样的需求，那就是被激励和欣赏。所以，作为青少年领导，照样可以从这些调研中得到启发，那就是在平时的青少年领导工作中，如果缺少对团队中同学们的激励，他们照样无法有好的表现，对所在社团也不会有多大的投入和付出。

## 二、激励的一般原理

在讲“激励人心”的方法和工具之前，先和大家把激励的一些概念以及原理厘清。我们先来说一下什么是激励。

激励是一个刺激需求、激发动机、促进行动、满足需要、实现目标的动力过程，是一种从心理上激发人的积极性的艺术。这句话如何理解？它强调人都是有需求的，你要先了解他的这种需求。比如，有的同学想要一部新的手机，有的想要学习潜水等，只有知道他的需求，才能激励他。激励和目标是分不开的，因此要给他设定有挑战性的目标，比如要求他在这次全球机器人大赛上获得一等奖。而人们实现目标是需要有深层次的动机激发的，比如力争一等奖的同学的内心动机，一是一定要赢，二是要为中国学生争光，而“获得一等奖，就奖励一部最新的手机”就是给他设计的一个外部诱因。动机和诱因结合起来，人的行动力就产生了。最终他拿到了一等奖，组织也兑现了承诺给他的奖励，他的需求就得到了满足，激励的过程就完成了。当然，一个激励完成了，人的下一个欲望或者需求就又产生了，这时就需要给他新的刺激、新的激励。

激励的作用是巨大的，激励的好处也是很多的，我在这里想强调的一点是，激励能够激发出员工更大的潜力。哈佛大学的威廉·詹姆斯（William James）教授就曾发现，部门员工一般仅需发挥出20%至30%的个人能力，就足以保住饭碗而不被解雇；如果受到充分的激励，其工作能力能发挥出80%至90%，其中50%至60%的差距受激励作用的影响。这一定量分析可能会让很多人惊诧。当企业业绩不好的时候，往往只会从技术、资金、设备等方面找原因，殊不知，企业员工就是巨大的宝藏，他们身上还有很大的潜力未被开发。如果经理人能把更多的注意力和精力放在员工的激励和开发上，企业的业绩和发展肯定会取得意想不到的成效。

这同样给我们青少年领导以启示。如果说平时的激励是由家长、老师来实施的，那在上课之余，喜欢“泡”在学校各个社团中的学生们，对于他们的学习态度的改变、各种能力的开发、在社团中个人成绩和表现的提升，我们的青少年领导是不是可以设计和实施更多的激励，让他们有更好的表现呢？

这就需要青少年领导们了解各种激励的原理，从而有针对性地实施。

我们先来看看激励的三种分类。

**第一种分类，把激励分成内激励和外激励。**内激励，指的是自我造就的因素，大多来自信仰、价值观，如目标、责任、兴趣、富有挑战性的工作、出人头地的机会等；外激励，指的是常见的一些奖励办法，如表扬、赞美、送一本书、送个生日蛋糕等。

**第二种分类，把激励分成正激励和负激励。**正激励，指的是用人们乐于接受的方式，如表扬、肯定、奖励来倡导某种行为；负激励，指的是用人们不喜欢的方式，如批评和惩罚等来禁止某种行为。

**第三种分类，把激励分成经济性激励和非经济性激励。**经济性激励很容易理解，都是和钱、物挂钩的，在企业中，经济性激励包括基本工资、岗位津贴、绩效奖金、分红、法定福利、公司福利等。非经济性激励从字面上就可以看出是和钱、物不太相关的，在企业中，非经济性激励的内容有授予各种荣誉、给予晋升、授权、给予培养与发展的机会等。

除这三种激励分类外，大家还需要重点了解的有美国管理学教授弗雷德里克·赫茨伯格的双因素理论、美国心理学家亚伯拉罕·马斯洛的需求理论，这些理论的大概内容在第九章中都提到了，大家可以再翻阅一下。这里，大家还需要重点了解的一个理论就是哈佛大学教授戴维·麦克利兰的成就需要理论。

麦克利兰认为，具有强烈的成就需求的人渴望将事情做得更为完美，从而提高工作效率，获得更大的成功，他们追求的是在争取成功的过程中通过克服困难、解决难题、努力奋斗获得的乐趣，以及成功之后的个人成就感，他们并不十分看重成功带来的物质奖励。

高成就需求的人非常看重三个方面：一是喜欢设立有适度挑战性的目标，不喜欢靠运气获得的成功，不喜欢接受那些在他们看来特别容易或特别困难的工作任务。他们成功了会要求应得的荣誉，失败了也勇于承担责任。二是高成就需求者在选择目标时会回避过高的难度，他们喜欢中等难度的目标。对他们而言，当成败的可能性均等时，才有机会从自身的奋斗中体验成功的喜悦与满足。三是高成就需求者喜欢立即收到反馈。目标对于他们非常重要，所以他们希望得到有关工作绩效的及时、明确的反馈信息，从而了解自己是否有所进步。从以上的特征中，各位青少年领导可以回想一下，在你身边的哪些同学是有高成就需求的？知道了这些有着高成就需求的同学，在以后的工作分派中，你就需要给他们制定具有中等挑战性的目标，并且在完成工作的过程中要给他们及时的反馈，他们做得好就表扬，做得不好也要给他们及时指出。

除了这些，还有很多激励理论，包括维克托·弗鲁姆的期望理论、埃德温·洛克和休斯的目标设置理论、波特和劳勒的综合激励模式、斯金纳的强化理论等，大家如有兴趣可以自己找资料学习了解。

## 三、对不同个性的同学的激励方式

有时候，青少年领导不知道对团队成员的激励该从何入手。他们的一个误区是，觉得激励只能从物质入手，但他们手上又没有过多的权力能让他们发放财物。其实，不仅这些青少年领导没有这么多发放财物的权力，企业的经理人有时也会捉襟见肘。难道对社团成员的激励就一定要是物质激励吗？从前面我分享的激励原理和基本理论中大家一定已经达成了共识：激励是可以从不同维度入手的。而掌握需求和动机是实施激励的前提。那么他们有没有共性的需求和动机呢？马斯洛的需求理论只说明了人有五种需求，但并没有具体说明每种需求是哪些人最需要的。而我们之前和大家分享的4D个性中的4种个性的人群分别有自己的特点，也就是说，他们一定拥有这种个性的人的共性需求和动机。

现在就带大家一起看一下，4种个性的同学分别有哪些共性的需求和动机。各位青少年领导也可以从中找到“因人而异”的激励方式，当然，各位同学也能知道什么样的激励方式对自己是有效的。

**绿色个性同学的需求是：**被关爱、被欢迎、被称赞、被鼓励、被安抚和安慰。**他们的动机是：**希望有一种安全感，追求和谐的氛围；希望能得到欣赏和价值的认同；希望被尊重。

**黄色个性同学的需求是：**希望有良好的声望、紧密的友谊、良好的人际关系、支持他人的机会、被信任，希望按部就班管理事务。**他们的动机是：**被认可、被赞同和受欢迎。

**蓝色个性同学的需求是：**希望别人能给他们明确的目标、喜欢创造性的工作、做事追求完美、喜欢做决定。**他们的动机是：**敢于进取、好胜、喜欢独立。

**橙色个性同学的需求是：**希望被给予明确的任务和详细的解释、喜欢条理清晰和可控的风险、高效率、喜欢决策。**他们的动机是：**喜欢控制、崇尚高品质和卓越的表现。

上面4种个性的同学的这些需求，其实就是他们为了获得满足感，希望获得的外部基本条件，而动机就是驱使他们展开行动的内在原因。了解和掌握了这些具体的需求和动机，再去刺激他们的需求、激发他们的动机，各位青少年领导，你不就是在实施正确的激励行为了吗？

## 四、激励人心的5项原则

### （一）确定清晰的标准

无论是在班级中，还是在各个社团组织中，要想让同学们解决问题，就要先匹配好激励，也就是先设定标准，承诺达成之后给奖励。比如，在企业中，经常会有积分制激励模式，主要是用奖分、扣分的方式对人的“综合表现、核心价值、团队贡献”进行量化管理，并辅以即时激励和综合评价，旨在全方位地调动人的主动性、创造力，建立积极、正面、快乐的绩效文化。学校和社团组织也可以借鉴企业的积分制，从以下4个方面做好积分式激励。

**制定积分标准。**企业想要的、希望员工们做好的工作、想要员工去解决的问题，都可以被设定为积分标准，并激励员工们主动做好这些积分标准上的事情。学校的老师们、社团组织的青少年领导们也可以借鉴。比如拾金不昧每次加若干分等。积分制是一种激励形式，即使不用积分制，大家也要记住一点，就是所有的激励必须在事前确定标准，目的是引导大家正向的积极行为，没有标准的激励纯粹就是“过家家”，无法让大家引起重视，或者会让大家产生不公平的感觉。

**设定奖励计划**。当员工赚到积分、奖券时让他们清晰地知道自己能获得什么好处，让他们知道越努力越幸运，越努力得到的奖励就越多。在学校里也可以设置这样的奖励计划：获得一次校“三好学生”称号的，将会得到“某某奖学金”1000元人民币作为奖励；连续两次获得校“三好学生”称号的，将会得到“某某奖学金”3000元人民币作为奖励；连续三次、连续四次的，也都有具体的奖励规定。

**积分软件**。让员工使用积分软件自主申请，管理者审核，并永久记录，当员工累积到一定分数时，就可以获得一定奖励，且积分数据可以成为晋升的依据。对于这一条，我相信学校都有自己的软件系统，老师们会把学生的荣誉和分数记录在案。各个社团可能没有那么好的系统，但照样可以使用各种简单的办公软件把大家的相关积分情况记录下来。比如，某学校的小丁同学作为校高尔夫球协会的执行主席，为了对团队成员的贡献进行激励，建立了一套积分系统，当团队成员打出老鹰球、小鸟球，或在比赛中获得名次（不一定是最好的名次）时，她都会给他们记录一定的积分；同时，小丁同学也会给那些为比赛提供支持的同学积分。最终，这些积分都会被兑换成大大小小的奖励。小丁同学通过这种方法激励团队中的每一个成员，虽然有的人贡献很小，但她认为，只要他是团队的成员，就应该激励他的这种行为。

**举办Happy Hour（快乐时光）大会**。快乐时光大会每个季度举办一次，当天有抽奖，有游戏，有节目……这是员工自己的活动，也是积分奖励计划实施的平台。快乐时光大会可以和员工生日会、聚餐、户外活动等一起举办。对于那些实行积分激励的班级或者社团来说，也可以定期举行类似的快乐时光大会，让大家按照自己的积分来领取心仪的礼品。当然，这样的快乐时光大会，不能只是简单地办一个领取礼物的活动，可以把它和分享成功故事以及进行各种团队游戏、各种特长表演等结合起来。如此，既有形式，也能让大家“走心”。

## （二）期望最好的结果

先和大家分享一个故事。

1968年的一天，美国心理学家罗森塔尔和助手们来到一所小学，说要进行7项实验。他们从一至六年级各选了3个班，对这18个班的学生进行了“未来发展趋势测验”。之后，罗森塔尔以赞许的口吻将一份“最有发展前途者”的名单交给了校长和相关老师，并叮嘱他们务必保密，以免影响实验的正确性。其实，罗森塔尔撒了一个“权威性谎言”，因为名单上的学生是随便挑选出来的。

8个月后，罗森塔尔和助手们对那18个班的学生进行复试，结果奇迹出现了：凡是上了名单的学生，每个人的成绩都有了较大的进步，且性格活泼开朗，自信心强，求知欲旺盛，更乐于和别人打交道。

这个故事说明了什么呢？在不被重视和激励，甚至充满负面评价的环境中，人往往会受到负面信息的影响，对自己进行比较低的评价；而在充满信任和赞赏的环境中，人则容易受到启发和鼓励，往更好的方向努力。随着心态的改变，他们的行动越来越积极，最终获得更好的成绩。

如果你相信他人的能力，相信他人能够有最佳的表现，往往在他身上就会有奇迹出现，比如完成有挑战性的工作。对他人传递积极的期望，就会使其精神振奋，充满活力，进步也会很快。对他人有积极的期待，不仅能深刻地影响他的意愿，也会潜移默化地影响他的行为举止，当你充满信任地对他说“你下次肯定能考好”“我相信你能行”“我知道这有挑战，但我也知道你过去的表现，你可以做到”的时候，对方已经在潜意识里被你激发了。如果你不能用语言和行动让对方真切地感受到你相信他能够做好，他将永远不可能有最好的表现。

**社会心理学家称这种现象为“皮格马利翁效应”**，这个命名源自希腊神话中的有关皮格马利翁的故事。皮格马利翁是希腊神话中的塞浦路斯国王，同时还是一位出色的雕塑家，他精心雕塑了一座美丽动人的少女神像。在夜以继日的工作中，皮格马利翁将他全部的精力、热情都倾注在这尊雕像上，他深深地爱上了她，并希望这位少女能来到人间。结果奇迹发生了，塑像被皮格马利翁的真心打动，少女“活”了，最后他的愿望也达成了。心理学的研究表明，人们的行为和别人对他们的期望是一致的。要想让学生在学校里有最佳的表现，老师们就要对他们有真诚的预期，“我相信你能行”“我看好你们”等类似的语言能为他们不停地赋能。在社团中也一样，青少年领导要相信自己团队成员的能力，要让他们知道，你作为负责人，对团队充满期待。我相信，青少年领导对团队的信任最终会转变成团队成员的信心，并表现在他们平时的努力和结果上。

领导力专家库泽斯和波斯纳的研究表明，“员工的动机、承诺度、团队精神和生产率的水平是与他们从领导者那里得到的自信心有显著的联系的。领导者越频繁地对员工表达自己的信任，员工就越信任他们的领导者”。

### （三）个性化的认可

举个简单的例子。

作为优秀的学生，你已经连续3年被评为校级“学习标兵”，每次都会拿到一张奖状。你对这份荣誉非常看重，但可能你对这份纸质的证书没有多么“青睐”。在你家，你的父母作为企业的中高层经理，他们在多年的工作中也获得了很多荣誉称号，他们不仅有证书，还有奖牌、奖杯等，而且材料还不一样，有水晶的、玻璃的、仿铜的、仿银的。你特别喜欢那个万马奔腾的“卓越领导力奖”的雕塑。因为你的属相是马，你特别希望学校哪一天可以不发证书，而是在这样的雕塑上刻上四个字——“学习标兵”，那肯定“帅呆了”。

上面的例子说明，人的需求是多变的，不能用一成不变的方法激励他们。有时也要变换形式，学会使用个性化的认可方式。

举个我曾经所在的企业的例子。

我们有一个销售人员，销售能力特别强，基本每年都能拿到销售冠军。对于这些Top Sales（卓越销售人员），公司都有丰厚的激励计划，除了发奖金、评选“优秀员工”之外，他们每年还有机会参加全球Top Sales的海外旅行计划。我们这位叫Tom的销售把这些荣誉全都拿到了，还去过好几个国家旅行。有一次，我们的HR（人力资源）同事在无意中听到Tom和其他同事聊天时说：“假如我能在两个‘老大’面前当一次‘老大’，那就爽了。”他说的这两个“老大”

指的是我们公司的亚太区总裁和中国区总裁。于是HR就开始策划——如何才能满足他的这个心愿呢？为此，HR专门向两位总裁请示了一下，经过他们的同意，安排了一次照相活动。当天，没人告诉Tom要干什么，就把他请进了会议室。会议室里有HR专门请来的摄影人员，他们带着“长枪短炮”等各种照相器材，还有灯光设备，HR还给Tom租了几套服装。HR和Tom说明了用意——要给他拍一些艺术照。对此，Tom也没有表示特别惊异。但是当两位总裁西装革履地进来，在Tom坐的老板椅后面毕恭毕敬地站着的时候，Tom有点蒙了。这时，HR告诉Tom，说此举正是为了满足他在“老大”面前当“老大”的心愿。这时，Tom真是幸福得有点不知所措了。照片拍得很棒，也非常有感觉。后来，在年底的新年晚会及表彰大会上，舞台背景LED屏上放出了这张照片，在海啸般的笑声中，主持人把Tom请上台，为他颁发Top Sales证书，并把用相框装裱的照片送给Tom。我相信，那一次颁奖的盛况，还有那张照片，将会令Tom终生难忘。

再说说其他公司。

在阿里巴巴，针对“一年香、三年醇、五年陈”，也就是工作了一年、三年、五年的阿里员工，都有不同的激励方式。比如，“一年香”会得到一个纪念徽章，“三年醇”会获得一个纪念白玉吊坠，而“五年陈”则被称为纯粹的、充满“阿里味”的阿里人，将会获得一枚白金戒指，这枚戒指的价值超过3000元。阿里巴巴每年会举办4次隆重的授戒仪式，符合条件的、全球的“五年陈”员工都会被邀请回杭州总部。好多从外地回公司的员工不熟悉路，HR还会专门为他们设计指路牌。

个性化激励的根源在于大家有不同的需求。在企业中，年轻的员工比较重视拥有自主权及创新的工作环境，中年员工比较重视工作与生活的平衡及事业发展的机会，年龄较大的员工则比较重视工作的稳定性和身体健康。从员工入职的时间长短来看，新员工有生存（和能力获得）的需要，角色转型过程中的人有对经验的需要、对成长空间的需要，而老员工则有对安全稳定的需要、对良好人际环境的需要和对成长的需要。这就需要领导者从他们的需要出发，进行有针对性、个性化的激励。

同样的道理，作为青少年领导，也要了解社团中不同类型同学的需求，比如刚进社团的新人，他们的需求和已经在社团2—3年的“老人”的需求肯定不一样。新人需要快速地融入社团组织，认识大家并且和大家建立相互信任的伙伴关系，他们还想学习一些新技能。作为社团负责人，如果新人表现出色，可不可以奖励他们去参加某种技能的培训，或专门为他们组织一次“团拜会”呢？带着他们到经常需要与之配合和合作的社团或者部门去认识一下对方的成员，了解一下对方的工作，和具体的接口人建立联系，或者组织大家一起搞个团队建设活动。总之，青少年领导要做好激励工作，也要费一番心思，要了解团队成员每个人的成长经历、家庭情况，以及兴趣爱好，便于对他们开展有针对性的、个性化的激励，从而更好地激发他们的学习和工作。

一方面，要针对同学们的个性化需求给予激励；另一方面，要根据新生代的同学们“爱玩”“耍酷”“刷存在感”等特点设计“既酷又炫”的奖励，比如下面的20个方法。

- ✓ 送漫威电影票。
- ✓ 奖励星巴克的咖啡券。
- ✓ 授予某科目的免试通行证。
- ✓ 送到床前的早餐。
- ✓ 在微信群中所有同学送一句赞美的话。
- ✓ 专车接送一次。
- ✓ 走红地毯。
- ✓ 制作“学霸”手印。
- ✓ 和学院/校领导共进晚餐。
- ✓ 代理学生会主席一天。
- ✓ 奖励某视频网站VIP会员年卡。
- ✓ 飞镖抽奖。
- ✓ 外出参加培训。
- ✓ 让获奖者分享成功经验。
- ✓ 给获奖学生的家长快递喜报。
- ✓ 给低年级同学做辅导员。

- ✓ 和知名人士同台演讲。
- ✓ 奖励游戏点卡。
- ✓ 给优秀学生做宣传海报。
- ✓ 校长签名送书。

（四）组织庆祝活动

当团队取得了阶段性的胜利、赢得了竞赛奖项、在某些活动中取得了优异成绩的时候，团队领导者就可以组织一些庆祝活动。庆祝活动的形式可以是多种多样的，可以组织大家聚餐、唱卡拉OK、打桌游、密室逃生、跳舞等等。也可以是精心设计的，比如专门为获奖者举办一个生日庆祝活动，买蛋糕大家一起享用；或设计一些表扬卡，组织专门的Recognition Meeting（欣赏会议）等。

有些团队领导不喜欢组织庆祝活动，一是因为自己不太喜欢热闹，二是认为庆祝活动太张扬。但别忘了，人是社会动物，从马斯洛的需求理论中大家已经知道，人是有社交需求和被尊重的需求的，大家希望聚集在一起，一起做事，并产生关系。而社团中青春年少的同学们喜欢玩乐、爱好广泛、求知欲强，也愿意尝试，他们积极、乐观、充满正能量。为此，通过庆祝活动，可以更进一步增强他们之间的社交网络，增强他们之间的信任，为他们之间进一步了解、交流信息、合作、互帮互助建立一个平台。庆祝活动能赋予人们更多的激情，人们聚集在一起，可以分享理想和抱负，他们可以互相激励，也可以在吐槽后整装待发。在庆祝活动上，不论是对同学们个人的表扬还是对团队整体成绩的表彰，甚或对大家互相帮助、加强联系的鼓励，都会为团队领导创造机会，让大家在正能量的氛围中真心地、坦诚地交流，密切彼此之间的关系，也便于强化那些和团队价值观密切相关的行为，从而让每个人都能在社团这个平台上，在社团价值观的指引下变得更加优秀，社团的战斗力也将更加强大。

举个例子。

当社团负责人王雅丽在表扬社团成员李俊昊同学连续两个通宵完成社团的建议活动策划方案，且方案被校学生会大部分采纳的事时，她强调大家要学习李俊昊同学愿意负责、敢于尝试的精神，这正符合本社团的使命和价值观。王雅丽还引出了一个话题——如何提升各位同学对社团工作的担当精神？有担当者应该具备哪些行为？通过快速头脑风暴，大家提出了8条做法。王雅丽又以一个小游戏的方式，让大家感受到了协作、担当的重要性。

为了把庆祝活动纳入管理活动，青少年领导还应该把庆祝活动列入工作日程表，以此证明你对此的重视程度和关注度。每个人都有在日历上标注一些重要的日子的习惯，如生日、纪念日、节假日等，但青少年领导还应该在日历上标注一些重要的里程碑日程，比如某活动倒计时若干天、新人报到、某竞赛结束、本社团第一次进入决赛等，可以在社团办公室墙上的日历上标出这些重要的日子，让大家都看得到，引起期待。这样做的好处是，说明社团重视这些特殊的、有意义的时刻。当然，这些固定的庆祝活动日程和临时安排的庆祝并不冲突，都是为了让团队成员感受到集体的温暖，感受到被关怀、被重视。

特伦斯·迪尔和M.K.凯伊教授在《公司庆典》一书中，描述了一些庆祝活动的形式，各位青少年领导可以参考。

✓ 周期性的庆祝活动（如时令性主题、关键性的重大事件、公司周年庆）。

✓ 认可仪式（如对于圆满完成工作的员工，在公开场合给予鼓励、喝彩和认可）。

✓ 庆祝胜利（强调集体成就的特别事件，如开发出一种新产品或提出一个新战略、开设了一家新工厂、启用了新办公室或新开一家店面）。

✓ 安慰与释怀仪式（如失去一个客户合同、员工被解雇）。

✓ 个人境况的变迁（如搬家）。

✓ 工作场合的好人好事（如为他人做好事、促进社会变革）。

✓ 文体娱乐活动（如游戏和体育活动、恶作剧等活动）。

无论是要认可团队成员的个人良好表现以及贡献，还是要重塑团队的集体荣誉感、自豪感和归属感，组织各种各样的庆祝、典礼以及其他类似的活动都是必不可少的激励手段。公开举办庆祝活动可以起到建立卓越行为示范效应的作用，因为这种方式可以让每个人的行为都被他人关注，被表彰的行为更是榜样行为；另外，在庆祝会上，也能营造出一种相互信任、协作、正能量的氛围，而这种氛围更能激发大家围绕着团队的核心价值观和共同目标努力奋斗！

### （五）树立榜样

本书第十三章讲到了青少年领导者以身作则的重要性，也讲到了以身作则的含义，其实就是“说到做到、言行一致”。而要做好，就必须先有标准，这个标准就是青少年领导者自己需要搞清楚的，也即所谓的“说什么”，说的内容其实就是每位领导者内心的声音，即价值观。

以身作则是为了树立榜样，让同学们看到你看重的，也是你所做的。同学们在评价学生干部时，会看他说的和做的是否一致，如果不一致，那同学们就会认为这个学生干部对自己说的话是不认真的，甚至会说他是个表里不一的“伪君子”，是个没信誉、不靠谱的人。

同学们会被行动激励。当你对学校里的清洁工、食堂的厨师、花园的园丁都说“谢谢”时，当你背着崴了脚的同学去学校的卫生室时，当你为生病在床的同学买饭时，当同学的家中出现困难你主动借钱给他们时，当你为赢得比赛的同学们举办庆祝活动时，你的言行举止都会对同学们产生影响，你也很快就会看到，同学们也会这样做。所以，为了创造并维持一种庆祝和认可的文化，学生干部要树立榜样。

激励的办法和方式有很多，但领导者应该做的就是尝试。如果你每天在教室里、学校里四处走动时能快乐地面对每一个人、叫出同学们的名字、拍拍他们的肩膀、开开玩笑、夸赞他们的穿着、赞美他们在运动场上的表现、为他们取得的成绩真诚地祝贺、给过生日的同学送上精美的卡片或者特意挑选的有意义的小礼物，你就能收获大家的兴奋、拥抱和感谢，你的激励人心的这些小小的举动和行为，都在产生潜移默化的作用，团队的精神和价值观也在通过这些有形的方式落地和弘扬。

张帆同学是某校学生会秘书处的副秘书长，他最近读了《1001种零成本奖励员工的方法》，受到了很多启发，他决定尝试着用“有趣、好玩”的方式激励大家。秘书处最近在组织一次学生的“校园环境满意度调查”，按照以往的经验，参与这种调查的同学不会很多，再加上学校不允许用手机，所以就不能用那些专门的调查问卷软件，只能用纸质的问卷调查。但如何调动大家的积极性呢？为此，他设计了一个“调查问卷纸飞机比赛”活动，让参与调研的同学们把调查问卷折成纸飞机，在下课后的一个固定时间里到学生活动中心参加纸飞机比赛。张帆还为此带着秘书处的成员设计了各种比赛奖项，成本很低，但是很刺激、很好玩。在为期一周的比赛中，大批同学成群结队地参加比赛。每天的比赛场上欢声笑语、精彩纷呈。张帆说："有史以来第一次，有这么多同学递交了调查问卷。"

学生干部既是管理者，也是领导者。管理强调的是计划、组织、协调、指挥、监督等，而领导强调的是做正确的事情，重在激发团队成员。如果学生干部仅仅把自己定位成一个管理者，那么其日常工作的焦点可能就是检查大家作业是否完成、有哪些违纪行为、工作中有哪些差错，对于在时间节点上没有完成任务的给予扣分等，这样，他在大家面前树立的就是监督、检查、控制、挑错的形象，"专给大家找麻烦"。

把你放在社团成员的位置，假如你知道有人要来检查你，你会做出怎样的行为呢？你可能会伪装出最好的表现，但结果却适得其反。为什么会这样呢？因为人在伪装的时候会精神紧张、心跳加速，这样就更容易出错。当你知道有人来挑你的问题的时候，你可能会隐瞒你的问题，不想展露真实的情况，会以一种不诚实的方式回应对方。

这就是为什么控制型的，或喜欢打着老师的旗号颐指气使的学生干部是没有威信的，也是不被信任的。因为他们在你的工作完成之前就想得到结果，并且在这中间不断地检查、监督，甚至埋怨、批评，这种高控制型的学生干部做出的这种举动就是对别人的不信任。对于这种不信任，你会怎样回应呢？你也会选择不信任。

大家知道，信誉是领导力的基石，没有了信誉，没有了信任，也就没有人愿意追随你一起做事。为此，在学生干部行使职责的时候，要记得先把"控制型"的帽子从自己的头顶摘掉，换一顶"温暖型"帽子，不要去刻意找别人的麻烦，不要总是指责别人这不对、那不对，而应该以赞许的目光发现大家的长处、优点、正面、闪光的地方。当你开始扮演关心人、赞美人的温暖型领导者的角色的时候，同学们很快就会用一种不一样的方式和你互动。他们对你不再抵触，不再隐藏，而会以轻松、自然、欢快的方式和你交流、沟通，你越对他们抱有美好的期望，他们越会愿意展现出最优秀的一面；你期待他们成绩好，他们的成绩真的可能会更好；你祝愿大家取得好名次，他们可能就会奋力拼搏、勇夺桂冠。当他们知道你关心他们、支持他们时，他们也会变得无拘无束，并做出积极的行为。

所以，学生干部关注别人的需求和利益，不断地正面激励身边的同学，实际上就是在做榜样，以自己的行为影响别人的行为，这样就可以形成正循环，营造出一个互相支持、鼓励、欣赏和感恩的学习、工作氛围，也能极大地促进大家学业的进步、团队业绩的提升。

## 五、低成本但非常有效的4种激励办法

激励是需要花钱的，就像上面我们提到的20个办法。如果给你足够的钱，你肯定能设计出很多让别人满意的激励办法，但现实是，学生干部不可能有那么多的经费用于激励别人。那没钱是不是就无法激励别人了呢？答案是否定的。在这里，我就和大家介绍**4种成本很低，但效果非常好的激励办法。**

**第一种是给予掌声。**鼓掌是成本最低，但效果极佳的激励办法。给予掌声就代表对别人的肯定和认可。但你确认你会鼓掌吗？很多人鼓掌时只拍两三下巴掌，你自己可以体验一下：给自己鼓掌三下，你自己有感觉吗？肯定是没感觉的，因为鼓掌次数太少，至少代表你不够热烈，也不够用心。所以，要想用掌声感动别人，你得先感动自己，至少鼓掌9次，用力还要大；当然，如果鼓到热烈之处还能站起来，带着欢呼声、呐喊声，气氛就更好了，听者不仅会被感动，也会被大家潮水般的热情融化。配合着鼓掌，还可以搭配其他的形式，比如让被表扬者走红毯、给他们送上鲜花等。

**第二种是赞美对方。**林肯说过："人人都需要赞美，你我都不例外。"人人需要、渴望赞美，这是每个人内心的需求和共同的愿望。研究表明，保持愉悦的心情工作，即使是最简单的工作，效率都会更高。而让一个人保持愉悦的心情的最好方式不是给他钱，而是认可和赞美他，因为每个人都有自尊心，满足自尊心最简单的方式就是对他表示认可和赞美。在库泽斯和波斯纳的研究中，经常被领导表扬的员工要比那些不常被表扬的员工拥有更高的积极性，更有自豪感，也更专注于组织的成功。另外，研究也发现，在表现卓越的小组中，表扬是批评的6倍；而在表现一般的小组中，表扬是批评的2倍；至于那些表现不

尽如人意的小组，每次表扬都伴随着一次批评。

赞美其实很简单，或许就是一句表扬的话、一个赞赏的眼神、一个会心的微笑……这些对于学生干部来讲是很容易办到的事，但都能给同学们很好的暗示。让团队成员相信你认同和欣赏他们，他们就会更加自信，就会做得更好。如果你坚持这样做，久而久之，必会为团队带来意想不到的惊喜。

但赞美也不是那么随心所欲的，你也需要知道一定的原则。

第一，赞美要及时。当你的团队成员取得了成绩、有了优秀的表现、做了好事，甚或取得小小的进步时，你都要给予及时的赞美。心理学研究表明，人们渴望被赞美和认可的时间是有一定的时效性的，在时效内，人们受到赞美会激动、兴奋，感到鼓舞；一旦过了这个时限，给予再多的赞美和认可也不会激起对方太大的情感波澜。因此，请记住，赞美要及时，激励要及时。

第二，赞美要真诚。一定要发自内心地、真心实意地赞美，表情要丰富，语言要生动，要防止刻板的、空洞无物的夸赞，因为这会给人言不由衷的感觉。英国专门研究社会关系的卡斯利博士曾说过："大多数人在选择朋友时都是以对方是否真诚而决定的。"当你对别人的夸赞缺少真诚时，就很难建立信任，而缺少了信任，你也就无法和别人建立起密切的合作关系。

第三，赞美要具体。在对你的同学和社团的成员进行表扬时，一定要针对他所做的事情、行为或者细节进行表扬。你表扬得越具体，越能让人有代入感，越能让他回忆起当初的情境，在回味和感受中，在情感上和你建立连接。比如，"昨天我在宿舍的阳台上看到你在樱花大道上走着，前面有个骑自行车的中年大婶突然摔倒了，你冲上前去，先把那个大婶扶了起来，还轻轻地把她的腿放平"，听到这里，当事人就知道你说的具体是什么事了。你接下来可以这样说，"我挺佩服你的，勇敢又有担当"，这样就更能提升被表扬同学的心理满意度，也把表扬上升到动机和价值观的层面了，让被表扬的人受到很大的触动。相反，如果你在表扬别人时使用千篇一律的"你很棒""太厉害了""你很优秀"，就显得干巴巴的，起不到好的激励作用。

**第三种是送感谢卡。**如果说赞美对方是一种口头激励形式，那么送感谢卡就是书面形式。作为学生干部，如果你不擅长当面赞美，那么送感谢卡就是一种很好的替代方式。感谢卡的种类很多，既可以DIY，也可以从书店中买到那种像生日卡一样的感谢卡，当然，你也可以用便笺、信笺。但请记住，感谢卡、便笺也好，当面欣赏、赞美别人也罢，一定要兼顾，在激励别人的时候，这两种方式都要用到。不过你要分清楚，不同的人的偏好形式也许不一样。在4D的4种个性的同学中，绿色和黄色个性的同学可能更喜欢被当面表扬和赞美，而蓝色和橙色个性的同学可能更喜欢书面的感谢卡、感谢信等。

举个例子。

通用电气的前CEO杰克·韦尔奇就是使用便笺的高手。他说过：我的经营理念是要让每个人都能感觉到自己的贡献。这种贡献看得见、摸得着，还能看得清。

杰克·韦尔奇最擅长的非正式沟通就是写便笺，有的直接给负责人，有的甚至给小时工。每次韦尔奇都会从文件袋里拿出一支黑色的圆珠笔，将他想要激励或者记录的事情记录下来，直接通过传真传给他的雇员，两天之后再用邮件传给这个雇员。他写这些便笺的目的就是激励，激发明确的要求和行动。

**第四种是送马克杯。**马克杯是这4种方式中花钱稍微多一点的，但相对来讲成本也不是很高，因为杯子在日常生活中很常用。你可以在杯子上印上你想送给被表扬者的话语，使用不同的字体、各种颜色，还有图案，非常符合年轻学生追求酷炫的特点。我见过的奖励的马克杯上的文字，有诸如“我就是学霸”“Stay hungry，Stay foolish！”“你是最棒的！我们爱你”等等，这样的马克杯的确可以让人既心动，又爱不释手。

但是，无论如何，激励都是需要成本的，因此需要青少年领导者有效地运用激励措施。激励作为非常重要的技能，需要每一个学生干部真正掌握并有效运用。激励一定是要针对人性的，激励一定要符合时代的潮流，一定要了解不同的同学需求特征的不同，这样才能真正把激励人心做到实处，让它发挥作用。

库泽斯和波斯纳的研究证明，“领导力最大的工具就是你自己”。要把激励人心的工作做好，除了要掌握一定的方法和技能之外，最重要的还是从自己做起，当你把情绪控制、以身作则、共筑梦想、问题解决、教练他人的工作都做好了时，你本身就是在用你的卓越行为激励别人。

“领导力的核心是对人的关心，也就是让员工的心随你的心而动”，希望本章内容能让各位青少年领导者找到更多的“激励人心”的方法和技能，建立起心与心之间的关系，激发、感召大家，带领大家，让希望永存！

## 重点内容

• 了解盖洛普Q12理论的12个问题，可以把这12个问题当作日常工作中的践行内容。

• 学习并掌握激励的定义：激励是一个刺激需求、激发动机、促使行动、满足需要、实现目标的动力过程，是一种从心理上激发人的积极性的艺术。

• 了解激励的3种分类：一是内激励和外激励；二是正激励和负激励；三是经济性激励和非经济性激励。

• 了解4种个性同学的具体需求和动机，学会在日常工作中按照他们的需求，用不同的方式激励他们。

• 掌握激励人心的5个原则：一是确定清晰的标准；二是期望最好的结果；三是个性化的认可；四是组织庆祝活动；五是树立榜样。

• 学会低成本但效果非常好的4种激励办法，在日常社团工作中要经常使用：一是给予掌声；二是赞美对方；三是送感谢卡；四是送马克杯。

• 了解赞美别人的3个原则：一是赞美要及时；二是赞美要真诚；三是赞美要具体。

## 建议行动

• 你所在社团组织中有哪几个主要成员？或者在班级里，和你关系最好的同学是哪几位？他们都是什么颜色个性的人？你觉得他们的主要需求是什么？请把他们的需求写下来，牢牢记住这些需求，在和他们合作、交往的过程中，注意在他们的需求被满足或者不被满足的时候都有什么样的表现。

• 在激励人心的5项原则中，你觉得哪项原则最好用？你准备怎么用呢？

• 除了本章中介绍的低成本但非常有效的激励方法之外，你觉得还有哪些方法呢？

• 在你家，都有哪些激励方法呢？在这些方法中，你最喜欢哪几个？为什么？

## 苏航感悟：学习更多激励理论，勇于实践

第十六章把同学们按发展阶段分成了4种：从D1到D4。在学校活动中我们的项目团队成员的发展阶段，当然也可以被分为这4种。作为项目负责人，不可能每次都得到自己喜欢的项目成员，所以，面对可能能力和意愿不是那么出色的组员，如何激发他们的潜能就十分重要。

最近我在学校有个G4活动，需要提交的成果就是提炼椰子油制作可降解的润滑油。我们的团队需要设计并完成实验，然后撰写实验报告。但在我的组员中，除了我这个组长、副组长和另一个同学之外，剩下的都是非DP学生（DP，国际文凭组织项目中的一种——大学预科项目），虽然他们都是很优秀的同学，也都愿意和大家一起玩，但因为非DP学生在这一块没有硬性考核，所以他们对这个G4活动的兴趣并不大。但我们是一个团队呀，我该如何激发他们更多地参与到活动中呢？这就要时刻跟进这几位非DP学生的任务进程，并且抓住他们的"尖叫点"，激发他们完成任务的动力。在项目讨论的过程中，他们几个人经常跑偏，会特别兴奋地聊起椰子水如何如何好喝，当然，作为组长的我会把他们重新拽回讨论的话题。但这让我注意到了他们的这个需求，于是就自费给每个人买了一个椰子喝，并同时要求他们，必须准时、高质量地完成任务，不然下次就没有奖励了。

其实我的这种做法属于对本章中提到的美国哈佛大学心理学家戴维·麦克利兰的成就动机理论的一种实践。麦克利兰认为，在人的生存需要基本得到满足的前提下，成就需要（Need for Achievement）、权力需要（Need for Authority and Power）和亲和需要（Need for Affiliation）是人最主要的3种需要。我的这种做法就是在满足队友的合群需要。作为组长，我没有一味地催促他们完成任务，反而是像朋友一样提供一点好吃的，找点好玩的事，促使他们产生动力，完成他们该完成的任务。

我再用星巴克的例子来解释一下麦克利兰的成就动机理论。星巴克店铺中的大多数的咖啡师都身着绿色围裙，这些都是初级咖啡师。在通过考核后会被颁发"咖啡大师"（Coffee Master）的称号，并可以穿着黑围裙，而在这之上还有咖啡色围裙、紫色围裙，一级比一级高。紫色围裙不光稀有，而且是地区限

定款，如果你看见紫色围裙，那你算是“中奖”了。这种级别制度，着不同颜色的围裙，让员工有成就感，就是在满足大家的“成就需要”。

在星巴克内部，不会使用“员工”这种称呼，从1991年开始，他们就开始把员工称为“伙伴”。“伙伴”这种称谓让大家都感受到了真切的信任和尊重，让大家真正感受到了公司的温暖和归属感。这就是星巴克满足大家“亲和需要”的体现。

星巴克提倡采用对环境、社会和经济负责任的方式进行咖啡的种植、加工和交易，鼓励各种规模的咖啡合作社、农场还有供应网络参与进来。这也是星巴克的“道德采购”的基础：在共同利益的基础上，为咖啡种植者创造一个更美好的未来，从而确保高品质咖啡的持续生产，且该高品质咖啡需要采用对环境和社会负责任的方式生产。星巴克这样的做法其实就是对“权力需要”的实践：权力需要较强的人或组织非常具有责任感，愿意承担必要的竞争，希望影响他人、影响大众、影响社会。

星巴克的例子讲完了，不知道你对麦克利兰的成就动机理论掌握了多少呢？你觉得该如何利用这3种需要更好地激发同学们的学习和工作热情呢？希望大家和我一起，掌握更多的激励理论，了解4种个性同学的需求，多使用不花钱或者少花钱的激励办法，同时践行卓越的行为、树立榜样、保持勇气和激情，去感召、激发和成就我们身边的人！

# 第二十章　学会协作，打造高效团队

各位同学有没有看过大雁群排成人字形飞往南方过冬的场景？如果你没有看过这种真实的场景，也可能在影视资料上看过。大雁齐飞的场面还是蛮震撼的，不仅画面很美，而且飞行得很有讲究。

大雁在飞行的时候总是列阵，大雁少的时候就排成“一”字，多的时候就排成“人”字。头雁在前面飞，顶着气流，其他大雁就省力些，而头雁的体力消耗大，众雁就轮流当头雁。前面的大雁拍击翅膀时，可以为后面的大雁制造上升气流。大雁列阵而行比孤雁单飞能增加70%的飞行距离。若雁队中某只大雁体力不支，大家就会一起降落休息，如果某只大雁生病或受伤，其中两只大雁就会从队伍中飞出来协助并保护它，这两只大雁始终会伴随它左右，直到它康复或死亡，然后它们自己再组成队伍继续飞行，或去追赶大队的雁群。

大雁正是靠着这种团队精神和相互帮助，才完成了漫长的迁徙之旅，孤雁单飞是很难做到的。

大雁不仅列阵而行，而且相呼而飞，在飞行的过程中，大雁会发出“呱呱”的叫声，这是它们在鼓励前行的同伴保持速度，不要掉队。大雁正是靠着同伴间的相互的鼓励与喝彩，才能克服各种艰难险阻，到达它们的目的地。大雁在飞行时之所以能够互相鼓励和帮助，并不畏各种艰难险阻，是因为它们心中有着共同的目标。只要季节到了，大雁就会开始迁徙，什么事情都不能让它们放弃飞行。

其实，动物如此，人类更是如此。普利策奖得主爱德华·威尔逊在《人类存在的意义》一书中猜测，距今200万—100万年前，在类人猿向现代智人进化的期间，人类祖先的大脑就已经进化出了支持合作的功能，以支持狩猎等活动，这使人类祖先前额皮层里的记忆与思考中心比其他灵长类动物更发达。随着群体变得比个体更强大，大脑不断进化出管理更大群体的能力，群体之间的竞争变得比个体之间的竞争更重要，同时拥有更多合作性个体的群体发展得更好。

当今世界，随着科技的发展，万物将逐步互联，而人在万物互联中，唯有更高效地合作，才能更好地推动社会健康发展，让世界变得更加文明。帕特里克·兰西奥尼先生曾说过："团队协作是21世纪仅剩的一项可持续、有竞争力的优势！"

作为学生个体，你需要通过和别人合作，才能高质量地完成课题、项目或活动，而作为青少年领导，你更要把大家团结起来，分工协作，才能完成共同的目标，打造高效的团队。

同学们对合作的这种重要性的认知也是如此。我在2019年1月对某中学105名初二、初三学生进行的调研中发现，在他们心目中的"一名优秀的学生干部身上的品质"中，"合作"以63.8%的比例位居榜首。因为大家深知，只有通过协作，团队成员才能拥有共同的视野、共同的价值观、新的解决问题的思路和办法，才能决策得更加准确；只有在共同的、可信赖的准则和价值观下，人们才能更诚实、更坦白、更有勇气来解决难题，而不是逃避和忽视问题。

团队协作是黄色包容型场域的重要领导技能和行为，本章将和大家分享在加强团队协作、打造高效团队方面的5个话题：一是学会尊重差异；二是建立彼此之间的信任；三是敢于进行良性的冲突；四是当众作出承诺；五是关注团队共同的结果。

## 一、学会尊重差异

史蒂芬·柯维先生在他的书中记录过他们大家庭中的一个成员讲述的故事，故事是关于这个成员如何开始肯定跟她女儿之间的差异的。

我11岁的时候，父母给了我一套经典故事书，我非常喜欢看那些书，而当我看到最后一页时，我忍不住哭了，好像我生活的一页也翻过去了。

我很小心地保留着那套书，希望有一天能把它们传给我的孩子。在凯蒂11

岁的时候，我把那套书送给了她。她一开始很高兴收到这份礼物，但在勉强看了前面两章后，就把书扔到了书架上，再也不碰，我觉得很失望。

基于某种原因，我一直希望我的女儿像我，希望她也喜欢看我做小女孩时看的书，或者她的某种性格像我，喜欢我喜欢的东西。

“凯蒂可爱、活泼、爱笑，有点小淘气。”她的老师告诉我。“她兴趣很广。”她的朋友说。“她对生活很感兴趣，喜欢到处找乐子，也比较敏感。”他父亲说。

“我真的受不了了，”有一次我对丈夫说，“她动个没完，总是要去玩，没完没了地笑和开玩笑，这超出了我的限度，她一点都不像我。”

阅读才是我像她那么大的时候最喜欢做的事。我的脑子告诉我对她的不同之处感到失望是不对的，但是我心灵的某个角落就是忍不住这样想。在某种程度上讲，凯蒂对我而言是个谜，我讨厌那样。

这种未经言传的感觉很快会传递给凯蒂，我知道她可能会知道，并且会受到伤害，虽然目前还没有发生。我对自己的小心眼感到恼怒。我知道自己的失望非常愚蠢，但即使我非常爱这个孩子，也不能够改变我的心。

一个又一个夜晚，所有人都睡了，我在黑夜中祈祷获得理解。然后，某天清晨，很早的时候，发生了一件事。就在一刹那，我看见自己跟成年的凯蒂坐在一起。那个画面闪过我的脑海：我们是两个成年女人，手挽着手，微笑地看着对方。我瞬间想起了我的姐姐，也想起了我们有多么不同，但我从来没有希望过让她像我一样。我忽然意识到，有朝一日，我跟凯蒂也会是两个成年的女人，就像姐姐跟我一样，而亲密的朋友没有必要彼此相像。

那些话语在我心里响起：“你怎么能把你自己的性格强加在她身上？为你们的差异感到高兴吧！”虽然只是一刹那，但那种闪光、那种警醒改变了我的心灵，做什么别的都没有用。

我的感激又回来了，我跟女儿的关系也开启了更加富饶和快乐的篇章。

从这个故事中可以看到，刚开始那位女士非常希望自己的女儿像自己，但这样的期望带给她的是灰心和失望。为什么她对女儿宝贵的独特之处视而不见呢？只有当她能够接受女儿本来的样子，并拥抱她们之间的差异的时候，她才能建立自己想要的人际关系。

人和人之间是有差异的，学校中的各个团队也是由不同个性的同学组成的，所以我们要意识到这种个性上的差异。只有了解他们的不同、知道他们的优势和不足以及做事的特点，才能更好地和他们沟通和协作。

这里我说的人与人之间的差异，主要还是个性上的差异。在第五章中，大家已经知道了人有4种个性，现在我就来重点介绍一下4种个性同学在语言句式和行为表现上的特点，从而让各位同学更清晰地知道他们彼此之间的差异。

先说说四种同学的口头禅。

绿色个性同学的口头禅是“什么呀”，黄色个性同学的口头禅是“没什么”，蓝色个性同学的口头禅是“凭什么”，而橙色个性同学的口头禅则是“为什么”。

绿色个性同学是情感型的动物，善于同理心沟通，容易对人和事感兴趣，所以经常会问“这是什么呀”“怎么了”。

黄色个性的同学看重关系，为了维系和谐的关系，会隐瞒自己的意见和感受，因此会习惯性地说“没什么”“没关系”。

蓝色个性的同学很自信、很有权威感，想说服他们不是件容易的事，因此会经常反问对方“凭什么呀”。

橙色个性的同学眼睛里揉不得沙子，把对错看得比什么都重要，凡事都得严格执行，看到对方有闪失和差错，马上就会问“为什么呀”。

给大家举一个例子。

你和同学们准备晚上会餐，搞搞团队建设。4种颜色个性的人的表现是不一样的。黄色个性同学会说：“我们要不要把某老师也叫上啊？”这说明黄色个性同学更看重关系和团队氛围。蓝色个性同学会问：“那里有什么好吃的吗？附近有好玩的地方吗？”这代表蓝色个性的人想法比较多，经常关注未来。橙色个性同学会问：“这次我们是AA制还是用班费啊？几点出发？”可以看出，橙色个性同学考虑问题比较周到，做事很有计划性。而绿色个性同学有什么样的表现呢？绿色个性同学可能会很冲动，不停喊着“好啊好啊”，同时还可能会特别关心地问问其他人：“待会儿我们一起走啊，我来叫车！”这说明绿色个性同学有时会比较冲动、激动，但同时非常关心别人，愿意帮助和支持别人。

再和大家举一个例子，生活中的4种颜色个性的人的表现的区别也是非常明显的。比如，一个好朋友失恋了，4种颜色个性的人想安慰这个女生，她们会怎样做呢？

看到朋友哭得稀里哗啦的，绿色个性的同学可能也会跟着哭，哭完之后，非常有耐心地听这个失恋的女生诉说发生的一切，听着听着，绿色个性的同学自己也陷进去了，并且感同身受。可能别人倾诉完了，眼泪一抹就没事了，而绿色个性的同学还陷在里面，心里面还在愤愤不平呢。

黄色个性的同学去了，先是一顿安抚，然后说："为什么要分开啊？在一起多好啊，我们都羡慕你们俩呢，金童玉女、郎才女貌的，追他的女生多说明他有魅力啊。别耍小性子了，赶紧和好吧。"

橙色个性的同学来了，那可是打破砂锅问到底，并且充当起了顾问，她会详详细细地询问失恋的原因，帮助分析双方的对错，并给出具体的建议。

蓝色个性的同学去了之后，估计不会太有耐心听那些细节，她会很直接地问："你觉得以后你们能在一起吗？你要觉得能，就主动再找他，原谅他，把话说清楚，不能有下次；如果你觉得没必要，那就别哭了。他不值得你哭。好人多的是，明天姐给你介绍个好的。"

看了上面两个例子，大家对不同个性同学的差异是不是有更多的认识了？把每种颜色个性的同学的特点以及AMBR牢牢记住（关于AMBR，请参看本书第五章），并在实际的学习和生活中观察和对照这些特点，你对他人的认知就能越来越到位。

了解了自己，认识了他人，就知道如何与别人和谐相处，达成沟通协作的目标。在这里，我再给大家介绍一个工具，也是一个流程，叫作3A模式。3A就是三个单词的首字母：

**Aware，即认知**，也就是说你要了解对方的个性颜色，知道这种个性颜色的特点。

**Accept，即接受**，无论对方是什么样的个性，你都要接受他、接纳他。

**Adapt，即适应、调整**，你要调整自己、适应对方。

3A模式，其实就是让你做到"以其所欲，施予其人"，即用别人喜欢的方式对待他，用别人喜欢的方式和他沟通。

他们喜欢什么呢？每种颜色个性的人的优势特点，其实也就是他们喜欢的。

绿色个性的同学喜欢被以同理心的方式来感受、被尊重、被欣赏，那你就感受他的感受、尊重他、欣赏他。

黄色个性的同学喜欢被表示信任、被当众赞美、被认可，那你就信任他、赞美他、认可他。

蓝色个性的同学喜欢独立、做决定，做有创造性的工作，那你就授权给他、给他自由、让他自己做决定。

橙色个性的同学喜欢明确的任务、详细的解释、可控的风险，那你在给他布置任务时就要详细、具体，给他明确的时间节点。

只有知道不同个性同学的特点，知道他们的口头禅，知道他们喜欢被对待的方式，知道他们做事的方式，才有可能和他们建立真正的信任。

## 二、建立彼此之间的信任

先问大家一个问题，信任对团队协作重要吗？我相信，100%的同学都会说重要，那么，它重要到何种程度呢？信任是团队协作的基石，没有信任就不会有好的协作，没有信任也不会有很好的结果。著名的商业作家汤姆·彼得斯（Tom Peters）说过，“技能和技术很重要，但增强信任是我们这个时代最需要的”。《纽约时报》专栏作家托马斯·弗里德曼在其畅销书《世界是平的》一书中指出：“没有信任，就没有开放的社会，因为没有足够的警力可以在开放社会的所有开放空间内巡逻。没有信任，也不会有平的世界，因为只有信任才能让我们推倒围墙、清除障碍、消灭摩擦……”

那么什么是信任呢？在说到信任的时候，你会想到哪些词？估计各位同学想到的词有：真诚、诚实、真实、开放、坦诚等。简单地说，信任就是相信，对对方充满信心；也就是说，如果你信任对方，就会对他有信心，相信他的品德、能力，并且对此充满信心。反之，如果你不信任这个人，就对他没有信心，你不相信他的为人，也不相信他的能力。

如果按照以上的解释，我们也许可以得出一个公式，那就是：信任=品德+才能。这个公式并不一定精准，但说明信任至少是由一个人的品德和才能构成的，品德包括一个人的诚信、动机、态度等，而才能就是他的能力、技巧、经验和资历等，这两者同等重要。设想一下，某位同学是一个诚实的人，但能力不强，社团负责人交办给这位同学的任务，他接连两次都无法按时完成，请问这位同学还能被信任吗？比如，小G同学很有能力，之前的任务也完成得相当不错，但老是心存私心，有拿回扣的情况，请问他的老师或项目负责领导知道后还会信任他吗？再如，你是一位青少年领导，你为人真诚、做事努力、勇于担当，但是计划能力、组织能力、协调能力很一般，社团活动多次因为你的能力问题让大家疲于奔命，浪费了时间和精力，也没有很好地完成任务，请问你的这些同学对你的信任程度会不会大大降低呢？为此，各位同学，要想提升你的受信任度，一定要先从这两方面入手，这也是畅销书作家、演说家史蒂芬·柯维先生在其提出的信任的5层波浪中的“第一波信任：自我的信任”中着重强调的：使我们自己变得值得被自己和别人信任。

当一个人在品德和才能方面被别人信任之后，他在班级或团队中和其他同学的关系应该也是融洽的、积极的、互信的。那么，团队成员在团队中具备什么样的信任行为，才能让团队协作更高效呢？

帕特里克·兰西奥尼先生认为，团队成员如果能持续地表现出下列的行为，就说明他们之间的信任关系是非常好的，也就奠定了他们高效协作的基础：

- ✓ 团队成员之间会毫不犹豫地请求彼此的帮助。
- ✓ 团队成员之间不是互相提防猜疑，而是彼此真诚相对。
- ✓ 团队成员相互知晓弱点。
- ✓ 团队成员之间可以很舒服地谈论彼此的个人生活。
- ✓ 团队成员勇于承认他们的错误。
- ✓ 团队成员愿意向其他成员道歉。

各位同学，针对以上行为表现，你给你们的班级或者社团打几分呢？其他同学又会打几分呢？如果大家的打分都非常高，就说明在你们的班级或团队中，大家的关系非常融洽，彼此知晓对方的一些个人情况和优缺点，互相之间能够坦诚沟通、真诚帮助。

所以，对于一个团队来说，信任与暴露所有成员的弱点有关。团队成员之间如果互相信任，就会彼此敞开心扉，袒露自己的个人情况，不怕暴露自己的弱点、缺点和错误，敢于说“我不行”“我不能”“我错了”“我搞砸了”。

基于弱点的信任的理论来自一个简单并很实际的观点，该观点认为，不害怕承认自己的真实情况的人，不会卷入那些浪费时间和精力的各种纷争，而这些无谓的纷争会毁掉团队的成功。但是基于弱点的信任很难得，因为很难做到。原因是人们都有自我保护的欲望，我们都不会在别人的强项面前暴露自己的不足，因为这样做没有好处。

但实际上，主动暴露弱点能够帮助人们建立相互之间的信任关系。人都是不完美的，每个人都会犯错误，而示弱的人容易被同情也是有科学依据的。通过暴露弱点来重建信任的方式广泛体现在灵长类动物中：很多猴子和猩猩在打斗结束之后会把自己的一个手指放到被欺负的一方口中，以此表示歉意。灵长类动物的下颚强硬有力，生气的时候轻易就能咬断对方的手指，而这个暴露弱点的动作传递出的有力信号，就是对刚刚与其打斗过的对手表示信任。

如果各位同学家中养了小猫、小狗，也会有类似的体验。当你住校一周回到家中后，你家的小猫、小狗就会扑上来，在你身上撒娇。它们还可能有一个动作，那就是在你面前的地上仰面躺下。对于小猫、小狗来讲，肚子是它们最柔弱的地方，它们敢于在你面前把它们最脆弱的地方展露出来，就说明它们对你是极度信任的。

从以上例子中大家可以看到，当团队成员学会彼此坦诚面对，可以诚实地说“我错了”“我犯了个错误”“我需要帮助”“我不是很确定”“在这方面你比我更擅长”“对不起”时，大家就不会浪费时间和精力去想该怎么说、去揣摩每个人的真实动机，而会专注在做事上。

如何做才能让团队成员之间加强这种基于弱点的信任呢？前面给出了兰西奥尼先生建议的6种行为，各位同学不妨按照这样的行为要求来实践。当然，作为团队领导，比如班长、社团负责人等，在班级刚刚形成或者社团新成员刚刚到位的时候，可以组织大家做这样的“个人背景分享”，主要内容如下：

✓ 你是在哪里出生、长大的？

✓ 你的出生地有什么风景名胜或特产？

✓ 你有几个兄弟姐妹，你排行第几？

✓ 你的父母是从事什么工作的？他们给你最大的影响是什么？

✓ 在小时候，你碰到过的最难忘的事情是什么？

从以上的内容可以看出，这些都是在分享个人情况，特别是关于“最难忘的事情”，这些可能是有些私密，或者令人难过、痛苦的事情，比如考试失利、被家长痛打或被老师批评、和同学打架、自卑、不愿意和同学交往等。如果一个同学愿意和大家分享这些情况，就说明他对大家是敞开心扉、充分信任的，因为他能很自然地述说自己的优点、缺点、意见和见解。大家想象一下，如果你对别人抱有戒心，你能自然、坦诚地分享自己的这些事情吗？

组织这样的活动，目的是让大家通过分享个人情况彼此更加了解，从了解走向理解，从相识走向相知，从相知走向相信。当然，这种活动不仅是在团队刚刚组建的时候可以组织，老的团队、成熟的团队也可以做。大家要记住一点，信任是可以在短时间内建立起来的，而一些简单的练习可以加快建立信任的过程。但信任不可能是一劳永逸的，所以大家要经常在一起做类似的个人情况分享，这些分享的内容还可以有：

✓ 你曾经做过的非常了不起的事情是什么？

✓ 你最难过的是什么时候？因为什么事情？

✓ 曾经的哪位老师给你的启迪或帮助最大？

✓ 你曾经最不喜欢的老师是哪一位？原因是什么？

✓ 你都去哪些城市游玩过？哪个城市是你最喜欢的？为什么？

✓ 你在青春期叛逆过吗？现在回想起来，你做过的最不可理喻的事情是什么？

✓ 如果把父母当朋友对待，你希望这两位朋友怎样对待你？

✓ 描述一下你感到最害怕的时候。

在和同学交往，或是在上面的个人情况分享中，你有没有发现有的同学特别愿意分享，而有的同学话很少，不愿意讲太多的个人情况？我想问的是，难道愿意分享的同学就特别值得信任，而不愿意分享的同学就不值得信任吗？大家的回答肯定是否定的。为什么有的人愿意分享，而有的人不愿意分享呢？各位同学肯定想到了，其中一个非常重要的原因就是大家的个性是不一样的，有的人个性外向一些、愿意说话，而有的同学性格内向一些、比较内敛。所以，各位青少年领导，你们也可以组织你团队中的同学进行4D个性测评。关于4D个性测评，之前的第五章已经专门讲过了，大家可以再回看一下。如果你知道你自己和同学们的个性类型，就会知道在4种个性的同学中，黄色和蓝色个性的同学更愿意主动分享，而且讲的时候会眉飞色舞；而绿色个性的同学喜欢最后讲，语气婉转、娓娓道来，有时候会避重就轻；橙色个性的同学要深思熟虑后才会讲，缺少一点感情色彩。知道了他们的个性类型和特点，你就会知道，在分享中要给黄色、蓝色个性的同学多点赞美或支持的目光，而要给绿色和橙色个性的同学多点鼓励，鼓动他们多说。

信任是靠行动建立起来的。无论是个人情况的分享，还是兰西奥尼建议的6种行为，都是需要大家在实际的学习和生活中扎扎实实做的事情。信任是一个能够正常运行并且有着凝聚力的团队的核心，只有把信任这块基石筑稳，团队成员之间的协作才有保障。

## 三、敢于进行良性的冲突

在平时的学习和生活中，各位同学是不是也希望别人诚实而坦率呢？是不是也希望别人能讲出实情，说出自己的意见和想法，敢于亮出自己的观点而不是人云亦云呢？如果他们能做到这一点，你会信任他们吗？如果他们支支吾吾，你说什么他们就听什么，即使你错了他们也不提出质疑，你对这种人还会信任吗？所以，在团队协作中，在针对各项工作进行讨论和决策时，如果都是团队负责人或者一些高年级的同学发言，没有质疑，没有争论，一团和气，你觉得这样的会议决策会是“英明”的吗？

这种情况，就是我下面要讲的在团队协作中非常重要的行为——敢于冲突。这里的冲突指的不是硬碰硬，也不是人身攻击，而是当同学们在讨论问题的时候，彼此之间是否敢于争论，是否会毫不犹豫地否决，是否敢于质疑或者提出问题。

为什么在学生团队的一些会议中，大家的争论很少呢？或者不在会上面对面争论，而在会后吐槽呢？有人会说，可能是有些人胆子小、内向，也或者是觉得就讨论的话题而言自己不够专业等。这样的情况肯定是有的，但是非常重要的一个原因是，团队成员之间的信任不够，因为没有足够的信任，团队就无法进行毫无顾虑的、良性的思想上的冲突。所以，还是要回到根本上来——团队领导要带着大家进一步加强信任。

但即使建立了信任，在面对冲突的时候，团队也依然会遇到一些困难。其中一个原因是同学们对待冲突的观点和在面对冲突时的舒适度完全不同。有些同学会认为随性的尖叫、呼喊、争论很畅快，有些同学则不愿意说明自己的意见，因为他们不想冒犯他人。

所以，团队领导和团队成员一件很重要的事就是要了解彼此对冲突的感受及其原因。团队领导者可以引导大家从以下这些方面来相互了解：

✓ 在你的4D个性特点描述中，你这种个性对冲突的态度是什么样的？

✓ 在家中，你的父母会经常争吵吗？他们对冲突的态度对你有什么影响吗？

✓ 你出生在哪里？那个地方的人们面对冲突时会怎样做？对你的影响是什么？

✓ 你所就读过的学校（公立、民办、国际学校等）都有什么样的校园文化？大家对待冲突的方式是什么？对你有影响吗？

✓ 还有哪些因素可能影响了你对冲突的不同感受？

以上这个练习可以被称为“冲突背景描述”练习，和前面讲过的“建立彼此之间的信任”中的“个人背景分享”练习是一个道理，目的就是通过坦诚分享，了解每个人的冲突舒适度大小是由什么原因造成的。

从4D个性特点中大家可以了解到，蓝色和橙色个性的同学是比较敢于冲突的，就事论事，而绿色个性和黄色个性的同学则比较注重人的感受和人际关系，所以有时会做“老好人”，不敢坚持原则，有时还会妥协。

父母的关系会对孩子的性格造成影响。假如父母是开放的，他们之间是互相尊重的、有事好商量的，那么孩子肯定也是积极、主动的，愿意分享自己的想法和观点，也是敢于质疑和争论的；而假如父母之间的争吵比较多，对孩子的教育也以训斥、指责，甚至打骂为主，那么被这样对待的孩子，要么也是脾气刚烈、不惧怕争吵的，要么就是胆小怕事的，遇事总想着息事宁人，不敢和别人争论。

此外，不同地域的人们对待冲突的态度也是不一样的，不同性质的学校也可能会对各位同学对待冲突的态度有影响。如果学校的校风是沉闷的，学生活动单调且对学生采取严格管理措施，那这里的学生面对冲突的态度就可能深受校风影响，以遵从执行为主，缺少批判性思维。

了解了良性冲突的重要性，也了解了不同个性的同学面对冲突时的感受以及大家面对冲突时的舒适度和他们的背景有关之后，作为团队负责人的青少年领导在带领团队的过程中，应如何让大家敢于冲突呢?

在这里主要给大家分享两个做法：第一个做法是要营造良性冲突氛围；第二个做法就是要带领大家确定冲突规则。

**团队领导要营造良性冲突氛围，**就要做到如下三点。

**一是鼓励每位同学开诚布公地分享自己的观点，鼓励大家畅所欲言。**团队领导不要急着亮出自己的观点，也不要每次都让职位高的、资历深的或者高年级的同学发言，可以让一些新成员、低年级的同学，或性格比较内向的成员先发言。

**二是让大家不断提出建设性的问题。**也就是鼓励大家提出质疑性的问题、创造性的问题，而不是人云亦云，简单地重复别人的观点或者是仅仅对别人的想法表示赞同。

**三是领导者或会议主持人要善于挖掘冲突，也就是要寻找机会，把藏在表象之下的冲突挖掘出来，促使团队成员讲出存在的问题，引起大家的争论。**这样的争论往往会让有的同学感觉不舒服，而有人感觉不舒服才是一个高效的、建设性的会议，否则就是你好我好大家好，而没有智慧火花的碰撞，就不会有高效的决策。举个例子：

开会的时候，有一位大三的团队成员提出要像往年一样开展全院的辩论赛，这时两位低年级的同学就在座位上轻声嘀咕，从神态上来看，感觉他们并不太喜欢这种形式。主持会议的活动部长看到这种情况，就轻轻地“煽动”了一下小火苗，问这两位同学：“请问你们有什么不同的意见吗？能不能说说你们的想法？”如果这两位同学不好意思说或不愿意说，活动部长就应该告诉他们：“希望你们能贡献新的想法，好的竞赛形式或者好的创意，这毕竟也代表我们活动部的水平。如果你们不说，我不希望你们在背后抱怨或者乱说。”并且可以开玩笑地说：“大胆说吧，师哥不会给你们‘穿小鞋’的。”如果这两位低年级同学的想法很有开创性，的确能给大家耳目一新的感觉，我相信那位高年级的师哥就会感觉到被挑战了，肯定会心里不舒服。在会议中，有人因为被质疑、被挑战感觉不舒服，就说明这位主持会议的青少年领导主导的这次会议在一定程度上是成功的，因为他让持有不同意见和想法的人都能畅所欲言，重要的问题也被挖掘出来并浮出了水面。

那么，为什么还要确定冲突规则呢？各位同学有没有这种体验：有的同学是听觉型的，用耳朵来听世界，这类同学的口头表达能力特别强，对于口头方面的指示，他们反应特别迅速，他们也特别擅长演讲和口头报告；而有的同学是视觉型的，用眼睛来看世界，这类同学的动手能力强，对眼睛看到的东西很敏感，有极强的想象力和视觉注意力；还有的同学是感觉型的，用感官来感受世界，这类同学注重别人对自己的态度，注重人与人之间的关系，注重感受、情感，他们不在乎好看或好听，而重视意义和感觉。当然，人不是仅使用一种行为模式来和外界进行互动的，只不过其中一种是自己的优先模式。当团队领导经常讲要进行健康的冲突，并不断地营造冲突氛围的时候，听觉型和感觉型的同学是很受用的，他们会参与其中；但对视觉型的同学而言可能就缺少了点能看到的东西，感受不一定很深。因此，一个好的做法就是用白纸黑字把团队的冲突规则确定下来，做成海报，并且在海报上签名，然后张贴在墙上，让大家都能看到，这就满足了视觉型同学的要求了。当然，这不仅仅只是为了满足视觉型同学的要求，重要的是用规则和契约的形式，让大家敢于冲突，有了规则保障，大家就可以直面问题、直击问题的答案，而不用担心得罪了谁，或者是谁会在谁背后使绊子。

**这种冲突规则应该包含哪些内容呢？**很简单，只有两部分内容：**一部分是大家喜欢和赞同的行为**，如就事论事、用数据和事实说话、在说明自己的理由之前先肯定别人好的地方等。**另一部分是大家不喜欢和不赞同的行为**，如经常打断别人说话、以权压人、不实事求是、缺乏数据和事实支撑等。当然，这些内容是需要经过同学们充分讨论之后确定的，每部分的内容都不用太多，大家讨论出最重要的3—5条就可以了。

团队成员之间有了充足的信任，就会在讨论问题的时候敢于争论和质疑，但这并不是说没有信任的团队就不会有争论，而没有信任的团队中的争论绝对是破坏性的。当团队成员互相信任、敢于良性冲突时，这支团队的协作性就大大提高了。但要真正地让团队协作有效，团队成员还必须严格兑现承诺。

## 四、当众作出承诺

大家想一想，有些团队成员为什么不愿意作出承诺呢？原因有哪些呢？下面的这些原因是你身边同学的写照吗？

✓ 能力不够，怕完不成任务。

✓ 不愿意承担责任。

✓ 对团队领导有意见，认为自己的意见和想法没被听进去，缺少参与感。

✓ 团队领导的决定含糊不清，不知道如何执行。

✓ 答应了却不去做，信誉和意志力都有一定的问题。

在一个团队中，如果团队成员无法作出承诺，团队最终的绩效就无从谈起。而作为团队负责人的青少年领导，**要想改变团队成员无法当众作出承诺的情况，就要从以下5方面做起。**

**一是要允许每位团队成员发表意见和想法。**现在的学生都独立、自主、有想法、有主见，所以团队负责人要允许他们畅谈自己的想法和观点，如果你不让他们说，他们就缺少一种“参与感”和“存在感”，就会感到不被重视。你不让他们当面说，他们就会在背后说。

**二是在当他们发表意见和观点之后给予欣赏和鼓励。**人都是喜欢被表扬和赞美的，在他们发表了意见和观点之后，不管是对还是错，作为团队负责人都要给予鼓励和肯定。不是每一位发言的同学的意见都会被采纳，但是如果你给予他们鼓励，那么即使他们的意见没有被采纳，他们也会感觉自己尽力了、参与了，因此并不会因为意见没有被采纳而心有怨言，因为他们知道一个简单的道理，会议上不可能达成“完全的一致”，但需要有不同的声音才能让决策更加完善。

**三是要把最终的决定说明白、说清楚，以消除大家的误解。**清楚、明白的决定一定是符合SMART原则的，它一定是具体的、有衡量标准的、可实现的、和总体目标相关的、有时间限制的，而模糊的决定会造成大家在执行的时候发生偏差。比如，在一次社团会议上，社团负责人这样决定，“在6月底之前，各位成员要对不少于5位同学进行采访工作，具体采访内容，就是我们刚才说的5条”。大家看一下，这个决定有没有问题？它至少存在这样几个问题：一是完成时间不具体。对“6月底之前”这个时间概念，大家的理解不会是一致的，25号、28号、30号都可以被理解为“6月底之前”，所以要说具体是哪一天。二是被采访的5位同学的条件是什么没有说清楚。三是5条采访内容大家不一定都记录清晰了。为此，团队领导作出的会议决定，除了一定要符合SMART原则之外，还要明确团队成员把关键的内容都记录清楚了，大家的记录要一致。

**四是要把决定转化成具体的目标。**设定目标是为了让大家做事有方向，大家明确目标，也是为了做事有成就感。接着上面的例子说，如果团队领导作出的决定可以是定性的、不具体的，那么之后一定要跟着具体的目标，也就是完成的标准。比如，前例中的决定可以是“6月底之前，完成具体的学生采访任务”，但后面要跟着的具体目标应该是：“在6月30日之前，各位成员要完成3至5位包含大一、大二和大三同学在内的具体采访工作，采访的具体内容至少包含这5条，分别是……”

**五是要对大家进行具体的分工并确定检查时间。**就上面的这个决定，可以对成员进行具体的分工，比如某同学负责外语学院同学的采访，某同学负责计算机学院同学的采访，某同学负责经管学院同学的采访……并规定，在某月某日进行第一次检查，在某月某日进行第二次检查。这样的做法就保证了大家的采访对象不会重合，既扩大了采访对象的覆盖面，也保证了时间进度，确保了大家完成的效率。

当然，作出承诺除了是团队领导要做好的工作之外，作为成员也一定要有意识地负起责任来，真正做到说话算数，说到做到，做一个有信誉的人。如果团队领导做好了以上5个方面的工作，再让成员们当众承诺，就会容易很多。

在这里举一个例子，大家看看企业家是如何做到这一点的。

“转发5000次就解决132名山区孩子一年的营养餐费用”，我市一名企业家的一句许诺，引爆微博爱心接力，转发量很快破5000次。昨天，该企业家开始着手兑现承诺，厨师出身的他亲赴山区给孩子做营养午餐，并与学校约定，逐月兑现一年费用85800元。

3月24日，我市媒体人方赞的一条关于“永嘉山区孩子吃不上营养餐”的微博，引起了企业家金怀的注意。在我市拥有多家餐饮酒店的金怀，看完后心情久久不能平静，于是许诺，如果微博转发量达到5000次，他愿意解决永嘉岩坦镇溪下学校132名学生一年营养餐的费用。

这份许诺在网络上炸开了锅，很快，越来越多的网友加入转发大军，转发量“嗖嗖”上升，在三天时间内直逼5000次，并迅速超越5000次。

这在粉丝只有500多人的方赞看来，简直不可思议。此前，他所发的近600条微博，一直很少有人问津，“能有两三次转发就很不错了”。

昨天，厨师出身的金怀带领他的团队来到溪下学校兑现自己的承诺。头戴白色高帽，脖子上系着红色丝带，身上围着白色围兜……深山的学校里居然出现了城里大酒店内才有的大厨，课间休息时，一些孩子忍不住围过来看热闹。

金怀等人为孩子们做了一顿包含鸡蛋、鱼排、酸辣汤等菜肴的午餐，扑鼻的香味勾起了孩子们肚子里的馋虫，每个人都将盘子内的饭菜吃得干干净净。

当天，还有其他爱心人士为孩子们送上了200包进口奶粉。“我家里还有弟弟妹妹，弟弟才四岁，我要把奶粉带回去给弟弟喝。”在被问到如何处理奶粉时，一名孩子脱口而出。

“以后每个月的第三个礼拜四我都会过来。”金怀说。

除了每个月过来亲手为孩子们做营养餐，金怀还准备兑现他之前的承诺，解决溪下学校132名学生一年的营养餐费用。据悉，目前省营养餐工程项目每天给山区孩子的补贴是3.75元，按一天7元的标准计算，每个学生一天还需要3.25元，这样，一年所需要的费用就是85800元。金怀表示，每个月将往当地政府账户上转入7150元。

据溪下学校校长金中项介绍，从前年开始，学校学生的营养餐问题得到社会各界的关注，也收到了一些爱心人士的捐助。但是爱心人士的帮助毕竟有限，剩下的营养餐费用大概能维持一年到两年。镇里和学校的领导也在为下一步营养餐费用的着落担忧，金怀的慷慨解囊让大家都感到很高兴。

“这钱直接打到永嘉县会计核算中心账户，我们学校每周向社会公开一次，营养餐费用多少我们拿去报销，保证每分钱都用到学生身上。”金中项说。（文

章来源于《温州商报》）

从以上例子可以看出，答应了的事情就要去做、兑现承诺，可以让自己的路越走越宽。否则，一次次地失信，就没人会再相信你，如果没人相信你，就没人愿意再去帮助你、支持你。不能作出承诺、兑现承诺的人，在团队中也没有人愿意把工作分配给他、没人愿意和他合作，而这既损害了团队的利益，也让他自己失去了发展的机会。

但是，团队成员尊重了互相的差异，彼此建立了信任，敢于直面冲突，也能够作出承诺了，这个团队就一定是个高效协作的团队吗？我们的答案是“未必”。因为在“关注共同的结果”方面还可能出现问题。

## 五、关注团队共同的结果

先问同学们一个问题：衡量一个团队是否高效的最重要的标准是什么？答案很简单，就是这支团队是否完成了他们最初设定的目标、是否达成了结果。有的同学会说，为什么我们互相信任，也敢于直面冲突，并且能够兑现各自的承诺，但我们的结果还是有问题呢？

先给大家举一个例子。

某校高二年级正组织篮球比赛，高二1班对阵高二2班。王凯是高二1班的前锋，篮球打得不错，号称“三分王”。在激烈的角逐中，双方打到了50比50，但时间还剩下最后20秒。1班的教练，也是年级体育组的柳老师，赶紧叫停，重新排兵布阵。王凯同学摩拳擦掌，觉得由他力挽狂澜的机会到了。但是柳老师却决定把最后一投的机会给另外一个前锋章峰同学。这时王凯同学不干了，嚷着：“凭什么让章峰最后一投啊？我刚才得分可比他多多了。”因为时间紧迫，柳老师也没进行过多解释，只是让王凯同学服从安排。这时，王凯同学做出了一个大家意想不到的举动，他脱下穿在背心外面的球衣，决定不上场了。柳老师劝说了两句没有效果，就决定让球队的其他4人上场，幸运的是，在关键时刻，章峰的篮板球发挥了作用，1班在最后的2秒内投进了制胜球，锁定胜局。当大家都在兴高采烈地欢呼胜利的时候，王凯同学“灰溜溜”地坐在椅子上，看着大家，一副失落的样子。

大家从这个例子中可以看到，团队成员追求的最终结果一定是大家都想要的结果，而不是某一位团队成员自己想要的成果。对于王凯同学来讲，最后的关键一投如果由他负责，那将是非常荣耀的事情。但是个人得分再多，也不一定能让团队赢得比赛，大家要的共同的结果是1班赢得比赛。所以，王凯同学在关键时刻还是因为个人私利，将个人利益置于集体利益之上，追求“小我”，而忘记了“大我”。

舍小我，为大我；放弃个人利益，保证集体利益。这些话和道理大家都懂，但的确是说起来容易做起来难。即使大家互相信任、敢于冲突、兑现了自己的职责范围内的承诺，也会因为藏有一定的私心、自我保护的本能，而置团队的共同利益于不顾。而以自我为中心正是团队协作中的“终极杀手”，这是在团队协作中非常厉害的干扰因素。

以自我为中心的做法，就是把自己同其他团队成员摆在竞争的位置上，这就是站位比较低的局部意识。对于一个团队来讲，是以团队的整体业绩论成败的，所以内部的成员应该是协同关系，认识到了这一点，就具备了全局意识。团队领导者只有建立了全局意识，才能站位高，才能进一步成长，其所领导的社团也才能进一步壮大。而作为团队成员的各位同学也一样，具有全局意识，就能促进所在团队的发展并取得更好的成绩，也会让自己在将来有更大的担当。

而如何让青少年领导和团队成员们建立大局意识呢？这就要靠团队的愿景、价值观和文化建设了。一旦这些东西在团队中发挥作用，团队存在的意义就超越了团队成员共同的兴趣和爱好，而走向有理想、有追求的事业共同体。

团队协作是一个永恒的话题。古语说得好，“三个臭皮匠顶个诸葛亮”“众人拾柴火焰高”“一箭易断，十箭难折”等等，这些朴素的话语都在说明团队协作的重要性，也在说明团队协作的好处。我在此希望各位同学，至少能将我以上分享的5个方面做好、做扎实，那么实现高效的团队协作、实现团队价值和个人价值就将不再是空谈。各位青少年领导，学会了团队协作的要领，把各位同学凝聚起来，把社团打造得更加卓越，也是在为自己的青少年领导生涯留下精彩的印记。

## 重点内容

• 学校的团队是由不同个性的同学组成的，所以学生干部要了解每种个性同学的特点，尊重大家之间的差异。

• 学习使用3A模式（Aware、Accept、Adapt），以便更好地和不同个性的同学进行沟通和协作。3A模式，其实就是让你做到“以其所欲，施予其人”，即用别人喜欢的方式对待别人，用别人喜欢的方式和别人沟通。

• 学习信任的公式：信任=品德+才能。

• 掌握“基于弱点的信任”的内涵。对于一个团队来说，信任与暴露所有成员的弱点有关。如果团队成员彼此信任，就会彼此敞开心扉，袒露自己的个人情况，不害怕暴露自己的弱点、缺点和错误，敢于说“我不行”“我不能”“我错了”“我搞砸了”。

• 学习著名的畅销书作家帕特里克·兰西奥尼先生建议的加强信任的6个行为。

• 学会使用活动和工具来建立信任，如“个人背景分享”活动；进行4D个性测评，了解每个团队成员的个性类型，以更好地增强信任。

• 通过进行“冲突背景描述”练习了解团队成员对冲突的感受及其原因；通过建立“冲突规则”让大家敢于直面问题，敢于质疑，敢于直击问题的答案。

• 学习团队领导营造良性冲突氛围的3个关键点：一是鼓励每位同学开诚布公地分享自己的观点，鼓励大家畅所欲言；二是让大家不断提出建设性问题；三是领导者或会议主持人要善于挖掘冲突，也就是要寻找机会，把藏在表象之下的冲突挖掘出来，促使团队成员讲出存在的问题，引起大家的争论。

• 掌握加强团队“作出承诺”行为的5点做法：一是要允许每位团队成员发表意见和想法；二是在他们发表意见和观点之后给予欣赏和鼓励；三是要把最终的决定说明白、说清楚，以消除大家的误解；四是要把决定转化成具体的目标；五是要对大家进行具体的分工并确定检查时间。

• 理解“关注共同的结果”的内涵：舍小我，为大我；放弃个人利益，保证集体利益。

## 建议行动

• 如果你们的社团有新社员加入，可以让他先进行4D个性测试，了解其个性类型，然后使用3A模式和他进行更好的沟通。

• 按照本章中“建立彼此之间的信任”中介绍的“个人背景分享”练习，组织你的团队成员进行一次背景分享活动，之后还可以定期组织。

• 组织本社团成员进行“冲突背景描述”练习，了解大家对于冲突的感受以及可能的原因。

• 社团负责人带领团队成员确定本团队的“冲突规则”，并将其制成海报，张贴在大家经常能看见的地方，并定期对“冲突规则”的内容进行反思。

• 在针对有关问题开会讨论时，社团负责人可以按照“作出承诺”的5点做法实施。

• 作为团队成员之一，你可以经常反思：在近期的社团项目和活动开展过程中，你是否始终在为团队的结果努力？100%付出了吗？如果没有，原因是什么，下一步该如何改进？

## 苏航感悟：团队协作需要更多了解、包容和谦逊

团队协作对于学生干部来讲不是个陌生的话题，班级和社团中的各种活动、学习中的各种实验项目等都需要同学之间互相配合、互相协作才能完成。

为什么团队成员之间一定要互相配合、互相协作呢？让我们先回到“团队”的定义中去。我看过父亲的授权认证课程“克服团队协作的5种障碍”的PPT，其中关于团队的定义是这样的：团队是由3—12名成员组成的，他们有着共同的目标，共同为实现目标承担责任、分工协作、分享奖励，共同为团队工作的最终结果负责。

定义已经说得很清楚了，团队成员之间必须互相负责、分工协作。如果不这样做，那就不能称为一支团队，而只能算作一个群体，而团队协作的好处在本章中也已经说得非常明白了。

那为什么在团队中还是有很多成员不愿意配合协作，激情也不是很高呢？

结合我自己在社团工作中的经验，我认为主要有以下3点原因。

**一是对团队成员的优缺点了解得还不够。**

团队的项目和活动不是一个人完成得了的，它需要团队作战，发挥每个人的优势。但是如果团队负责人对成员的优缺点缺乏足够的了解，在分配工作的时候就不能做到“把合适的人放在合适的位置上”。所以，一方面团队负责人要了解每个成员的优缺点，做到“人尽其才”；另一方面团队成员也要互相寻找对方的优点，这样合作起来心态才会更好，心情才会更舒畅，效率也才会大大提高。

**二是团队成员之间缺少互相包容。**

年轻人在一起，谁都年轻气盛，而且也都“自信心爆棚”，觉得一切都不在话下。但是做起事来，往往会出现这样或那样的问题。对于有的成员出现的问题，其他人可能表现出抱怨、指责，这就会让出现问题的人感觉“不爽”，造成争吵。即使不是抱怨、指责，而是委婉地指出，有的成员也会表现得不够大度，会拒不承认，这又影响了大家的团结。所以，一方面针对别人的缺点、问题等要包容、大度，不要抱怨、指责；另一方面针对别人给我们提出的问题，我们也要坦然接受。我们一定要相信这一点：在团队中，如果别的同学对我们的不足和问题不管不问，其实受伤害的是我们自己，这等于别人把我们抛弃了。

**三是保持谦逊做得不够。**

我在初三下学期转学，在班级第一堂课时做自我介绍，我讲到我擅长这个，会那个，说了不下七八个，并自豪地提到获得过多少奖励、有哪些经历等等。当时也是有点想“显摆”自己，按照同学们后来的说法，当时的我显得有点“装”。其实自我介绍的这些都是真实情况，但是我显得有点高调，让部分同学感觉不舒服，有一段时间不愿意和我深入交往。后来一个好朋友告诉我，经过和我更多的接触之后，发现我这个人还是非常值得信任的。后来我就想，假如他当时听了我的自我介绍之后对我心存厌恶，不愿意多和我交往，我们彼此之间就缺少了了解和理解的机会，我们也极有可能成不了好朋友了。庆幸的是，同学们对我有了更多的接触之后，发现我这个人的品质还是很好的，所以我们后来就“打成了一片”。

每个人都不喜欢骄傲自大的人，即使你比别人强，也要表现出谦虚，这样在合作的时候才能让别人感觉舒服。其实后来我才发现，在我们班，“牛人”太多了，同学们都有这样或那样的专长。在后来的交往中，人家也没有在我面前刻意吹嘘自己。学校真的是个“江湖”，卧虎藏龙，到处都有“高手”。所以，在别人面前，我们既不能自卑，也不要骄傲，学会不卑不亢，才能赢得尊重，交到真心的朋友，彼此之间的协作也才会更加真诚和紧密。

# 附录　六位同学的领导力实践和感悟

# 领导力就是激发大家的斗志和信心

（果果，中国人民大学附属中学初中二年级）

大家好，我是果果，今年读初二。在学校组织的“我身边的榜样”评选中，我连续两年获得组织策划奖。下面我就组织策划这一点，谈一下我对领导力的看法。

首先，我认为领导力要求逻辑严密、思维敏捷、凡事想在前头，正如俗话所说：凡事预则立，不预则废。

比如，我经常组织各种班级或年级活动，在活动前我一般会提前计划，在时间上，我会精确到10分钟；在分工上，我会落实到具体同学；对于要做的事情，有明确的标准和要求；在物料的准备上，也会要求专人负责保管分发；在预算上，我会预留一部分，以备不时之需。

准备好这些之后，我会把大家组织起来，让大家提出建议和想法，以补充、完善我的设计和策划。如果没有问题，我就会把这个活动日程安排和分工要求通报给大家。最后也是最重要的就是，在活动之后会进行总结和复盘，做得好的继续努力，做得不好的下次改进，为以后的活动组织提供宝贵的经验，希望大家都能在活动中获得成长和提高。

其次，我认为领导力不是高高在上的，而是要有亲和力的，要让大家都愿意跟你一起做事。在组织活动的时候，我经常说的是，“兄弟，这个事就交给你了，你肯定没问题”“朋友，帮个忙，相信你一定会做得漂漂亮亮的”“哥们儿，咱们一起做个很‘酷’的事，怎么样”“某同学，你的字太漂亮了，就得你写，马上就不一样了”“某同学，你做得太棒了，向你学习”。

我发现，每个同学都需要被肯定、信任和尊重。所以，我认为领导力就是找到别人的与众不同，用大家能接受的语言与其沟通，让别人快乐地跟你一起做事。你觉得呢?

最后，我认为领导力是在团队遇到挫折时能激发团队的斗志、能让大家的心聚在一起的力量。前几天，初二组织年级篮球赛，我们与年级最强的队伍遭遇，由于缺乏过硬的技术和身体素质，输掉是很正常的事情，但同学们很拼，最后以1分险胜，却由于记分员的失误，将我们判输。由于改不了分数，大家只能接受这个结果，同学们当场就崩溃了，全都哭了。我也很难过，但是这个时候，我站出来跟大家说："虽然从比分上看我们输了，但在面对强大的对手时，我们显现出来的团结、坚强、拼搏精神是无价的，这比比分更重要！今天在球场上，明天在工作中，都会碰到很多的不公平或不如意，但我们不能在这个结果中纠结、痛苦，我们应该向前看，看我们在哪些地方通过努力可以提高、在哪些地方我们有了很大的进步，我们既不能因为分数妄自菲薄，也不能因为分数忽略我们的优势和潜能。分数和结果代表的是昨天和过去，而我们要向前看，因为只要我们相信彼此、相信我们未来会是一支球品和球技兼备的团队，只要我们苦练、凝聚意志，就能创造奇迹。大家加油！"最后大家都给我鼓掌，一起把手搭在一起，齐声大喊："我们是最棒的，我们加油！"

以上就是我理解的领导力，即在做事之前要先想清楚、想全面，做事的时候要能把周围的同学、朋友充分调动起来，让大家一起为做好一件事努力，在遇到困难和挫折的时候能激发大家的斗志和信心。

# 我眼中的领导力

（胡苏禹，清华大学附属中学初中三年级）

在写这篇文章的时候，我第一次认真思考什么是“领导力”。我想，说到“领导力”，就先要为实现某个目标而成立团队，“领导力”就是某个人带领团队去实现这个目标的能力。

“领导者”为了实现某个目标，就要分析需要配备哪些人员以组成团队。如果团队是既定的，那就要分析每个成员的特长，研究怎么有效利用团队成员的特长，把任务分解到个人，高效地达成目标，这就是领导者的“领导力”。

我上初中后，因为喜欢美术，而且在美术方面也算有一定的特长，所以一直担任班里的宣传委员。学校每年都有运动会，在运动会上，每个班级都有自己的宣传画，而画这个宣传画是宣传委员的职责之一。记得第一次画的时候，我有点迷茫，虽然对画的大小和主题学校有基本的要求，但是具体怎么画、画什么，需要我们自己讨论和确定。从老师那里领到这个任务之后，我回家想了半天，理了一下头绪，决定和同学们一起完成这个任务。我先想了一下班里哪些同学对绘画感兴趣，然后逐个问他们是否愿意和我一起画宣传画。响应的同学很多，于是我们很快成立了一个小组。我根据学校要求的主题提了几个思路，大家经过几次讨论，确定了画的内容和形式。内容和形式确定之后，下面的工作就好做了，我们明确了哪个同学买画布，哪个同学买颜料，同时规定了时间要求。我用课余时间把轮廓画好之后，几乎全班同学都参与到了涂颜料的环节中。很快，我们的宣传画就画好了——一只涅槃重生的、火红的凤凰，它表示我们班虽然当时在全年级的各项排名中不是很好，但我们将磨砺自身，必将

“羽更丰，音更清”。宣传画在评比中获得了好评，同学们也因为这次的共同参与，将心聚得更齐了。

今天回想起这件事情，我觉得无意中锻炼了自己的“领导力”，而与同学们共同完成一件事也是一个特别美好的回忆。

以后我将会积极参加学校的各项活动，不一定是以“领导者”的身份，做一个参与者也同样可以锻炼自己的团队合作能力。当然，如果我是“领导者”，我也将担负起“领导者”的责任。我希望能够有机会系统地学习一个关于领导力的课程，相信有了老师的指导，组织的协调工作会更高效。

# 领导力是综合能力的体现

（马皓然，北京十一学校高中一年级）

在写这篇文章之前，我其实从来没有系统地思考过什么是领导力，毕竟这种能力涉及的范围实在是太广了。先不谈在企业中，就是作为一个学生，我也已经深深感受到它的无处不在了。无论是在学校生活中、课外比赛中，还是在我与同学联合创建的社团中，我本人以及同学们的组织能力、沟通能力、管理能力、专业能力、解决问题能力，都在反映我们的领导能力……所以，我觉得领导力就是一种人的综合能力的体现。谁能够在群体活动中起到引领、引导的作用，使自己管理的东西能井井有条并高效地运转，谁能让别人积极做事，谁的领导力就强一些。

基于我在北京十一学校读书的这一年多的感受，我认为学生是非常需要领导力的，因为领导力在我们每个人的日常学习工作中都会用到：无论是学生干部，还是某个社团的发起者或管理者，还是一个独立的学生个体，在进行自己课业计划的制订与管理、开展同学间的交流与沟通，或是面对解决问题要选择的策略与态度时，都要施展各种能力，而这些能力可以说都是领导力的体现。

拿我自己的校园生活举个例子：北京十一学校绝对是个人才济济的地方，这里云集了各种“民间高手”。那么，如何在这个藏龙卧虎、“大佬”云集的集体中“露一小脸”、体现自己的领导才能？我想突破口应该就是自己喜欢或擅长的技能。

在这里不得不提一下，我是一个喜欢绘画的人，绘画对我来说是一种排解忧愁的娱乐活动，是犹如半个我一般的存在。经过长期的练习和摸索，我的技艺不断提升，现在，我的海报居然开始被同学称赞了。所以，在不同的组织中，凡涉及宣传或画海报一类的事情，我基本上都会揽下。

我参加了不少社团，身居不同的岗位。学生会、博物社、公益组织……在这些组织中，我的活动无一例外与“宣传”或“绘画部长”相关。近期，我和同学们一起举办了一个关于艺术创作的活动，在前期毫无头绪的时候，体内一股神奇的力量仿佛给了我支援，让我得以把这个活动从零开始，一点一点办起来。

在分配工作时，既不能让每个人干的活太多，也不能不让他们干活，更不能让自己没有一点存在的价值；在各种deadline（截止日期）的安排上，既不能太赶，又不能太“水”，更不能让部门出现“有人不知道时间节点”的情况；同时，我必须熟知每一项既亲和又不失威严，同时能在不破坏同学关系的基础上催促同学高效干活的技能。此外，我必须清楚如何与老师和活动承办方进行有效的交流，让他们相信和我们的组织合作是一种明智之选。最后，在攒齐出场嘉宾的姓名之后，我需要带头和同学一起，一个一个地邀请他们。

将这么多件小事用心完成后，才有了我们那天近乎完美的开幕式，才能让我们这些组织者的灿烂笑容得以绽放。这就是领导力的力量。按我的理解，领导力既是综合能力的体现，也是用我们的行动和心与心的交流去影响别人一起做事的优秀行为。

学校里如此，那么在校外呢?

今年年初，我和高二的学长们组队参加了太空城亚洲赛区的比赛。这是一个很考验能力的比赛：由12名学生组成一队，再随机将5支队伍组成一家模拟公司，参与太空城设计的全球竞标。每个公司设立虚拟的组织机构，包括公司CEO、各职能部门主管及一线员工，分别从整体结构、运营操作、人文因素与自动化设计4个方面开展工作，在24小时之内根据标的要求和规定，设计出一座能在太空中保持正常运转的太空城市，并结合设计内容，向由专家及学科导师组成的主办方完成讲标。

术业有专攻，按照专业技能划分，在这项比赛中，我主要承担了设计展示的工作。我面临的第一个问题就是沟通问题，因为设计展示部门的成员由来自不同国家的成员组成，大家需要在短时间内熟悉彼此的脾气秉性、英语口音等；而在24小时之内完成几十张平面或者风景图设计，如何合理分配工作以不影响其他部门的工作也很重要。

在和“公司CEO”及各部门交流过工作计划后，我开始和部门“同事们”进行任务细化。这次比赛要求我们设计3种不同的居民房，我们需要花较长的时间讨论居民房的样式、结构、尺寸，最后得出一致意见；还要在花费及人数等方面进行大量的计算。在让部门成员看了我对工作的设想以及我的绘画水平之后，他们还是很认可我的，这样就为后面工作的顺利开展提供了保证。我还说服他们，所有人画的平面图都得经过我的审查，在达到我要的水平后才能去做下一项工作。这样，在“公司”层面，我的领导力自然就体现出来了，“公司CEO”和其他部门的管理者也愿意就设计展示方面的问题听取我的意见。

整个过程确实很艰难。因为语言、文化等方面的差异，我们和不同国家的同龄人在很多想法上都不一样。在我展示出我的专业能力之后，我还得通过一系列的安排、定时催稿以及不断和他们沟通得到他们的支持。而这之后所有的事情都立马变得简单了：不管哪个国家的参赛队员，都愿意听从我的决定。所以，在后半个赛程，我们设计部门的工作效率非常高。

在比赛之后的复盘和总结中，我对领导力又多了些感悟：领导力是关乎挑战的，需要领导者敢于承担责任，想方设法克服困难；领导力是领导者通过一个个小小的成功获得的认可。

与繁重的课业相比，与领导力相关的系统学习或实践在校园内并不多见，或者说领导力培养的必要性并没有被同学们真正认识到，但我个人觉得，领导力的培养与提升还是很有必要的。在学习领导力的过程中，一是要做到有的放矢：领导力涉及的内容广泛，考虑到课业压力，最好在不同阶段针对不同技能进行特定的学习与训练，比如某段时间就集中学习与锻炼沟通能力，另一段时间集中学习与锻炼管理能力。二是要做到学以致用，把技巧应用于实践中，在这个过程中，还需要专家、老师们的定期辅导以及同学间的定期交流，以达到解疑释惑的目的。

# 领导力是一种责任的体现

（黄凯宸，苏州德威国际高中二年级）

在我看来，领导力就是一种责任，领导者要对被领导者负责。一个领导的成功，最重要的是承担自己的决策责任，对自己的团队负责。

我有一个亲身经历。2019年的7月，我参加了一个在威海大乳山风景区举办的领导力训练营，其中有一个项目至今让我记忆犹新。这个项目是让我们以小组为单位，在大乳山风景区内寻找13处地标并打卡，完成老师指定的任务；在每个地标打卡和完成任务之后都能得到不同的分数。除此之外，我们还有一些额外的任务，比如与陌生人拥抱、向陌生人演讲，并用老师给的一个价值10元的铅笔盒以物换物，目标是找陌生人换到价值比10元更高的物品。这次活动总共有4个组，我在其中一个组中担任组长，我们的目标是4个组加起来分数要达到6000分，也就是平均每组要达到1500分，于是在出发前，我就给我的组定下了一个1500分的目标。不管是寻找地标也好，完成与陌生人有关的任务也好，每一项都是对我们的全新挑战。

当天早晨9点我们从营地出发，出发时得知了一项额外的规则：所有地标都必须有人打卡，不然总分就会被扣掉500分。我当时决定带领我们全组去最远的东边，因为有手机地图的帮助，寻找地标并没有难倒我们，但我们遇到的最大困难就是队员体力不支：我们队里有2个11岁的小男生，2个16岁的女生，还有个16岁的男生。早上我们刚走了大约5公里，2个小男生就已经难以坚持了。这时我又得知，如果中午12点无法准时到达吃饭的指定地点，4个组的分都会被减去一半。这就意味着，不管遇到什么情况，为了集体的分数，我都一定要将所有队员带到吃饭的地点。我计算了一下时间，我们需要加快脚步了，于是我们便加快速度，到达了最东边的蒙古包地标，再用15分钟完成了指定任务，还剩30分钟往回走。此时离终点还有大概2公里的距离，我们便快速往回走，但这时，一个小男生出现了脚疼的状况，表示他无法坚持了。时间已经所剩无几，如果不跑回去是无法准时到达目的地的，我便选择背起小男生，鼓励大家一起往回跑，大家跑一会儿便停下来休息一下。跑步对我来说不算什么难题，但是我们作为一个团队，我作为队长，就得照顾好我的队员们，我便利用这段时间给大家加油鼓劲，帮他们拿尽可能多的包，让他们更轻松。我们一路小跑，最终在11：58到达了目的地。

中午经过了1小时的休息后，我和另外3个组长开了个会。我们盘算了一下还有哪些地标没有去过，令我们喜出望外的是，基本上所有地标都有小组去过了。剩下的这个地标，我们决定由上午得分最多的组去把它完成，这样我们剩下3个得分比较少的组只需要尽可能得到更多的分，就可以完成6000分的总任务了。这时我作出了一个选择，即放弃去这个地标打卡的任务，因为按分值，即使我将剩下的所有地标及任务完成，我能拿到的也只有600分，而且需要经过长途跋涉，要绕整个大乳山景区走一圈，这对于当时我的队员们来说几乎是不可能的：女生中有人身体不适，两个小男生也已体力不支，即使完成了所有的600分，也不能达成我们1500分的目标，更没有精力去完成与陌生人搭讪和拥抱的任务了。如果因为我们组没有达成1500分的目标，导致大家都少得一半分，那就将是我们组的过错了，对我这个组长来说，就是决策有问题。考虑到我们组的现状，以及为了整个4组总分能达到6000分，我决定由我们组完成与陌生人搭讪和拥抱、当众演讲、以物换物的任务，这些任务相对来说对体力的要求较低，但如果完成任务就可以得到900分，这也足够支持我们完成目标了。经过我们的努力，我们组完成了这些任务，最终我们组在4个小组中名列第三，得分超过1500分，顺利完成任务，达成目标。

这次经历让我对领导以及领导力有了更多的感悟。

一个团队一定要有共同的目标。对于团队的目标，我会提出一个大致的建议，但不会强制大家马上接受，我会让团队成员也提出自己的想法，当了解清楚大家的想法之后，我会综合所有意见，确定一个适合自己团队的目标。让团队成员有一个发表意见的空间，给他们表达自己想法的机会，这也是破除隔阂的一个好办法；不强制大家一定按照队长的要求来办，而是和大家商量，让我们彼此尊重，这样大家才能同心协力。一个有明确的共同目标、团结一致的团队才是优秀的团队。

对于我来说，作为团队领导，我要对我的团队负责，要对整个团队的目标负责。那次活动时，我的随队老师和我说她很想去风景区多逛逛，而不是仅仅在海边完成任务。这对我来说其实是一个难题。在完成任务的过程中，如果队内有不一样的意见，出现不一样的声音，并对完成团队任务有影响，我该怎么办？作为队长，我不可能满足每个人的要求，在当时的情况下，肯定是以团队利益为重。所以当时针对随队老师的要求，我委婉地拒绝了。后来我想，这个随队老师在当时的情况下是不是在考验我这个队长啊？还好，我的这个决定保证了我们在完成目标的过程中没有走偏。

作为一个团队，队员之间应该彼此负责。这种负责，指的是互相支持、互相帮助、互相鼓励。作为队长，我更应该以身作则，做出表率。我想我当时做得还是不错的：如果不背着小男生、不帮他们拿更多的包，我们可能就无法在要求的时间内赶到餐馆会合。当然，我的队友们也都很棒，在行进过程中也都互相鼓舞，有时也会相互搀扶。

有人说领导力就是领导者个人的魅力，说领导力的本质是影响力，说领导力就是解决问题。我觉得都有道理，但我个人觉得，要做领导者就先得有担当，得有责任感，得以身作则、率先垂范，只有做到这些，别人才会打心眼里愿意追随你！

# You Can Win if You Want

（由由，美国波士顿大学国际关系专业本科二年级）

最初接触到这个题目的时候，我感觉“领导力”是个非常宽泛的提法。领导力包含了许多不同的方面，如人格魅力和个人能力等。对于“领导力”的定义，每个人心中都有不同的答案，但我们会有一些共同的认知。比如，当我们看见“领导力”这个词时，往往会想到各国政要或世界500强的CEO。他们站在权力的巅峰，在各自的舞台上呼风唤雨，无论他们所处的立场和个人信念如何，他们一定都是领导力非常卓越的人，哪怕他们可能曾经饱受争议。

我选择了“You Can Win if You Want”作为我文章的题目，这也是我非常喜欢的德国乐队Modern Talking的一首经典歌曲。尽管在这个世界中有各种各样的不公平和局限性，但每个人都能竭尽所能做更好的自己、培养领导力。美国前总统奥巴马就是一个很好的例子。他年轻的时候十分顽皮，对未来的人生充满了迷茫。那时的他被种族和家境所捆绑，但他认识到了这些问题，不想让人生就这么继续下去，因为他有着属于自己的梦想和雄心壮志。他想要寻求改变，不仅仅是自身的改变，而是通过自身的改变来改变整个社会。大学的时候，他通过自己的努力从名不见经传的Occidental College（西方学院）转到了世界顶尖的Columbia University（哥伦比亚大学），开启了他日后的辉煌。后来，奥巴马竞选美国总统时，他的口号便是“Yes We Can”。

培养领导力的最好方法就是弄清自己想要什么，并不断为此付出努力和改变。相信自己能改变，你才能到达心中梦想的终点。在美国读书时，我最大的感受便是美国同学往往看起来更自信，他们更勇于在课上发言和分享他们的想法。美国学校特别鼓励学生参加不同的社会实践和志愿者活动，通过这些实践活动，学生们不仅能发现理想与现实之间的距离，还能更好地了解与融入这个社会。更重要的是，学生们会在一些社团或组织中担任领导职务，他们能借此更好地培养自己的各种能力，尤其是领导力，并学会在有限的时间内处理纷繁复杂的事情。

领导力的另一个特点便是为人考虑和着想。只有当你设身处地为他人着想的时候，人们才愿意听你的话。到Facebook（脸书）的波士顿分部参观的时候，我和在那里实习的好朋友聊到了扎克伯格和他的领导特点。Facebook的办公区域很多都是开放式的，无论是上层领导还是普通员工，大家都能很平等地坐在一起工作。Facebook的食堂在工作日向员工免费开放，不仅有各国美食，而且每天的食谱都不一样，员工还可以带家人和朋友前来用餐。在这位年轻的亿万富翁扎克伯格眼里，员工们只有在吃好饭之后，才更有心思工作，这样的工作也会更加高效。从这些细节中便能感受到，扎克伯格是一位心思细腻和会为员工考虑的老板。

领导力还有一个特点，便是要求与人交流和独立处理问题的能力。数年前的一次车祸使我认识到了独立处理问题的重要性。车祸发生在我和父母从达拉斯返回休斯敦的途中，母亲在当天的日记中写道：

因为由由不想耽误明天上学，坚持今天返回休斯敦，所以在简单的午餐后我们就踏上了归程。

车行一个半小时后加油，然后继续前行，在上高速前有一条弯度比较大的上坡路，车速比较快，突然，我们的车子失控，冲下了左边的山坡，在空中转体360度后一头栽进草丛中，主驾驶的防护气囊弹了出来。我和由由很快从惊慌中恢复镇静，松开安全带、下了车，随后发现由由爸爸坐在主驾驶位上无法动弹，我使劲把他拖出车后才感觉自己胸部很疼。由由临危不乱，马上拨打911报警，并跑到路边向过往车辆求助，很快，警车和救护车都到达了现场，我们配合警察做好了事故现场勘查工作，医生在对由由爸爸的伤势进行了紧急检查后用担架把他抬上了救护车，我们母女收拾好车上的行装，告别了受损严重的车子，一起随救护车被送到附近的一家医院。

经过一番严格的检查，医院的结论是：由由爸爸腰部轻微骨折，医生建议明天到休斯敦看骨科；我们母女的胸部在受到撞击后比较疼，但没有内伤。

当医生告知我们今晚可以回休斯敦时，已是晚上7：30，夜幕降临。由由请医院工作人员帮我们约出租车——从医院所在地回到休斯敦还有一个半小时的车程。没想到我们再次遇到好心人，这位工作人员说此时约不到出租车，并马上打电话让她丈夫送我们回休斯敦。原来，在我们忙于做各种检查时，由由与这位工作人员进行了亲切友好的交谈，当由由听说这位工作人员儿子的女朋友是中国人时，就说中国女孩是全世界最适合做儿媳妇的女孩，并顺便把对方狠狠地夸了一番。

于是这位女士的丈夫就在没有任何准备的情况下稀里糊涂跑了一趟休斯敦。

其实在这次车祸之前，我很不喜欢与别人交流，在周围很多人的眼中，我一直是个不好相处的孩子。

“滴水穿石”“铁杵成针”，领导力和许多其他能力一样，是需要长期积累的，而不是一朝一夕便能培养出来的。人在青少年时期往往比成年后有更多的发展空间，可以多参加课外实践，多与不同的人打交道。除了要学好书本上的知识，还要多在实践中历练。

最后，非常感谢苏进老师的邀请，期待这本书早日出版。

You Can Win if You Want!

# 领导力是一种态度

（许天泽，河北工业大学本科三年级）

领导力似乎是一种人人都在追求的能力，是当今社会在团结协作中不可缺少的纽带。领导力的众多定义和阐述都有其充分的合理性，而结合自身的体会，我想将领导力描述为一种态度。领导力是一种做事的态度，是一种依靠团队的力量发现问题、分析问题、解决问题的思路。正所谓“天时不如地利，地利不如人和”，领导力正是在确保“人和”，它让团队协作真正焕发出1+1大于2的力量。

以我的亲身经历为例，我所在的组织曾承办过一次近万人参与的大型晚会。整场晚会，除台上的演员外，其他工作人员需要负责组织观众、场地安保、演员催台、台上道具安排、摄影直播采编、灯光及屏幕控制、重要环节气氛调动、突发情况机动处理等各种工作，而其实整场活动的所有工作人员加起来也才不过四五十人。这是一个必须依靠团队协同才能完成的任务，而其中每一个角色的领导力都发挥着不可或缺的作用。

我们先将人员依工作的种类分为不同工作组：引领组、安保组、道具组、摄制组、物料组、机动组、统筹组。由统筹组的人员分工负责其他各组、整体协调。首先，我们需要各个工作组的所有成员明确自己的定位和任务，如引领组需要引领观众有序入、退场。其中就涉及众多细化内容，如对接各校区、各学院的车辆路况、抵达时间、车辆停放场地、人员集合时间和场地，各学院人数、入场时间、入场引领路线、入场后的位置、退场次序，等等。其次，各小组内成员分工讨论，进行具体板块或位置的分工，明确组内各板块的具体负责人，如各出入口的负责人、跟车负责人、队伍排头负责人等等。再次，我们需要一个分层合理，不至于太过繁杂，但又消息畅通，能准确传达、及时反馈的联络网，达到统筹和实时修改计划的目的。统筹组与各工作组和各具体负责人电话联系，统筹组内通过现场对讲机联系，确保效率。各负责人在接到消息后要在相关群聊上发布2次消息，达到消息公示、便于查询的目的。最后，计划的实时修改，这一点考验着各工作组、各成员是否能够明确职责、合理分工、实时联系，以达成对预定计划的反馈。对于实时状况的及时应对，是整个体系保持稳定不可或缺的。

我认为领导力正是这样一种从团队协作角度出发的工作态度，它决定了我们发现问题、分析问题、解决问题的思路和方法。领导力不只是领导才有的，每个人都应该做到目标明确，为了一个整体的目的开展工作。

实际上，我们在现场遇到了众多突发情况，有队伍将集合地点搞错导致先入场的队伍需要排在后面；正值活动的高潮时突然天空乌云密布，仿佛大雨将至；众多非现场观众围观，一度使观众区混乱；等等。以集合地点的突发情况为例，其他入口都已开始正常入场，负责相关队伍的同学有些已经慌了神，依托我们的联系网络，入口负责人、场内引领同学、机动组及统筹组负责引领工作的我得知消息后及时赶到。我带领所有相关负责同学进行了现场碰头，只有一个目标——确保所有的人员能够及时进入正确的位置。顺序错乱带来了很多问题：各队伍人数参差不齐，占位情况不同又造成了过道宽窄不一，同学们出现由于等待时间较长情绪略显烦躁等问题。对于这些问题的解决，我们依托机动组增加了各队伍的负责人数，安抚同学们的情绪；根据队伍人数适时调整，人数较少的队伍，在前方队伍中插空通过，队伍集合点旁的空地临时成为人数较多队伍的缓冲区；场内引领同学在确保安全的前提下，带领同学们加快入座速度。最终，我们顺利完成了引领工作，慌了神的负责同学在碰头分析后确保了自己的职责，而对于自己负责的队伍及时调整、灵活应对的同学，正是基于他的方案进行了现场情况处理，并在最终活动总结会上得到了表扬，所有人也都在会上分享了自己工种的工作情况。虽然状况频出、身心俱疲，但我们共同实现了最终的目标，这对所有同学而言都是一次宝贵的经历。

我认为，领导力正是这样的一种态度，这是一种在当今的社会环境下，为了确保工作顺利开展，每个人都应具备的一种态度。沉着冷静、乐观包容、勇担责任、坚韧努力，从团队的角度发现、分析、处理问题，领导力正是这样一种工作思路和方式，是我们每个人都应该具备并可以习得的。作为学生，校园环境里有着众多的实践机会且试错成本较低，无论是小组合作的作业、竞赛调研的小队任务，还是学生组织的学生工作，只要你秉持这样的态度，迈出从团队的角度看世界的第一步，就是掌握领导力的开始。

最后，感谢苏进老师的邀请，很荣幸受到如此信任。我在这里浅谈了自己对于领导力的亲身实践和感悟，才疏学浅，经历尚浅，多有欠妥之处，还望大家包容指正。

# 参考文献


1.［美］詹姆斯·M.库泽斯、巴里·Z.波斯纳：《领导力：如何在组织中成就卓越》，徐中、沈小滨译，电子工业出版社2018年版。

2.［美］詹姆斯·M.库泽斯、巴里·Z.波斯纳：《学习领导力：成为卓越领导者的五项原则》，胡金枫、佛影译，电子工业出版社2017年版。

3.［美］查理·佩勒林：《4D卓越团队》，李雪柏译，中华工商联合出版社2012年版。

4.［美］史蒂芬·柯维：《高效能家庭的7个习惯》，李耘译，湖南文艺出版社2016年版。

5.［美］肖恩·柯维：《杰出青少年的七个习惯（精英版）》，陈允明等译，中国青年出版社2016年版。

6.［美］帕特里克·兰西奥尼：《团队协作的五大障碍》，华颖译，中信出版社2013年版。

7.［美］帕特里克·兰西奥尼：《优势：组织健康胜于一切》，高采平译，电子工业出版社2013年版。

8.［美］帕特里克·兰西奥尼：《CEO的五大诱惑：领导者应警惕的人性弱点》，苏进译，电子工业出版社2016年版。

9.［美］约翰·C.麦克斯维尔：《中层领导力》，施轶译，文汇出版社2015年版。

10.［英］艾伦·范恩、［美］丽贝卡·梅里尔：《潜力量：GROW教练模型帮你激发潜能》，王明伟译，机械工业出版社2015年版。

11.［美］史蒂文·J.斯坦、霍华德·E.布克、克罗尔·卡诺伊：《学生情商优势》，李仁根译，电子工业出版社2016年版。

12.［美］丹尼尔·戈尔曼：《情商：为什么情商比智商更重要》，杨春晓译，中信出版社2018年版。

13.田俊国：《赋能领导力》，浙江人民出版社2017年版。

**图书在版编目(CIP)数据**

青少年领导力 / 苏进，苏航著. —北京：中国法制出版社，2022.1
ISBN 978-7-5216-2189-1

Ⅰ. ①青… Ⅱ. ①苏… ②苏… Ⅲ. ①领导学—青少年读物
Ⅳ. ①C933-49

中国版本图书馆CIP数据核字(2021)第210066号

策划编辑：潘孝莉(editorwendy@126.com)

责任编辑：马春芳 封面设计：汪要军

**青少年领导力**

QINGSHAONIAN LINGDAOLI

著者/苏 进 苏 航

经销/新华书店

印刷/三河市紫恒印装有限公司

开本/730毫米×1030毫米 16开 印张/22.25 字数/365千

版次/2022年1月第1版 2022年1月第1次印刷

中国法制出版社出版

书号ISBN 978-7-5216-2189-1 定价：79.80元

北京市西城区西便门西里甲16号西便门办公区

邮政编码：100053 传真：010-63141852

**网址：http://www.zgfzs.com** **编辑部电话：010-66054900**

**市场营销部电话：010-63141612** **印务部电话：010-63141606**

(如有印装质量问题，请与本社印务部联系。)